インダス世界への旅

船尾修 写真・文

チベット、インド、パキスタン、
アフガニスタンを
貫く大河流域を歩く

彩流社

チベット高原の西部に聳える聖山カン・リンポチェ。
大河インダスはこの山の北側を源流として、途中で
いくつかの支流を束ねながらアラビア海に注ぎ込む

聖山カン・リンポチェをコルラ（周回しながらの巡礼）することはチベット世界に暮らす仏教徒にとっては一生に一度は行いたいと願う夢である。多くのチベット人は一周約 52 キロの巡礼路を丸一日で踏破するという

◀ラサのジョカン寺周辺には各地からの巡礼者がいつも絶えない。仏教徒の巡礼は常に時計回りで、そのなかでも敬虔な仏教徒のなかにはこうした寺院や聖域を五体投地しながらまわる人もいる

ラサの北西にあるチベット最大の僧院、デプン寺を訪れたとき、ちょうど僧侶たちの読経が行われていた

ラダックの東に位置するチェムレ僧院で一年に
一度催される仮面舞儀礼アンチョックを観るた
めに、足早で小高い山の上にある寺院に向かう
各地からの参詣者たち

仮面舞儀礼では僧侶たちがさまざまな役目を持つ仮面をかぶって舞を披露する。この日は立錐の余地がないほど寺院の屋上まで参詣者で埋め尽くされていた

◀「花の民」ドクパが暮らす集落からインダス川に降りていくと、アイベックス(野生の山羊の一種)や狩人などの線刻画が黒っぽい岩の上に描かれているのを見つけた

ラダック東部のスタクナ僧院を訪れたときは初冬の季節で、前を流れるインダス川の沿岸部が凍り付いていた。この付近の河原でも線刻画が描かれているのを見た

ドクパのある家では法事が行われており、狭い室内で女性たちによる緩やかな舞が披露された後、ギー（動物性油）を満たした金色の小さな盃に火が灯されると場は一気に幻想的な雰囲気となった

招かれた僧侶たちはツァンパを練って銀細工やトルコ石などで飾り立てる。これを仏様に見立てて、いわゆる神仏習合的なご神体として祀るのである

ラダックの居間兼台所にはよく磨かれたたくさんの鍋や食器がきちんと整頓されている。美しい文様で飾り立てられた奥戸に火を入れてもらい、チャイを淹れてもらったりナンを焼いてもらったりの幸せな時間を楽しむ

▶まだ夜が明ける前の静謐な時間帯、ティクセ僧院の背後には雪をまとったヒマラヤ山脈が、そして僧院の前には凍り付きそうなインダス川が流れている

完全凍結したときのみその謎めいた姿を現す「氷の回廊」チャダル。凍り付いたザンスカール川をひたすら歩いて遡上する旅では運と度胸も必要となる

ダル湖では小舟のシカラに荷を積んだ「移動マーケット」にしょっちゅう出会う。色とりどりの花を満載して、これから水上家屋やハウスボートを一軒一軒まわるのだろう

ダル湖ではある場所で早朝の30分ほどだけ野菜市が開かれる。売り手も買い手も100パーセント男が担うことになっている

観光客用のハウスボートがずらりと並ぶ一角。治安の悪化により外国人旅行者は激減したが、デリーあたりからの新婚旅行客にとってはいまだに人気があるそうだ

◀想像以上に広いダル湖をシカラを雇って一泊二日の旅に出ているとき、水上家屋に暮らす女の子が私のことを物珍しそうにずっと見ていた

ITA

アザド・カシミールの都ムザファラバード中心部にある川岸にはユニセフなどの援助機関による救援テントが立ち並び、住居を失った難民を収容していた

▶パキスタン北部大地震の取材中、崩落しかけている吊り橋があるとの情報を得て駆けつけてみると、今にも落ちそうな傾いた橋を何人もの男たちが命懸けで渡っていた。支援物資を受け取りに行くためということだった

ムザファラバードからインドとの管理境界線（事実上の国境）へ向かう道もところどころ崩落しており、その狭い道をトラックや山羊の群れが混然一体となって通過していた

バーミヤン
フンザ
アフガニスタン
パルティスターン
カラコルム山脈
カーブル
中華人民共和国
スワート
ペシャワール
カラーシャ
カシミール
レー
ザンスカール
ラダック
カン・リンポチェ
（カイラーシュ）
イスラマバード
インダス川
パンジャーブ州
マパム・ユムツォ
（マーナサローワル湖）
ダラムサラ
ラホール
タルチェン
ハラッパー
ムルターン
ヒマラヤ山脈
パキスタン
デリー
ネパール
モエンジョ・ダロ
ガンジス川
シンド州
インド
カラチ
ハイデラバード
中華人民共和国
アフガニスタン
ネパール
ラサ
ブータン
パキスタン
カトマンズ
インド
バングラデシュ

はじめに――大河インダス流域の多様な世界へようこそ

今でこそわたしは写真を撮ったり文章を書いたりする仕事をしているが、もともとは山ヤだった。山ヤという呼び方は少し前の時代のもので、クライマーともいう。国内はもとよりときどき海外へ出かけては岩壁や高峰を攀じ登ったりすることに無上の喜びを感じていた。

その流れで、一九九一年にヒンドゥークシュ山脈の最高峰ティリッチミール、一九九三年にはカラコルム山脈に聳《そび》える世界で十一番目の高さのガッシャーブルムⅠ峰を登りに行くことになった。どちらも国でいうとパキスタンにある山だ。

いずれも頂上まであと一息というところで登頂を断念したのだが、紺碧の空にそそり立つ天を衝くような大岩壁、自然界の究極の造形美を見せる巨大な氷河、岩陰にひっそりと咲く可憐な高山植物……何もかもがわたしにとっては強烈な印象を残し、そのような地球上に唯一無二の場所で過ごすことができる幸せを噛みしめるばかりだった。

とりわけこれらの山麓に住む人たちの暮らしはたいへん興味深く、わたしはその後、暇をつくってはカメラを携えて、谷筋の村々を訪ね歩くようになった。訪ねる場所が異なればそこに暮らす民族も異なり、言語や宗教や諸々の文化も違ってくる。それがおもしろくて旅を続けるうち、いつのまにかラダックやチベットなどにも足を伸ばすようになった。

そうしているうちに、あるとき、ふと気づいたのである。自分の気の向くまま旅をしているつもりだったのだが、これらの地域はどこもインダス川と密接な関係を持っていることに。

あらためて地図を引っ張り出して調べてみたら、全長三〇〇〇キロ以上あるインダス川の源流はチベット高原の西端にある聖山カン・リンポチェ付近であることがわかった。カン・リンポチェはわたしたち日本人にはサンスクリット語のカイラス山という名でよく知られているが、チベット仏教徒にとって一生に一度は訪れてみたいと願う巡礼の山である。

インダス川はその後、バックパッカーにとっての憧れの地であるラダックを貫き、カラコルム山脈とヒマラヤ山脈というふたつの「世界の屋根」に挟まれて西進し、やがてヒンドゥークシュ山脈の障壁に遮られる形で南に向かって流れていく。

インドとパキスタンの間で領有をめぐって紛争が今も続くカシミールや、ガンダーラ仏教がかつて栄えたスワート渓谷、それにタクシラといった歴史の表舞台に登場する場所は、このインダス川が南下していく途上に位置している。さらに近年、いわゆる九・一一に報復する形で行われたアメリカの空爆を受け、現在も混沌とした状態が続くアフガニスタンもインダス川の支流に位置するため深いつながりがあると考えて差し支えないだろう。

こうしてあらためてこの大河を俯瞰してみると、さまざまな民族や文化、歴史が複雑に絡み合いながらこの地域が構成されていることが見えてきた。チベット高原に端を発してアラビア海に注ぐインダス川の長い流れを縦軸に置き、その周辺に広がるさまざまなバックグラウンドを持つ民族や地域を横軸に紡いでいくことにより、この大河を立体的に浮かび上がらせることができるのではないかと閃《ひらめ》いたのである。

これらの地域に含まれるチベットやカシミール、アフガニスタンなどはとりわけ、近現代における政治的な背景抜きでは語ることができない場所であり、あえてそのような場所を旅することによって現代に生きる人々の抱える種々の問題もまた明らかにできるのではないかと考えた。

わたしたちがふつう「インダス」という言葉を使うとき、それはだいたいにおいて世界四大文明のひとつインダス文明のことを指すことがほとんどだ。謎に包まれているこのインダス文明は確かにロマンを掻き立ててくれるものだとは思うが、これだけ世界の情報があふれている中で、いまだにインダスと言えば古代文明のことしか頭に浮かばないのはちょっと寂しい。

古代インダス文明に代表されるようなこれまで多くの日本人がイメージとして抱いている「インダス」は、実際には全体像からみるとほんの一部分を切り取ったものにすぎない。インダス川を中心としたこの地域は、本来もっともっと多様性に満ちた豊かな世界なのである。

自然、風土、民族、文化、宗教、歴史、政治……、どれをとってもこれほどの多様な世界がダイナミックに連続する地域をわたしは他に知らない。ページを繰りながらインダス川を源流から河口までわたしと一緒に旅をして、あまり知られていないこの地域の魅力の一端だけでも感じていただけたらうれしい。

もくじ

はじめに――大河インダス流域の多様な世界へようこそ　26

第1章　チベット人の聖山カン・リンポチェを巡礼する　32
チベットを自由に旅行できた最後の時代　32
憧れのカン・リンポチェへ向けていよいよ出発　38
鳥葬の現場を目撃する　49／カン・リンポチェの神々しい姿に涙する　57

第2章　ラダックの仮面舞儀礼　63
ラダックを初冬に訪れる　63
チェムレ僧院の仮面舞儀礼アンチョック　68
頭にホウズキを飾る「花の民」ドクパ　77

第3章　ザンスカール　幻の「氷の回廊」をゆく　87
厳冬期のみに出現する「氷の回廊」チャダル　87
氷の世界から人間の暮らす世界へ　98／氷が溶け始める　106

第4章　国境未確定の「観光地」カシミールの現実　112
現在も争いが続くカシミール　112
カシミール紛争の歴史　114／「観光地」カシミールを旅する　118

第5章　大地震があぶりだしたカシミールの本当の問題　132
死者八万人を出したパキスタン北部大地震　132
禁断の地アザド・カシミールへの入域　142
両国に引き裂かれた家族が国境を渡る　149
初めて表面化した「二重難民」の問題　155

第6章　もうひとつの世界の屋根カラコルム山脈　185
氷河と岩峰に囲まれた「世界最高所の戦場」　185
カラコルム・ハイウェイと古代からの道　193
いくつもの峠を越えて　カラコルムの登山・探検史　195
フンザ人ガイドとバルティ人ポーター　197
登山隊を真に支えているのはバルティ人ポーター　206

第7章　三蔵法師もかつて目指した桃源郷スワート渓谷　217
銃撃された摩崖仏　217／ガンダーラ仏教が栄えたウッディヤーナ国　224
タフティ・バーイ遺跡で神学校の学生と議論する　232

第8章　混迷のアフガニスタンにバーミヤン大仏を見に行く　241
ペシャワールからハイバル峠を越えて　241

混乱が続く荒廃したカーブル市内　247／日本の医療支援NGOを訪問する　257
破壊されたバーミヤンの大仏を訪ねて　261

第9章　神々との饗宴に彩られたカラーシャの暮らす谷　274
ヒンドゥークシュ山脈の懐、チトラールの街　274
カラーシャの村があるルンブール谷へ向かう　279
たくさんの神々に護られたカラーシャの暮らし　286

第10章　肥沃な大地に根付くパンジャーブの歴史と文化　313
サッカーボールと児童労働問題　313
イスラム神秘主義者とムルターン　320
ピンク色の岩塩でできた大山脈　326／ワガ国境での印パ愛国心鼓舞合戦　329

第11章　シンド州でインダス文明の残り香を嗅ぐ　335
大都会カラチの蛇使い　335／シーア派の祭典「ムハッラム」　341
サッカルの巨大堰堤と水上生活者モハナ　346
インダス文明発祥の地モエンジョダロへの道　350

第1章——チベット人の聖山カン・リンポチェを巡礼する

チベットを自由に旅行できた最後の時代

四川省の省都・成都の空港に到着すると、わたしはタクシーで二年前にも泊ったことがあるホテルへ向かった。二〇〇七年四月のことである。ホテルの名前は事情があって明かすことができない。

レセプションには二年前と同じ女性が勤務していて、向こうもわたしのことを覚えていた。すらりとした長身で年齢は三〇歳ぐらいだろうか。長い髪を無造作に束ねていて化粧気はないが、顔立ちは日本人によく似ている。成都生まれのチベット人だと聞いていた。

「今回もまたチベットを旅行するのですか?」と、その女性Sさんがたずねた。前回はチベット旅行を終えた後にこのホテルに宿泊したのだが、旅行の感想や体験などを長々とSさんに話したので、そのことを彼女は覚えていたのだろう。

「ええ、できたらカン・リンポチェを一周したいと考えています」と答えると、Sさんは少しびっくりした顔になった。

カン・リンポチェは日本人にとっては「カイラス山」「カイラーシュ」と呼ぶほうがしっくりくるかもしれない。チベット人仏教徒にとって、一生に一度は巡礼したいと願う聖なる山である。

成都生まれのSさんはまだチベットに行ったことはない。正確に言うと、中華人民共和国チベット自治区（中国語表記では西蔵自治区）に行ったことがない。中国のなかでも四川省や青海省などのチベット自治区東部のエリアにもたくさんのチベット人が暮らしている。そんな彼らにとって、チベット自治区の西に位置するカン・リンポチェは、気楽に訪れることのできる場所ではない。それは距離的な問題というよりも政治的な問題だからである。

あとで詳しく述べることになると思うが、現在のチベットについて語ろうと思えば、中国共産党政府の政策について言及することが必要不可欠となってくる。一昔前だと、チベットといえば、伝統的な仏教に裏打ちされた文化とか精神性というものが前面に出たものだったが、いまは政治的背景を抜きにして語ることは考えられないし、そもそも自由に旅行すること自体が難しくなっている。

この原稿を書いている時点（二〇二一年）では、チベット自治区への自由な個人旅行は当局によって認められていない。あらかじめ旅行代理店を通して日程を組んだ後、現地では漢族のガイドを必ず付けなくてはならない。そうやって組んだ旅行でさえ、当局の判断で直前になって取り消されることもあると聞く。

そういう意味では、わたしのカン・リンポチェ行はほとんど制約のない自由な旅行ができた最後の時代の旅だったのかもしれない。

わたしはSさんに紹介してもらった旅行代理店を訪ねた。ラサまでのチケットを買うためである。ラサからカン・リンポチェまでは千数百キロあり、悪路でもあるため四駆をチャーターしなくてはならない。車はラサについてから探そうと思っていた。

ところが教えてもらった旅行代理店がなかなか見つからない。それもそのはず、アメリカ領事館に近い小さな雑居ビルの二階にひっそりとその会社はあり、ドアに小さく表札が出ていただけだった。

ワンルームマンション程度の小さな部屋が事務所で、Sさんと同年配のチベット人男性がひとりいるだけである。一応、観光ポスターなどが壁に張られているが、旅行商品を扱っているという感じではなく、わたしはすごく不安になった。もしSさんの紹介でなければ帰っていただろう。

ラサまでのフライト料金は片道二一〇〇元（当時のレートで約三万円）。これには四百五十元のラサ入域許可証代が含まれているという。ここへ来る前にホテル内にあった他の旅行代理店でも料金を聞いており、まったく同じ金額だったので、翌日の便を予約してもらった。

次の日、その男性が車を運転してホテルへ迎えに来た。そして空港へ向かう途中でなぜかSさんが乗り込んできた。ホテルの仕事はどうしたのだろうか。

彼女は乗り込んでくるなりおもむろに、「書類をラサまで届けていただけないでしょうか？」と口を開いた。なんでも知人の娘がラサの学校へ入学する際に必要な書類なのだという。

「いいですよ、他にたいした荷物もないし」と答えたが、Sさんは運転手の男性と何やら長々と話し合っている。どうやらこの書類のことについて話しているようで、双方ともすごく真剣な様子だ。結局、空港に着くまでふたりのやり取りは続いた。そしてわたしが車から降りる段になって、Sさんはようやくわたしに向き合って言った。

「さっきの書類の話はなかったことにしてください。チベット旅行を楽しんできてね」

おそらくその書類は、入学に必要な書類などではなかったのだろう。これは想像でしかないのだが、当局に知られてはまずい内容の書類だったのではないだろうか。ラサ行きのフライトにはチベット人も乗るはずだ。入学書類などだったら同胞の彼らに頼んだほうが確実だろう。

外国人にわざわざ託すということは、外国人のほうが空港での荷物検査がゆるいというメリットぐらいしか考えられない。Sさんがわざわざ途中から車に乗ってきたのはこの書類のためだったのに、直前になって中止になったのもすごく不自然に感じる。おそらく政治的に秘密裏に扱う必要のある書類だったのではないだろうか。

というのは、あの旅行代理店のことが脳裏によぎったからだ。アメリカ領事館のすぐ近くにあったのは果たして偶然なのだろうか。

話は少しそれるが、米中冷戦状態が続くつい最近の二〇二〇年、成都のアメリカ領事館に対して中国政府が閉鎖命令を出した。これはアメリカ政府がヒューストンにある中国領事館に閉鎖命令を出したことに対する報復措置である。しかしなぜ成都なのだろうか。

中国政府はその理由を発表していないが、以前から成都のアメリカ領事館がチベット支援を行っているという噂があった。その真偽を確かめることはできないが、反政府組織を支援することにより政府転覆を企てる手法はアメリカが世界各地で実際に行ってきたことだ。だから中国化を嫌うチベット人をそういう形でアメリカが支援していたとしてもなんら不思議はない。

二時間ほどのフライトでラサに到着した。空港ビルを出ると空気がぴりっとして冷たい。それなのに照り付ける日差しはじりじりと肌を焼くようだ。透き通るような群青色の空に迎えられ、これこれ、この色だよ、これがチベットの色だよとうれしくなる。

バスに乗り込むと二年前にはなかったトンネルを経由して、以前の半分ぐらいの所要時間で中心部に到着した。街の再開発のスピードはわたしたち日本人の想像をはるかに超えている。90年代からたびたび中国各地を旅してきた身にしてみれば、それは記憶というものが一瞬にして消し去られてしまうことを意味し、ときどきやるせない気持ちにさせられる。

ラサの街は本来、ジョカン寺（大昭寺）を中心にチベット人の日々の暮らしがあり、西の郊外に精神的支柱であるポタラ宮が控えるという構造になっている。ところが漢族が大量に流入し続けた結果、街が醸し出す雰囲気は年々変化し、他の中国の地方都市となんら変わらない様相を呈してきている。

ジョカン寺からそう遠くない定宿のキレー・ホテル（吉日旅館）に荷を解き、さっそく街歩きに出かけた。当時バックパッカーらが好む安宿として他にヤク・ホテルやスノーランド・ホテルなどが有名だったが、当局の指導により現在外国人は宿泊することができなくなったと聞く。

ジョカン寺の周囲はバルコルと呼ばれる環状バザールになっており、仏具やお土産の屋台もたくさん出ている。朝から晩までいつ行っても人々が時計まわりの方向にそぞろ歩きを楽しんでいる。

寺院の周囲を時計まわりにぐるぐる歩いて巡礼することを「コルラ」というが、祈ることを生活の中心に置いている多くのチベット人にとって、コルラは特別なことではなくどちらかというと日常の一部なのだろう。

手にしたマニ車をぐるぐるまわし、数珠の玉を親指と人差し指で一つずつ繰り出しながら歩く人も多い。この行為は、オンマニペニフムと唱える真言と同じ意味を持っているが、その間チベット人が本当に真剣に何か祈りごとをしているかというとそれは疑問だ。

わたしもチベット滞在中は数珠をいつも携帯していたが、歩き疲れて寺のなかの涼しいところで休んでいるときなどに、ふと気が付くとついつい片手で玉を一つずつ繰り出していた。こうすると暇がまぎれるのである。暇だとつい口寂しくなってお菓子を食べてしまう人もいるかと思うが、要はそれと同じことで、いつのまにか癖になってしまうのだと思う。

歩いているうちに少し頭痛がしてきた。からだもなんとなくふわふわする感じで重い。ラサは海抜約三七〇〇メートル。富士山とほぼ同じ高さのところへ一気に飛行機で入ったので、からだがまだ高所順応していないのだ。薬局に行って高山病予防の漢方薬「高原宇」を購入し、念のために飲んでおく。

宿の周辺では小さな旅行会社がいくつも看板を掲げていた。カン・リンポチェまで往復してくれる車のチャーター料金を調べる。めったに行ける場所ではないので、せっかくなら足を延ばして、かつての西チベットの王国跡であるグゲ遺跡も訪れてみたい。

カン・リンポチェまで片道四日間かかるうえ、長い道中で何があるかわからない。予備日も必要なので結局、一七日間借り切ることにし、ガイドも付けて約一万二〇〇〇元（約一八万円）ということで手打ちした。ただし道中の宿泊費と飲食代は別途である。この他、四種類の許可証が必要だというので追加で一五〇〇元支払った。

憧れのカン・リンポチェへ向けていよいよ出発

出発の日も快晴だった。四月中旬とはいえ朝はまだ冷え込む。車はランドクルーザーだが二〇年前の型なので、窓を閉めていてもすきま風が入ってきて寒い。フリースにダウンジャケットを重ね着する。

ガイドはまだ二〇歳代後半ぐらいの元気のいい若者でテンジンという。運転手は四〇歳ぐらいのタシ。どちらも仮名である。仮名にする必要があるのは、彼らの身の安全のためには仕方がないことだ。

ラサは首都といっても小さな街なので、ものの十分も走ればすぐに郊外となる。高地ではこの季節はまだ春とはいえず、なだらかに続く山のつらなりはまだ茶色のモノトーンだ。ときおり見える淡い緑色は畑で、チベット人の主食であるネーという名の裸麦が植えられている。

鉄橋をくぐった。これが噂の鉄道か。二〇〇六年に青海省のゴルムドとラサを結ぶ鉄道が開通し、青蔵鉄道と呼ばれていた。なんでも途中で五〇〇〇メートルの峠を越えるため、気密性を高くして酸素を供給する仕組みを搭載した列車なのだという。乗車したことはなかったが、日本でもそれを売り物にしたツアーが企画されたりしているらしい。

「この鉄道のこと、どう思う？」と、テンジンが聞いてきた。

「どうって。この鉄道は外国人や中国人観光客のためのものでしょ。それとも最近はチベット人も中国の都会に出かけたりするの？」

わたしは言葉を選びながら答えた。

「中国の都会なんかへは行きませんよ。空気がすごく汚いし、街も人も騒々しいし」

テンジンはどうやら中国に対してあまりよい印象を抱いていないみたいだったので、わたしも安心して本音を語った。

「鉄道ができたらこれからどっと中国人観光客が入ってくるよ。いま秘境がブームになっているからね。入植政策で送り込まれてくる中国人も増えると思う。ラサの街もどんどん変わってしまうよね。いまに中国資本だらけになって……」

まだ話の途中なのに、テンジンは興奮した面持ちで身を乗り出してきた。

「そのとおりだよ。旅行会社にとってはありがたいのだけど、僕は正直言って中国人を案内したくない。寺院に案内しても手を合わせるわけでもないし、ぼくたちの文化に興味があるわけでもない。

単に珍しい景色のところで写真を撮って友達に自慢したいだけなのさ」

「でもそれは欧米人旅行者だって同じじゃないのかい？　日本人だって」

「いや同じじゃない。欧米人や日本人は少なくともぼくたちの文化を尊重し、理解しようとする気持ちを持っているよ」

テンジンのその気持ちはよくわかった。実際、ジョカン寺にもポタラ宮にも中国人観光客があふれていた。大声で仲間と騒ぎながら寺院の内部を徘徊し、安置されている仏像や仏具に勝手に手を触れ、壁画を撫でまわす。仏像の前でポーズをとって自分の写真を撮る。あるいは熱心に祈っているチベット人を追いかけまわして撮影する。境内で平気でタバコを吸う。

中国政府が数々の困難を乗り越えてこの高地を貫く鉄道を開通させた意味をわたしたちはもっと考えてみたほうがよいと思う。世界史をひもとくと、植民地では、日本を含め、宗主国はたいてい鉄道を敷設した。現地の経済発展のためだという理由で。

しかし宗主国の本当の目的は、鉱物資源や農産物などの資源の略奪であった。物資を一度に大量に運ぶには鉄道が最も優れている。エネルギーと食料を蓄積することこそが国力を増強する道である。過去に多くの植民地に鉄道が敷かれたのは本当はそういう理由からだ。

日本の三倍以上の面積をもつ広大なチベットには、無限の地下資源が眠っていると言われている。すでに経済大国として台頭し、世界の中で確固たる地位を築きたい中国にとってみれば、チベットの実効支配を内外に示すためにも、また最大限の利益を生むためにも、この鉄道の敷設は大きな意味を持っているはずである。

中国は現在、「一帯一路」という国策を前面に出して周辺諸国のインフラを急整備している。あまりにも強引な手法のため各地で摩擦が起きているが、青蔵鉄道の建設はその「一帯一路」の国内版といったところだろうか。

昼には第二の街シガツェに着いた。二年前に訪れたときには丸一日かかっている。それだけ道路が格段に整備されたということだ。この日はさらに車を飛ばし、ラツェに宿泊した。

舗装路はここまでで終わり、砂利道となった。しかし工事用のブルドーザーやトラックが大きな音を立てて走りまわっているので、この先に舗装道路が伸びるのにさほど時間はかからないだろう。畑はほとんど見られなくなり、放牧されているヤクやロバ、山羊が目につくようになってきた。荒野のなか、遊牧のチベット人もよく見かけるようになり、ヤクや山羊の皮でつくられたテントが張られ、日干しレンガが積まれている。

途中、いくつかの峠を越えた。道路脇の日陰にわずかだが雪が残っている。峠に着くと、テンジンとタシは車から降り、腹の底から大きな声を張り上げながら馬の絵とチベット文字が印刷された五センチ角ぐらいの小さな紙片をばら撒いた。

ルンタロー・キソソソー・ラギャロー
ルンタロー・キソソソー・ラギャロー

チベット語で、「神よ、勝利を！」をあらわす言葉らしい。その小さな紙片はルンタと呼ばれている。峠には必ずといってよいほどタルチョーという五色の旗がはためいているのだが、ルンタとタルチョーは同じ意味があるという。

ちなみに五色とは、青「空」、白「風」、赤「火」、緑「水」、黄「地」であり、宇宙はすべてこの五つの要素から成り立っているとする考えから来ている。

ルンタは「風の馬」という意味で、これを峠で宙に撒くという行為は、仏法や祈りを馬に託して天に届けてもらうということ。もともとは仏教が伝えられる以前にあった古い習慣らしい。日本でも神社へ詣でて「絵馬」に願い事を書き入れ木の枝に結んだりするが、それと意味はまったく同じである。日本とチベットはどちらも神仏習合的な祈りの形態を持っているため、意外なところで似通っている部分があるのだ。

峠に着くたびにルンタをばら撒いたりしていたので、サガの街に到着したのは暗くなる直前だった。街には大げさな塀で囲まれた中国人民解放軍の巨大な基地があった。

この街で運転手のタシはガソリンを入手した。三〇リットル入る頑丈な鉄製タンクを三個用意してきており、それぞれを満タンにした。この先、確実にガソリンが手に入る保証はないのだという。

翌朝、まだどこも食堂や茶館が開いていないのでそのまま出発する。そして一時間ほど走ったところで、草原にポツンとあった日干しレンガを積み上げた家の前で止まった。

タシはその家の人と何事か話していたが、「ここで朝食をいただこう」といって車を降りた。別に知り合いでもなんでもないらしい。

「チベットではこういうのは普通ですよ。だいたい食堂なんて街にしかないでしょ。だからチベット人は旅に出ると、相手が知らない人でもごちそうになるのは当たり前。お互いさまなのですよ」

テンジンはそういうと、さっさと家の中へ入った。

家の中には女性が二人と子どもが四人いた。一三人家族なのだが旦那たち男手は放牧に出ているという。およそ一〇〇頭のヤクと五〇〇頭の山羊を飼っている。この日干しレンガの家は半定住用で、放牧へ出ている男たちはテントを携帯して移動するのだそうだ。

小ぶりの木のお椀にツァンパを盛ってもらう。ツァンパは裸麦《はだかむぎ》を炒って粉にひいたもの。そこへ砂糖とバターを加え、ドオゥーモという筒状の撹拌機でつくったバター茶をかける。

右手で粘土を練りこむようによく握って、小さな団子にしてちぎり、小指の側から口に入れる作法だ。バター茶を飲みながら食べる。バター茶はバターとタンチャという茶葉を固めたものに熱湯を加えて攪拌した飲みもので、お茶というよりはスープといったほうが正確かもしれない。

このバター茶、最初はそんなにうまいとは思えず飲み干すのに少し抵抗があるのだが、慣れてくるとこんなにうまい飲みものはないと思うようになる。チベット人はこれを日に何十杯も飲む。

これにはちゃんと理由があって、チベットを旅するとわかるのだが、内陸の高原であるため空気がすごく乾燥している。だから気をつけないと肌がすぐガサガサになるのだ。そこでバター茶が活躍するのだが、大量に摂取することによって皮膚を保湿する効果がある。栄養価も高い。きっとからだが求めるのだろう、慣れてくると何杯でも飲めるようになる。

ただ気をつけなくてはいけないのが、茶館にせよ一般家庭にしろ、給仕する女性はエンドレスでバター茶を勧めてくることだ。「まあまあもう少しだけどうぞ」という感じでニコニコと大きなヤカンから茶を注いでくれる。わんこそばのチベット版だと思えばよい。

適当なところで断らないとお腹がダボダボになってしまう。チベット人を見ていると、本気で断るときは手のひらでカップに蓋をするか、カップを逆さまにしていた。

車で走っていると、沿道の景色は本当に見飽きるということがない。右も左もはるか彼方まで草原が続き、ときおり湿原や小さな川、湖があらわれる。左手には雪をかぶった峰々が連なっている。ネパール国境のヒマラヤ山脈である。ときおり遊牧民のテントが見え、黒っぽい民族衣装を着たチベット人が家畜の世話をしている。大自然と一体化したような暮らしをまさに地で行っているのである。

いくつもの峠を越え、そのたびに停まってルンタをばら撒く。信心深いタシはラサで大量にルンタの束を買い込んできていた。峠を越えると、一面の雪景色が。と思ったら、なんと白い砂丘だった。草原の真っただ中に、高さ数十メートルもある砂丘が連なっている。いったいどのようにしてこの砂丘はできたのだろうか。

パルヤンという小さな村からのヒマラヤ山脈の眺めは、ことのほかすばらしい。はるか遠くに屏風のように白く輝く山が連なっている。地図を見ると、このあたりのヒマラヤの裏側はネパールのドルポ地方のようである。

「そうすると、河口慧海《えかい》がヒマラヤを越えたのはあのあたりなのだろうか」

わたしの想像は大きく膨らんだ。だとすれば、彼はラサへ至る前にこのパルワンにも立ち寄った可能性があるのではないだろうか。

河口慧海は日本人として最初にチベット入りした人物である。一九〇〇年のことだから今から一二〇年以上前の話だ。仏典の漢語訳に疑問を感じ、梵語のチベット語訳を入手するのが目的だった。明治時代にはチベットは鎖国政策をとっており、日本人の入国は禁じられていたため、ネパールで用意周到に中国僧になりすますべく準備を進めたのである。

ヒマラヤのどの峠を越えてチベット入りしたのかいまだ正確な場所は同定されていないが、入国後はラサに滞在しただけでなく、これからわたしが向かうカン・リンポチェの巡礼も行っていた。

河口慧海についての話をテンジンに教えていると、「実はぼくもヒマラヤを越えたことがあるんだよ」と彼は告白した。

わたしが、えっと絶句すると、テンジンはまわりに誰もいないのに声を潜めて話し始めた。

「ある日、父が唐突に、この人についていきなさい、そしてしっかり勉強してきなさい、と言ったんだ。ぼくが九歳のときでね、もちろん泣いたよ。でもチベットではお父さんの言うことは絶対だからね」

テンジンはお父さんの知り合いだという男性と二人で、こっそりと家を出た。どこへ向かうかも知らないし、たとえ知ったとしてもその理由がわからない。途中、遊牧民のテントに泊めてもらいながら旅を続けた。

そのうち人影もまったくなくなり山へ入ったことがわかった。岩陰などで寝泊まりしながら峠を越えたのだという。峠付近には雪がたくさん積もっていたのをよく覚えている。

そうしてたどり着いたのがインドのダラムサラだった。チベット亡命政府が置かれている街である。地図を見ればわかるが、ダラムサラはこれからわたしが向かうカン・リンポチェよりもさらに西に位置している。途中、車にも乗ったそうだが、当時九歳だったテンジンはどういうルートでインド入りしたのかまったくわからないという。

ダラムサラでは寄宿舎に入り、一二年間勉強した。わたしとは英語で会話するのだが、そのインド滞在中に英語を覚えたのである。そして再びヒマラヤを越えてラサに戻ってきたのが三年ほど前。そのとき手引きしてもらったチベット人の案内人との約束で、その場所は他人に教えることができないという。

わたしは彼のいう「約束」の意味がよくわかった。というのは、わたしが旅をした前年の二〇〇六年に「ナンパ・ラ銃撃事件」というのが起きたことを知っていたからだ。

ナンパ・ラというのはネパールとチベットの間にある標高五八〇六メートルの峠で、古くから交易路として使用されていた歴史がある。エヴェレストの北西約三〇キロの地点にあり、すぐ近くには八〇〇〇メートル峰のひとつチョー・オユーが聳えているため、登山家にはなじみが深い地名だ。

そのときチベット人らが集団で峠を越えてネパールに向かう途中、国境警備をしていた中国人民武装警察に発見され、銃撃を受けた。その様子をチョー・オユー登山中だった外国人登山隊が動画撮影して公表したため、世界的に大きなニュースになったのである。しかし当然ながら中国政府はこの事件を否定し、また日本のマスコミの扱いも小さかった。

以前にエヴェレストのあるネパールのクーンブ地方をトレッキングしたときに、ナムチェ・バザールという昔からの交易の中心として栄えた村で土曜市があるというので出かけてみたことがある。チベット人たちがヤクに衣類や塩などの交易品を満載してやってきて、ここで市を開くのである。彼らはナンパ・ラを越えてきたということだった。赤銅色の肌と赤い毛糸を編み込んだ長い髪の毛。一目見てチベット人だとわかる彼らは地面にシートを敷いて、その上に商品を並べて売買していた。しかしその事件以降、中国は国境管理を厳格にしたため、チベット人は峠を越えることができなくなり、ナムチェ・バザールの土曜市でも彼らの姿を見かけることはなくなってしまった。

テンジンはダラムサラに滞在中はほとんど菜食だったため、チベットに戻ってきたときはやせ細っていたという。そのため母親はひどく心配して、毎日肉ばかり食べさせられて参ったよ、とテンジンは笑った。

現在、ダラムサラには十数万人のチベット人が暮らしているというが、テンジンのように再び密入国してチベットに戻る人もいるわけで、チベット人の人口六〇〇万人からすると、これはけっして少なくない数だろう。

標高五二〇〇メートルのマユム・ラへの登り口に中国公安のチェックポストがあった。パスポートや旅行許可証が調べられる。峠を降りるとすぐに湖があらわれた。ドク・ツォーだという。チベット語で「ドク」は「毒」の意味だとか。テンジンからそれを聞いたとき、ホンマかいなと疑ったが、本当らしい。

実は日本語とチベット語には妙な共通点がある。たとえば数字の「1、2、3、4、5、6、7、8、9、10」は、チベット語では「チィ、ニィ、スン、シ、ンゴ、ルック、ドゥン、ゲェ、ク、ヂュウ」と読む。7と8以外はとても日本語と発音が似ている。また「日本」のことを「ニホン」という。わたしが知るかぎり、「ジャパン」ではなく「ニホン」と呼ぶ外国人は世界でもチベット人だけである。また日本語とチベット語は文法の順序も同じだ。

やがて目も覚めるような真っ青な湖が姿を現した。マパム・ユムツォ（マナサロワール湖）である。ここまで来ると目的地のカン・リンポチェは近い。この湖も巡礼者らにとっては聖なるものと考えられている。特にインド側からやってくるヒンドゥー教徒の巡礼者たちはこの湖で沐浴するのもひとつの重要な目的だ。周囲を一周する人も少なくないという。

マパム・ユムツォ西岸にあるチゥ・ゴンパは「鳥の僧院」という意味。このゴンパの背後にある丘に登ったときの感動は今も忘れることができない。世界にこんなに美しくて清らかな場所が存在するのか、と心から思った。

北側には雪をかぶったカン・リンポチェが圧倒的な神々しさをもって迫ってくる。東側には手が届きそうなところに濁りのない青色をたたえたマパム・ユムツォがある。そして南側のはるか彼方にはなだらかな尾根状の起伏をのぞむことができる。七〇〇〇メートルを優に超えるナム・ナニ峰である。

カン・リンポチェがそびえる周辺一帯がなぜ重要な聖地として人々の信仰を集めているのか、その意味はこの場所に立ってみれば瞬時に理解することができるはずだ。聖地というものがあるとしたら、それは地球上で唯一「ここ」でしかありえないだろうというインスピレーションを誰でも受けるはずである。

鳥葬の現場を目撃する

カン・リンポチェ巡礼の拠点となるタルチェンに到着したのは、ラサを出て四日目のことだった。「旅游茶館招待所」という看板の出ている民宿に泊まる。いつのまにか雪がちらつき始めた。

朝起きてみると、一面の雪景色である。コルラ（巡礼）に出発するのを延ばそうかとも思ったが、空は真っ青に晴れわたっている。カン・リンポチェの周囲をぐるりとまわる巡礼路があるのだが、おおかたのチベット人はこの五二キロを一日で踏破するという。そのため夜明け前に出発するのが一般的らしい。

巡礼路の途中には何ヶ所か寺院があり、宿泊することができるので、わたしは最初一泊二日でまわろうと考えていた。しかし積雪の状態や写真撮影のことを考えると、二泊三日にしたほうが無難だろう。

テンジンとタシも、遠路はるばるラサから来ているので、せっかくだから一緒にコルラしたいという。ただ、寒いのは嫌だからなるべく速く歩きたいという。それで途中からは別行動をとることになった。

寝袋などの荷物があるので、宿でポーターをしてくれる人を紹介してもらう。恥ずかしそうにやってきたのはジミユピという名のかわいらしい尼僧で、まだ二一歳だという。

チベット東部のアムド地方の出身で、姉と一緒にカン・リンポチェをコルラするために来ている。まだうら若い乙女なのに、実はこの年齢でカン・リンポチェをすでに三七回もコルラしたというベテランだ。ときどきこうしてポーターの仕事をして生活費を稼ぎながら、まだしばらくは滞在するつもりなのだという。

テンジンによると、地方から巡礼に来たチベット人は数ヶ月タルチェンにテントを張って滞在し、カン・リンポチェのまわりを一三周する人が多いらしい。そして一三周を達成できた人だけが内院へ入ることを許されるそうだ。

ピンと張り詰めた冷気のなかを出発。すでに四月下旬とはいえ、標高五〇〇〇メートル前後の巡礼路だ、春の訪れはまだまだ先である。道は昨夜降り積もった雪でかき消されている。他に人影は見えず、しんと静まり返った渓谷を吐く息も白く歩き続ける。

一時間ほど歩くと、高さ十数メートルの木の柱にたくさんのタルチョー（チベット仏教で使われる五色の祈祷旗）がはためいている場所に出た。タンボチェと呼ばれる場所だという。チベット歴の四月の満月の日に、いったん柱を倒してタルチョーを新しいものに付け替え、再び立てる儀式「サカダワ祭」がここで執り行われる。

この、柱を立てるという民俗行事は世界各国でわりと見られるものだ。日本でも諏訪の御柱祭りが有名だし、もともとキリスト教が入る以前の風習だったといわれるアイルランド発祥のクリスマスツリーなどもその部類に入るかもしれない。

トラックと二台のランドクルーザーが脇を通り過ぎて行った。ジミユピとテンジンがそれを見て何か相談していたが、わたしに向き合うと思いもかけないようなことを言った。

「いまから鳥葬があるようです。鳥葬のこと、知っていますよね？」

わたしは学生時代に大学で教鞭に立たれていた川喜多二郎先生の講義を聞いたことがあり、先生の著した『鳥葬の国ネパール』という本を昔読んだことがあった。隊員のカメラマンが撮影欲を抑えきれずに半ば無理やり鳥葬の現場に行ったというくだりがとても印象に残っていた。

しかしチベットやネパールの一部の地域では現代でもまだ鳥葬という文化は残っているようだったが、外国人が見学するのは非常に難しいと聞いていた。

「もちろん知っていますとも。それでどこであるのです？」

「あのあたりですよ」と、テンジンが指したのは、タルチョーがはためく背後の斜面だった。この斜面を登り切ったところが台地になっていて、セジョン・トチュと呼ばれる鳥葬場になっているのだという。

「見学していきますか?」という言葉にわたしはうろたえた。もちろん見たいに決まっている。こんな機会など二度と巡ってこないだろう。でも外国人が見学しても本当に構わないのだろうか。

「約束してください、写真撮影はダメです。でもそんなことよりも、本当に大丈夫ですか?」

テンジンはわたしが人間の死体を見て気分を悪くすることを気にかけてくれているのである。

わたしは覚悟を決めて、「ぜひ見学させてください」とお願いした。

岩混じりの斜面を登っていく途中、厳しい顔つきの男たちが六名降りてきた。みな正装してチベットの伝統的な衣装であるチュパという厚手のガウンを羽織っている。おそらく遺族なのだろう。

平らな台地上に出ると、大人の男性の遺体が全裸でうつぶせに置かれていた。その横で僧侶が大きな幅広の包丁を石で研いでいた。藤原新也の本のなかにある「ガンジスで犬に食われる遺体の写真」とそっくりだ、と思った。

なんというか、輪郭はもちろん人間なのだけど、魂というものがすでに抜け去ってしまっているような感じがした。生命の源泉がすでに枯れているため、ゴムか何かでできた置物ぐらいにしか見えない。だから僧侶が大きな包丁で肉体を切り刻んでも、気分が悪くなるとか痛々しい気持ちになるとか、そういうことはいっさいなかった。

近親者だと思われる男性がふたり、少し離れたところで頭を垂れていた。そのすぐ近くでふたりの僧侶が読経していた。周囲を見まわしたが、肉片をついばむはずのハゲタカはまだ姿を現していない。後でテンジンにたずねると、時期によってはハゲタカが現れないときもあり、そのときはうろついている野良犬がいつのまにかやってきて食い漁るのだという。

チベット人全員が鳥葬をするわけではないが、なぜ鳥葬のような葬送儀礼が生まれたかについてはいくつか理由がある。土葬に適さない岩屑だらけの土地が多いこと、火葬に必要な大量の薪が入手しにくいことなどが挙げられるだろう。輪廻転生という仏教の死生観も大きく関係している。

人間も動物もいつかは必ず死ぬ。しかし肉体は滅びても、魂は再び他の生き物に宿って還ってくる。敬虔な仏教徒であるチベット人はそのことを日常的に真剣に考え、祈り続けるのだ。死ぬことは怖いことではない、でもよりよいものに生まれ変わりたい、と。

すでに魂が離脱した肉体は単なる物体に過ぎない。いずれいったんは自然に還り、元素として地球上を浮遊するのだから、土中で微生物が分解しようが地上で鳥がついばもうが、同じことなのである。

目の前に置かれている滅んだ肉体からは、魂はすでに遊離して、カン・リンポチェという仏様の懐へ飛んで行ったのだ。チベット仏教徒にとって、カン・リンポチェは、仏教が教える宇宙観をそのまま表現した三次元の曼陀羅である。中心部の岩山がご本尊であり、周囲の山々や丘陵は仏様を守る神々をあらわしている。カン・リンポチェは「尊い雪山」という意味である。

鳥葬場をそっと離れ、本来の巡礼路に戻って歩き続ける。ジミユピは三七回も巡礼しているだけあって、雪に覆われた場所を避けながら無駄のない足運びをしている。そして大きな岩に梵字《ぼんじ》が彫られているような場所などでは必ず立ち止まり手を合わせていた。梵字は仏教の真言をサンスクリット語であらわしたものである。

まだ寒い季節だからだろう、巡礼者の数はさほど多くはない。前方に、立ったり座ったりの動作を繰り返している集団が見えた。近づいてみると、立ったり座ったりに見えたのは、五体投地をしているからだということに気づいた。

ラサのジョカン寺前やバルコルでは五体投地をしている人をときおり見かけたが、一周五二キロのカン・リンポチェの巡礼路でもやっているとは！　六人グループの巡礼者で、ヤクか何かの丈夫な皮革でつくったと思われる大きなグローブと膝当てを装着している。

五体投地の作法では、合わせた手を前方に伸ばすと同時にからだも地面に投げ出すのだが、そのときプールに飛び込むような感じで全身をザザーッと滑らせる。その地点で立ち上がったら、額から口、胸と合わせた手を下にずらしていき、再びからだをザザーッと前方へ勢いよく滑らせるのだ。その繰り返しである。

気の遠くなるような時間感覚だが、長壇場となる巡礼では、こうしてザザーッと稼ぐ数十センチが馬鹿にならないのだろう。この調子でカン・リンポチェを一周して、だいたい三、四週間かかるらしい。

しばらく観察していると、五体投地を数十回繰り返した後、立ち上がって元来た道を戻り始めた。置いていた荷物を取りに戻ったのである。おそらく食料や野宿のための毛布などが入っているのだ

聖山カン・リンポチェのコルラする途中で出会った五体投地で巡礼するチベット人

ろう。そしてその荷物を持って先ほど中断した五体投地の地点まで戻り、荷物をそこに置くと再び五体投地を繰り返すのだった。

これには感心してしまった。ということは、彼らはカン・リンポチェを一周した暁には、五体投地で一周、歩いて順路で一周、逆路で一周の計三周の巡礼を成し遂げることになる。

そのうちのひとりがわたしに話しかけてきた。言葉がわからないのでテンジンに通訳してもらうと、苦笑している。

「ダライ・ラマの写真を持っていないだろうか、と彼は聞いています。持っていないですよね？」

「いや、……持っているけど」

わたしが小声で答えると、「えっ」とテンジンは絶句した。

無理もないだろう。中華人民共和国政府はダライ・ラマ一四世の肖像写真を所持することを禁止している。インドのダラムサラでチベット亡命政府を樹立しているダライ・ラマ一四世は、国家転覆を企てる犯罪者という位置付けであるのだから。

だからチベットの寺院ではダライ・ラマ一四世の肖像画を見ることはいっさいできない。しかし「禁止する」ということは裏を返せば「存在する」ということでもある。これは何もダライ・ラマの写真に限った話ではないだろう。

わたしは写真を以前にネパールへ旅したときに入手していた。外国人旅行者が集まるタメル地区へ行けばダライ・ラマ一四世の写真などどこででも購入することができる。

貴重品袋の中に大事にしまってある写真を取り出して見せると、他の五人の巡礼者も五体投地を途中で放り出して駆け寄ってきた。この肖像写真は、撮影をさせていただいたお礼に彼らに進呈というか喜捨させていただいた。

雪がちらつき始めたころ、宿泊を予定しているディラプク僧院に着いた。わたしのようにテントを持たずにやってくる巡礼者のために、僧院がゲストハウスとしてベッドを提供しているのだ。居間ではヤクの糞を燃料にストーブが焚かれ、僧侶たちはストーブの周囲にたむろしてバター茶を飲んでいる。

夕方、カメラだけ持って散歩に出た。厚い雲がかかっているため、カン・リンポチェの姿はまったくのぞむことができない。近くの丘陵に登ってみようと歩き始めたときのことだ。どこからともなく野犬があらわれた。それも五頭、六頭と。

鋭い歯をむき出しにしてものすごい形相で唸りながら、近づいてくる。これはヤバイ。先ほど訪れた鳥葬場でテンジンから「犬がやってきて食い漁る」という話を聞いたばかりだったので、その話が急によみがえった。心底から恐怖を覚え、少しずつ後ずさりした。

と、騒ぎを聞きつけた何人かの僧侶が走ってきて、手当たり次第に犬に向かって石を投げつけた。そのうちの一発が当たり、キャインという声を発して野犬は逃げて行った。助かった。

駆けつけてくれた僧侶たちはやはり巡礼に来ているそうで、世界最高峰のエヴェレスト（現地名ではチョモランマ）の麓にあるロンボク僧院に所属しているという。ひとりは英語を流暢に話し、「チョモランマを登りに来た日本人の登山家と話したこともあるよ」と言っていた。その夜は彼らがつくってくれたトゥクパ（チベット風煮込みうどん）をごちそうになる。

カン・リンポチェの神々しい姿に涙する

翌朝、早起きして外に出てみたが、カン・リンポチェのあたりだけどんよりとした雲に覆われている。今日はこの巡礼路の最大の難関であるドルマ・ラを越えなくてはならない。できるだけ早く出発したいという気持ちと、カン・リンポチェの姿が最も神々しく見えるといわれるこのディラプク僧院でもう少し待ちたいという気持ちがせめぎ合う。

地図を見ればわかるが、インダス川の源流はこの僧院の北側、数十キロの地点である。僧院から歩いていくこともできるらしいが、そのルートを知っている案内人を見つけるのは容易なことではなさそうだ。

なかなか簡単に来られる場所ではないので、晴れるまでもう一日ぐらい待ってみようと決めたときだった。雲がすごいスピードで動いている。山に陽光が射し始めたのだ。見る見るうちに厚い雲のヴェールが脱げ、カン・リンポチェはその神々しい全貌を眼前にさらした。

なんという存在感、なんという芝居がかった演出。宙に浮かぶ巨大な三角錐の切れ落ちた岩壁。僧院から仰ぎ見る朝日が当たって真っ白に光る北壁には幾筋もの黒い線が走っている。その圧倒的な存在感の前では、人間はまったくの無力だ。僧院にいた誰もが外に出て、ただただ無言のままその姿を仰ぎ見ている。ここはやはり世界の中心だったのだ。

その完璧な姿の前では、ため息しか出ない。美しいとか荘厳とか、わたしが思いつく語彙程度ではとても表現することができない。自然に湧き上がってくる感情のままに、みなと同じようにただ手を合わせることしかできない。不覚にも涙があふれるのをどうすることもできなかった。

チベット仏教徒にとってカン・リンポチェは仏教の宇宙観を具現した曼荼羅そのものであるが、実はこの山は他の宗教にとっても重要な意味を持っている。ヒンドゥー教徒はこの聳え立つ山のことをカイラーシュと呼び、シヴァ神の象徴であるリンガ（男根）と捉えている。仏教が入る以前にチベットで信仰されていたボン教（ポン教ともいう）にとっても、カン・リンポチェは最大の聖山という位置づけである。

標高六六五六メートルのこの聖山の頂を踏んだ人間は存在しない。チベット人はこの山を仏様の化身と考えているので、それを踏みつけるような行為などそもそも思いつきもしないことだろう。ところが今から二十年ほど前の二〇〇一年にチベット人を震撼させるニュースが流れたことがある。

中国政府がスペインの登山隊にカン・リンポチェの登山許可を出したというのである。ヒマラヤを抱える各国では、登山やトレッキングに対して許可証を発行して入山料を課している。それはインドにせよネパールにせよ中国にせよ、まったく同じだ。ただ、国境に近いセンシティブな場所だったり、自然保護を優先するケースの場合は、許可を出さない山もある。

仏教徒やヒンドゥー教徒の神経を逆なでする登山許可という行為に対して、当然ながら中国政府とスペイン隊には世界中から抗議が殺到したという。結局のところスペイン隊が恐れをなして申請を取り下げることによって一件落着となった。中国政府があえてチベット人の精神を破壊する目的で許可を出したのか、単に担当者がこの山が特別なものであることを知らなかったのか、それは当局が沈黙している以上理由はわからない。

高度が上がるにつれ、積雪が深くなってきた。わたしは足首と膝に巻くスパッツを持参してきていたが、ジミユピやテンジンらはビニール袋を足首にグルグル巻きにして靴のなかに雪が入らないようにしていた。それでもときおり膝上ぐらいまでズボッと雪にはまるので、登高にはなかなか時間がかかる。

露出した岩場や小石を積み上げたケルンに色とりどりの衣服が結び付けられている地点に出た。散乱した衣類が降り積もった雪の間から見え隠れする。なんだかとても不気味な感じがするところだ。それもそのはず、かつては鳥葬場として使われていたところだそうで、現在では巡礼者がここへ来た記念に自分の衣服を置いていくのだという。

チベットに潜入した河口慧海は、その年にさっそくカン・リンポチェを訪れて巡礼している。彼が帰国後に著した『西蔵旅行記』では、この鳥葬場からドルマ・ラへ至る登路のことを「三途の川の逃れ坂」と表現している。三途の川とは、現世とあの世を隔てる川のこと。また、石積みのある賽の河原のことも指すため、まさにぴったりの言い回しといえる。

ドルマ・ラに着いた。標高はすでに五六三〇メートルもある。さすがに息苦しい。ジミユピらは一刻も早く雪のない場所へ下りたかったのだろう、峠には誰もいなかった。大きな真っ黒の岩には無数のタルチョーが結び付けられ、風にあおられてバタバタという音を発している。湧き上がってきた白いガスのためカン・リンポチェの姿はすでにのぞむことができなかった。

峠で、わたしは黙って手を合わせた。自分のことも世界のことも何も想わない。何も願わない。というか、疲れ切っているので、何も考えられなかっただけかもしれない。

峠を越えて下り始めると、数人のチベット人が登ってくるのが見えた。初老の女性が何かを訴えている。身振り手振りから、頭が痛いので薬をくれと言っているらしいのがわかった。高山病の症状なのだろう。ラサで購入していた漢方薬の「高原宇」を差し上げた。

仏教徒はコルラ（巡礼）するときは右まわりであり。だからご本尊様は常にからだの右側にあることになる。これに対してボン教徒は反対の左まわりでコルラする。だからこの女性もきっとボン教徒なのだろう。

ボン教徒とは何者なのかについては、それだけできっと何冊もの本になってしまうだろうからあえて触れないが、こういうふうに考えてみたらどうだろう。わたしたち日本人は何教徒だろうか。クリスチャンやムスリムの方なら自信をもって答えられるかもしれないが、一般的な日本人にとってこれは答えることが難しい質問だ。仏教徒ときっぱり言うには少し抵抗があるし、かといって神道というのもなんだかなあ、といったところだろうか。

六世紀に仏教が日本に入ってくると、それまであった土着の信仰と習合することになった。その後、日本人は正月には神社へ初詣に行き、葬式には寺へ行くようになった。自分は無宗教だと公言する人でも、実際は年に何回か知らず知らずのうちに手を合わせていたりするものなのだ。

チベット人もそういう点は日本人とよく似ているかもしれない。峠でばら撒くルンタもそうだが、神仏習合が生活の中にきっちり入り込んでいる。ボン教はもともと自然崇拝というかアニミズム的な要素をたくさん含んだ信仰である。仏様のほうをより重んじるか、神様のほうをより重んじるか、それは人によってさまざまだ。ボン教をチベット社会のなかでそういうふうに捉えると、より理解が深まるかと思う。

下るにつれ、からだがだんだん楽になってきた。呼吸も落ち着いてくる。高度が下がると空気中の酸素が増える。だから当たり前のことなのだが、重苦しい気分から解放されたような気がする。ラム・チューと呼ばれる河原に降り立つと、ようやく人間の世界に戻ってきた気がした。ヤクを放牧しに来た男がふたり、野営のための天幕を張っている。氷が解け始めた川に沿って歩いていると、からだは疲労しているのに頭が冴えてきて鼻歌でも出そうなくらい気分がいい。

そのとき、ああそうなのか、そうだったのか、カン・リンポチェのコルラとはそういう意味だったのか、と突然のように閃くものがあった。

コルラによって聖山を巡礼する行為とは、人間の苦しみの源泉である輪廻を短時間のうちに追体験することなのかもしれない。ドルマ・ラに至る苦しい登りは、人間の人生そのものだ。苦しみが最高潮に達した峠で人は一度死ぬ。そして生まれ変わるのである。

生きて、死んで、また生まれる。穏やかな光に包まれた河原に下りたときに感じる喜びは、再びこの世に生を受けた喜び。しかしそれも時間がたつと、やがて生きる苦しみに変わっていく。人間はこの輪廻の輪から逃れて悟りを開き、仏に近づかなくてはならない。仏教を信仰するとはそういうことだ。

チベット人巡礼者はコルラを一三回達成してから、初めて内院へ参ることが許される。それは修業を積んだ人のみがご本尊であるカン・リンポチェへ近づくことができることを意味する。解脱への道は、修行中のわたしにとってはまだまだ先のことになるのだろう。

第2章——ラダックの仮面舞儀礼

ラダックを初冬に訪れる

インドの首都デリーとラダックのレーを結ぶ国内線は、機内からの眺めがとにかく極上という点でイチオシのフライトである。特にデリーを発つ早朝の便がすばらしい。

朝日が昇った直後、雪をかぶった五〇〇〇メートル前後の山々が眼下にくっきりと浮かび上がり、大地に刻み付けられたそのヒマラヤ山脈の襞が飛行機の丸い窓枠いっぱいに広がっている。

わたしはこれまで何度かこの路線を飛んでいるが、そのときの軍事的な情勢によるものなのか、あるいは客室乗務員のその日の気分なのか、たいてい「窓を閉めてください」というアナウンスが流れた。

しかしこんな絶景を見逃す手はない。いつも窓を半分だけ閉めて外をのぞいていたが、特に注意されることもなかった。

一時間ちょっとでレーに到着。機内アナウンスではマイナス五度と告げていたので、半袖シャツの上に羽毛服を着込む。

一一月のラダックはすでに冬支度に入っており、いつもなら外国人ツーリストや地元の人で賑わっているレーのメインバザールにはあまり人影がなく、商店の多くもシャッターが下りていた。ホテルやゲストハウスも閉まっている。空いているところを探してようやく一軒のゲストハウスにたどり着くが、出てきた老婦人に「暖房がないから泊められない」と最初は宿泊を断られた。日本からの長時間移動で疲れていて早く横になりたかったので、そう伝えると部屋を開けてくれた。

八〇歳前後のご夫婦がこのゲストハウスの経営者で、ふだんは薪ストーブがあかあかと焚かれている暖かい居間で過ごしている。宿泊者はわたしひとりだけだから、ありがたいことにここで自由に過ごしてよいとのこと。結局、寝る時間以外はこの居間に入り浸ることになってしまった。

「こんな時期に旅行とは、お祭りを見に来たのかい？」

老婦人のドルマさんが甘いチャイを淹れてくれている。

「お祭りというのは、ツェチュのことですか？　でもあの祭りは夏に催行されるのですよね？」

以前、夏にラダックを旅行したとき、そのツェチュと呼ばれる仮面舞儀礼がちょうど終わったばかりということで、がっかりしたことを覚えている。

「ああ、それはヘミス僧院の祭りだ。仮面舞儀礼は時期をずらしてだいたい一年中どこかの僧院で行われていますよ」

ドルマさんが教えてくれたところによると、明後日チェムレ僧院でアンチョックと呼ばれる祭礼が行われるらしい。

以前にラダックを旅したのは夏だったが、想像していた以上に欧米人旅行者であふれかえっていた。スウェーデンの研究者ヘレナ・ノーバーグ＝ホッジという女性が著した『ラダック　懐かしい未来』という本がそのころ評判になっていたことも影響していたのだろう。

ラダックの人たちは容姿が日本人に似ていることもあってわたしたちには親近感があり、旅行者に対してとても優しいのだが、どことなくよそゆきの表情をしているような印象を受けた。知り合ったガイドにそのことを伝えると、当たり前だろうという顔をした。

「夏はかき入れどきだからね、みんな忙しいんだよ。きみはラダック人の暮らしに興味があるって言ったよね、だったらツーリストがいなくなる冬にまた来るべきだな」

晩秋から春にかけては外界とつながる主要な道路はすべて雪によって閉ざされてしまうため、ラダックへ入るには空路しかなくなってしまう。それも冬季は天候のこともあって一日一便程度となる。

レーの街は海抜三四〇〇メートル。わたしはしょっちゅう標高の高いところを旅しているので高度には自信があったのだが、やはりいきなり飛行機で入域すると軽い高山病の影響が出てからだがなんとなくふらふらして重い。後頭部あたりに違和感もある。

それで翌日はレーの街を見下ろす高台にある王宮跡まで登ったり、街をぶらぶらしたりしながらゆったり過ごす。

夏に来たときは僧院巡りばかりしていたせいか気がつかなかったのだが、レーの街ではイスラム教徒であるカシミール人の姿が目立った。カシミール人はラダック人とは外見がまったく異なり、ヨーロッパの人に似て彫りが深いアーリア系の顔立ちをしている。

メインバザールの北端には大きなモスクが聳えており、周辺はカシミール人の居住地になっている。また土産物屋に入ると、長身で目鼻立ちがくっきりしている彼らが出迎えてくれることも多かった。

ラダックは行政区分でいうと、インド最北のジャンムー・カシミール州に属している。そのジャンムー・カシミール州はインド国内でも最大のイスラム教徒の人口を抱え、またラダック地域においても仏教徒とイスラム教徒はほぼ半数ずつの人口構成となっている。

わたしたちはラダックというと反射的に仏教文化を頭に思い浮かべてしまうが、実際には州名が示すようにイスラム教徒も多く住む土地柄であることも押さえておきたい（注＝二〇一九年にインド憲法が改正され、この地域は「州」ではなくなり、「ジャンムー・カシミール政府直轄地」と「ラダック政府直轄地」に分割され、これまでのように州政府によるものではなく政府が直接統治する形式に改められた）。

カシミール人はもともとインドとパキスタンの国境付近に暮らす民族である。彼らについては第4章で詳しく述べたいと思う。

早朝、吐く息が白く凍るなかをバスターミナルへ急ぐ。チェムレ僧院を経由するタクトク僧院行きのバスはすでに満員だった。みんなアンチョック祭りを見に行くのだろうか。

車掌があぶれた乗客をバスの屋根の上の荷台に誘導し始めた。わたしも鉄梯子をよじ登り、なんとか腰を下ろす場所を確保する。バスはインドにおける最大手の自動車メーカー、タタ社製である。インドを旅行したとき、タタ社製バスはよく故障した記憶があるのでちょっと心配だ。標高の高い場所だが馬力は大丈夫なのだろうか。

そんなわたしの杞憂をよそにバスは快調に東へ向かう。ただし屋根の上なので寒さが半端ない。まだ日が昇らないため寒気が容赦なく吹き付け、露出している顔の感覚が麻痺しそうだ。

しかしその苦痛と引き換えに眺望はすばらしい。ラダックを象徴する代表的な僧院（ゴンパと現地では呼ばれる）であるティクセ僧院は、小高い岩山に張り付くようにして建てられている。まるで岩山全体が要塞のようだ。

ティクセ僧院を過ぎると、右手にはインダス川をよく見渡せる。この時期のインダスは川面が凍結して鈍く青黒い光を放っている。

すれ違う車の半分ぐらいは車体がカーキ色に塗られたインド陸軍の軍用車である。地図を広げてみるとよくわかるが、レーから西へ延びる道路の先はパキスタンであり、東へ進むと中華人民共和国チベット（西蔵）自治区へ至る。北方には中国と領有権を巡って争う係争地のアクサイチンが控えている。

そのような地勢学的な位置にラダックは置かれているため、必然的にインド軍が防衛のために駐留することになる。そのため道路沿いには軍の基地が点在し、軍用車がものものしく通行するのが日常の光景となっている。ラダックに静謐な辺境のイメージを持ってやってくると、がっかりする人もいるかもしれない。

カルーという村で外国人だけパスポートのチェックを受ける。つまりわたしだけだ。これは形式的なもののようで歩哨に立っている若い兵士はわたしのパスポートを興味なさそうに一瞥しただけだった。ここでバスは左折してタクトク僧院へ至る道に入る。

チェムレ僧院の仮面舞儀礼アンチョック

荒れ地のような場所でバスは停まった。左手に連なる岩山に真っ白な建物がびっしり張り付いている。チェムレ僧院である。朝日が当たって僧院の白さが際立っている。ラダックの僧院はほとんどが険しい岩山の上や切り立った断崖などに張り付くようにして建てられている。

ほとんどの乗客がここで下車したので、わたしも彼らの後について僧院への道を辿る。僧院からは、「ブゥオーッ、ブゥオーッ」というホルンの音が聞こえてきた。すでに祭礼は開始されているようで、一緒に僧院へ向かっている人々も気持ちが高ぶっているのだろう、足早になっていた。

本堂の前庭では十数名の僧侶たちが読経しながら、ホルンやシンバルなどの楽器を演奏している。みな烏帽子のような嵩の高い帽子をかぶっている。境内はすでに参拝者というか見物客でいっぱいで、この日は僧院の屋根も開放されており、そこも観衆でぎっしりと埋め尽くされている。

その大混雑のなかを次々と参拝者が割り込んできては本堂へ向かう。なかには五体投地しながら進むグループもあり、混沌に輪をかけている。空気が冷たいせいか、民族衣装であるゴンチェと呼ばれる羊毛で編まれた厚手の外套やダウンジャケットを着込んでいる人が多い。

身を縮めるようにしてわたしもなんとかからだを群集のなかに割り込ませた。これでは身動きがまったくできないが仕方ない。隣にぴったり密着している初老の男性は手に持ったマニ車をずっとぐるぐる回し続けていた。

最初に、つば広の先が尖った黒い帽子をかぶった素面の男が登場して、厳かに舞い踊り始めた。この人はシャナと呼ばれ、大地を清めて神々が降臨する場を整える意味がある。

その後は、ユーモラスな骸骨や和尚、忿怒尊《ふんぬそん》である鬼のような形相をした観音の化身、牡牛の魔神、さらにはシカやトラ、トリなどの化身を表す仮面をかぶった僧侶が次々と登場しては舞い踊る。金糸や目も覚めるような色合いの刺繍を施したきらびやかな衣装に身を包んでいる僧侶もいて、見ていてまったく飽きることがない。

演じられているストーリーは、初めて見る者にとってはまったく理解することはできないが、しかしそれは日本の祭礼行事とて同じこと。意味はわからなくても感じることはできる。祭りとはそういうものだと思う。

こうした仮面舞儀礼のことを総称してチャムというが、ラダックでは十ヶ所ほどの僧院でおのおの時期をずらして毎年一回催行されている。チェムレ僧院ではアンチョック、夏に開催されるため外国人にも人気があるというへミス僧院ではツェチュと呼ばれるなど、祭りの呼び方はそれぞれ異なるようだ。

チャムはチベット仏教文化圏のほぼすべてにおいて継承されてきた宗教儀礼で、本家チベット以外でもラダックにおいても同名で祭りが行われている。この他、呼び名が異なるが、ブータンのツェチュ、ネパールのマニリンドゥの他、モンゴルやロシア南部のブリヤートではツァム、中国では打鬼や鬼神舞と呼ばれる儀礼があり、これらは基本的にチャムと同じものである。

ではチャムとはいったい何の儀礼なのか。その起源は八世紀にさかのぼる。当時、吐蕃《とばん》と呼ばれていたチベットに建てられた最初の仏教寺院であるサムイェー寺が建立される際に落慶式が執り行われた。そのときインドから招聘されていた密教行者のバドマサンバヴァ（サンスクリット語で「蓮の花の上に生まれた者」という意味）が鼓舞を取り入れて悪魔退治の行をおこなった。それが後に各地で伝承されるようになったのがチャムの元になったといわれている。

バドマサンバヴァは別名グル・リンポチェとも呼ばれ、「尊い師」という意味である。バドマサンバヴァは現在のパキスタン北西部、スワート渓谷に生まれた後、釈迦の弟子たちのもとで修行して、ときのティソン・デツェン王の招きでチベットに渡り、チベット密教を開いたといわれる人物だ。実在の人物だったといわれているが、超能力を使うことができたなどあまりにも神格化されすぎているため、伝説なのかどうかよくわからない存在である。

仏教が渡来する以前の信仰というのは、チベットに限らずどこでも同じだと思うが、天地をつ

チベット仏教の僧院では開祖と言われているグル・リンポチェことバドマサンババヴァの像が祀られていることも多い

かさどる大自然のなかに「カミ」を認めるといういわゆるアニミズム的なものであった。そのような土着の信仰を持つ民に対して仏教という外来の新しい「カミ」を魅力的なものとして伝えるためには、抒情詩のような壮大でわかりやすい物語が必要だったと思われる。

仏法に従おうとしないそうした土着の神々を調伏するにあたって、単に屈服させて滅亡に導くのではなく、彼らの神々を取り込むことによって仏法を守護する護法神へと変貌させていくという仕掛けが人々を納得させるためには必要だったと想像できる。その仕掛けのひとつがおそらくチャムという祭礼行事なのだと思う。

チャムという儀礼にさまざまな役目を負った仮面が登場するのは、物語をより視覚的・情緒的に訴えることにより、見ている人たちの意識により強烈に刷り込むという目的があったためだろう。

もう少し具体的に内容を説明すると、チャムは「グル・ツェンゲ」と「忿怒尊修法」のふたつの修正会《しゅしょうえ》から成っている。バドマサンバヴァは生涯に八つの変化した面相を持っていたといわれており、それを僧侶がかぶる仮面によって顕現させたのがグル・ツェンゲの舞である。

話が少し飛ぶが、二〇二〇年は新型コロナウイルスの世界的な感染拡大に明け暮れた年として歴史に刻まれるかと思う。そして「三密」という言葉が日本では広く周知されることになった。

三密という言葉は本来、仏教、とくに密教における用語である。三密とは、身密、口密、意密の三つを指し、それぞれ「手で印相を結ぶ」、「真言を読誦する」、「心に曼荼羅の諸尊を観想する」という意味を持つ。

それら三密の修法によって顕現させた忿怒尊の力により、魔物を討つ修法を会得するのが「忿怒尊修法」である。忿怒尊には十の尊格があり、日本では「十王」と呼ばれているのがそれに該当する。そのなかでも日本人にも親しまれているのが不動明王（アチャラ）や大威徳明王（ヤマーンタカ）だろうか。

この忿怒尊修法はチベット仏教においては敵を倒すための最大の効験力を内包する調伏法であり、秘儀中の秘儀とされている。祭礼のなかでは忿怒尊は、頭に骸骨が五つほど乗っかった鬼のような形相の仮面として表現されている。

つまりチャムというのは、バドマサンバヴァが姿かたちを変えながら、仏法をつかさどる忿怒尊の力によって悪霊などの敵を倒すことによって、世界から煩悩を消去して正しい悟りへの道を導き、人々に精神的な安楽を与えるための修正会であるといえる。

身動きもとれないような混雑のなか、次々と登場する仮面をかぶった僧侶による舞に圧倒されながら、わたしは無我夢中でカメラのシャッターを切り続けた。ラダックの人たちは、あるときは真剣な眼差しで食い入るように、あるときは僧侶のユーモラスな舞に手を叩いて喜びながら、本当に楽しそうにこの祭礼行事に参加している。彼らの楽しそうな姿を見ていると、こちらまで幸せな気持ちになってくる。

シャッターを切りながら、「あれ、この祭りは以前にも見たことがあるような……」という既視感にわたしはとらわれていた。僧侶による仮面舞儀礼。効験力の獲得と発揮。あっ、修正鬼会や峯入り行とそっくりではないか。

わたしが暮らす大分県北部に突き出た半島、国東《くにさき》半島には、古くから修正鬼会《しゅしょうおにえ》という仏教行事が継承されてきた。この半島には相当初期に仏教が伝来したようで、六郷満山と呼ばれる独特の仏教文化が華ひらいた。

六郷満山を開基したのは仁聞《にんもん》菩薩で、七一八年（養老二年）に国東半島の地に二八の寺院を建立したといわれている。そのうちのひとつ旧千燈寺《せんどうじ》の奥の院には仁聞が入寂した場所が存在するが、仁聞が実在したかというとそれは疑わしい話だ。

国東半島の付け根には、全国に四万社以上あるとされる八幡社の総本山である宇佐神宮が控えている。そしてその宇佐神宮と六郷満山は密接な関係にあり、仁聞菩薩と八幡神は同一であるともいわれている。仏様と神様が同時に存在する形、つまり神仏習合を具体的に表しているということである。

もともと国東半島には仏教が伝来する以前から山岳信仰が栄えていた。中央に位置する両子山《ふたご》から半島の沿岸部へ向かってたくさんの谷が刻み込まれ、山襞にはゴツゴツとした岩場が露出しており、人間を寄せ付けない様相を呈している。

山は人間が住む場所ではなく、この世をつかさどる「大いなるもの」が存在するところ。山を敬い、畏れ、祀ることにより、その怒りを鎮め、自分たち人間に厄災がおよばないようにする。そのようなアニミズム的な信仰と仏教が修験道などとも結びついて生まれたのが六郷満山の仏教文化といえるだろう。

日本では明治元年に発布された神仏分離令とその後の廃仏毀釈によって、それまで混然一体としてあった神社と寺院が引き離されることになった。しかしそれ以前の日本人の信仰というのは、神様も仏様も特に区別するものではなく、六郷満山に代表されるように一緒くたに参拝する対象であったといえる。

国東半島で古い歴史を持っている寺院を訪ねてみればすぐわかることだが、寺院のすぐ横に鳥居や神社が隣接していたり、寺院の背後に「奥の院」や権現様などが祀られていたりする。そこには日本人の精神の古層というか、日本人の信仰形態が見事に具現されているのである。

ほぼ十年に一度の割合で、国東半島では「峯入り行」が執り行われる。密教系の天台宗の僧侶が数日間をかけて岩峰が連続する険しい山中を駆けることにより、天から大きな験力を授かり、その祈りの力を山麓に暮らす民衆の現世利益実現のため発揮するというものである。

また修正鬼会は現在、天念寺、岩戸寺、成仏寺の三ヶ所で旧正月に執り行われている。仁聞菩薩による六郷満山開基と同時に始まったと伝承されており、かつては国東半島中で行われていたが、いまも残存しているのはこの三寺のみだ。

五穀豊穣や無病息災を祈願する修正会と、宮中で執り行われる厄を祓う行事である鬼払いの追儺《ついな》式が合体したもので、松明を使った盛大な火祭りという面も持つ。

このなかで僧侶が鬼の面をつけて舞う儀礼では、荒鬼と災払い鬼が登場するが、それぞれ不動明王と愛染明王の化身を表している。「鬼退治」という言葉や節分会における「鬼は、外！」という掛け声が示すように、通常は鬼という存在は厄災をもたらす異神を指す。ところが修正鬼会では、鬼は仏を守護する明王の立場で登場するのである。

これは何を意味しているかというと、国東半島ではもともと存在していた土地の守護神が、仏教伝来後に「仏様という新しい外来の神様」に取り込まれたことを示している。民衆にとってみれば、自分たちに利益をもたらしてくれる「大いなるもの」は古かろうが新しかろうがよりパワフルで効験力の高い神様ならばどちらでもよかったのである。

ラダックでチャムの仮面舞儀礼を見ながら、国東半島の修正鬼会を連想してしまったのは、その儀礼の意味とルーツの同一性を考えれば当然のことなのかもしれない。まだ文字が民衆にとっては一般的でなかった時代に、仏教が土着の神々を調伏させて取り込んでいく過程をわかりやすく示すためには、祭礼においてこうした仮面をつけての舞踏はたいへん有効だったことだろう。

チベット仏教文化圏であるラダックやモンゴル、ブータンといった地域を旅した日本人が、そこにある種の懐かしさを感じ、思わず親近感を抱いてしまうのは、顔立ちが似ているという外見上の相似だけではないような気がする。世界の捉え方が自分たちとよく似ていることに対する安心感を相手に見出すからではないだろうか。

話がついそれてしまったが、ラダックだけで一〇ヶ所ほどの寺院で執り行われているチャムの儀礼は、各寺院によって催行時期も異なり、また内容もかなり違うのだという。

わたしはその後、別の機会にティクセ僧院でもグストールと呼ばれるチャムを見る機会があったが、なるほどアンチョックとは登場する仮面や舞も少しずつ異なるように思った。チベット系仏教寺院は最大派閥のゲルク派の他、ニンマ派、カギュ派、サキャ派の四つの宗派に分けられるが、ラダック人に尋ねてみたところ祭礼に参拝するのは別に自分の菩提寺に限らないということであった。

チャムの仮面舞儀礼は修法を会得するための修会という意味を持つものだが、実際に参拝や見学に訪れるのはどちらかというと非日常のエンタメを楽しむという娯楽的な感覚なのだと思う。

冬は日が短いせいか午後二時頃には祭礼はいったん終わった。明日も続きが行われるのだという。

チャムはだいたい二日間かけて行われるのが普通だという。

急に空腹を覚えたので、参道にたくさん出ている露店で袋入りのインスタントラーメンを購入した。ラダック人と同じように、乾燥麺に粉末スープを振りかけてバリバリとかじりながら、わたしはレーに戻るバスを探した。

頭にホウズキを飾る「花の民」ドクパ

インダス川流域の民族文化を訪ねてまわる旅において、今回のラダック滞在中にぜひとも行ってみたい村があった。レーから西へ一六〇キロのところにあるダー村とハヌー村である。

地図を見ると、パキスタンとの国境までわずか十数キロ。ダー村のなかを流れるインダス川は国境を越えるとパキスタンのバルティスタン地方に入る。そのまま一〇〇キロほどインダスに沿って西へ進むとバルティスタンの都スカルドゥに至ることになるが、現実には国境は閉じられており、人々は往来することができない。

ダー、ハヌー両村付近には「花の民」と呼ばれるドクパという少数民族が暮らしている。いつも頭に花を飾っているので「花の民」と呼ばれるそうだが、彼らはモンゴロイドではなく西洋的なアーリア系の顔立ちでありながら仏教徒なのだという。

わたしが辺境地帯に暮らす少数民族に興味を持つのは、彼らが古の時代からの文化を維持継承していることが少なくないからである。国家の中心部で幅を利かす主要民族から疎外された扱いを受けがちな少数民族は、その周辺に押しのけられて暮らすことが多いため、文化や情報の伝播から取り残されることになり、結果的に昔からの固有の文化が保存されることが多い。

入域には特別な許可証（インナー・ライン・パーミット＝ＩＬＰ）が必要だと聞いていたので、レーの旅行代理店に行くと、午前中に申請して午後には取得することができた。

本来はひとりで入域することはできず、四人以上のグループに許可証は発給されることになっているため、許可証には見知らぬ外国人の名前も記入されている。旅行会社の人は、「形式だけだから、心配するな」と笑っている（注＝最近はこの原則を守らないと、単独では途中のチェック・ポストで追い返されることもあるらしい）。

バスは途中のカルツェという村で昼食休憩をとった後、すぐに軍による検問があったが、旅行会社の人が言ったとおりわたしひとりでも何の問題もなく通過することができた。

チャムが行われたチェムレ僧院とは真反対の方向へバスは走っているのだが、こちらも沿道にはインド軍のバラックや基地が連なっているのが目立つ。すれ違う車の大半は軍用トラックやジープだ。国境紛争を抱えるパキスタンへ向かう道路なので、防衛上そういうことになってしまうのだろう。

途中の小さな村でヨーロッパ的な顔立ちのドクパの女性が乗車してきた。話に聞いていたとおり、頭に花を飾り、髪の毛にはブルーのトルコ石や古い銀貨などが編み込まれるように飾られている。そして肩には毛皮でできたショールを掛けている。

「ここがダー村ですよ」と、車掌に促されて下車するが、車道からは何も建物が見えず不安になる。バスはまだこの先まで行くらしい。

車道の脇から石段が続いているのでそこを登っていくと、高台の上に畑や家屋が見えてきた。二軒ほどゲストハウスの看板が出ている。村の背後には山の稜線が連なっているため、すでに日は落ちている。

ゲストハウスの部屋にはベッドが一台あるきり。トイレは共同である。泊り客はわたしひとりだけらしく、夜の帳が落ちると自家発電機を動かして明かりをつけてくれた。

翌朝、さっそく村を歩いてみる。といっても一五分もあればゆっくり歩いて一周できるほどの広さだ。ダー村は一九九四年に外国人に開放されたばかりである。そのせいか村人は外国人の姿に慣れていないようで、どことなくよそよそしい。男性の多くはジャンバーにズボン姿、女性はインドのパンジャビドレスの上にダウンジャケットを羽織っている人が多い。ある程度の年齢以上の人は頭に花を飾っているが、若者にはほとんどいない。

畑の真ん中に子どもたちと先生らしき人がいた。ダー村の小学校とのことで、校舎はなく、いつも野外での授業だという。ふたりの先生はともに女性で、レーとカルツェからそれぞれ派遣され赴任してきている。

先生によると、ダー村の人口は二七〇名で、このうち小学生は一九名。この村では小学校は五年生までで、さらに勉強を続ける場合はレーなどに出なくてはならない。少数民族ドクパの総人口は約三〇〇〇名ほどだろうとのことだった。

授業はまず整列して歌うことから始まる。その後は年齢別にいくつかのグループに分かれて、地面に腰を下ろして教科書を読んだりノートに写したりの自習のような形式で授業が進む。

教科書を見せてもらったが、すべて英語で書かれていた。多民族国家インドでは公用語はヒンディー語で、準公用語は英語となっているが、小学校の授業で使われる言語は英語が基本だという。

驚いたのは、この学校ではインド公用語のヒンディー語を習わないこと。その代わりにジャンムー・カシミール州の公用語であるウルドゥ語を習うのだという。さすがに多様性の国インドである（注＝二〇一九年に憲法改正によりジャンムー・カシミール州は解体され、ジャンムー・カシミール連邦直轄領とラダック連邦直轄領に分けられインド政府の直接統治となったため、学校教育の言語プログラムも変更された可能性がある）。

ドクパはドクスカット語という言葉を日常生活の会話では使用しているが、文字を持たない。世界の少数民族のなかには文字を持たない民族も少なくなく、それがゆえに周辺民族から抑圧を受けがちだ。

なぜなら近代国家においては法による支配が原則であり、法や条文を規定するのは文字による言葉であり文章であるからだ。文字を持たないということは「法による支配」に参加することができないということであり、それは近代国家の枠組みから大きく逸脱してしまうことを意味する。

夕食のためにゲストハウスの食堂へ行くと、主人が包丁を手にどこかへ出かけていくところだった。しばらく待っていると、主人がふたりがかりで首が切られたばかりの山羊を運んできた。これからキッチンで解体するのだという。

見ていると腹部を切り開くのではなく、首のところから脂肪層に指を突っ込んで、少しずつ毛皮を脱がすように剥いでいく。ちょうどからだにぴったりのセーターを脱がすような感じだ。この毛皮はその後、なめしてから縫い合わせ、女性が羽織るショールになる。

続いて腹部を開いて内臓を取り出し、部位ごとにていねいにより分けていく。胆嚢などの食べられない部位は、窓からポイッと外に放り投げた。内臓を抜かれた肉の部分は家の外に出しておく。夜は気温が氷点下に下がるから、自然の冷凍庫に入れるようなものだ。

室内を汚さないよう細心の注意を払いながら、実にていねいにタライの水で内臓を洗う。首を切ったときに流れ出た血は大きなボウルに取り分けてあったが、これに小麦粉と塩を入れてよく練る。この真っ赤な色をした小麦団子をきれいに内部を洗い落とした小腸に詰めていく。ソーセージである。

もうひとつの血の入ったボウルには、小麦粉の他に玉ねぎと香菜のみじん切り、そして調味料のガラムマサラを混ぜてやはりよく練る。そしてこれは大腸のほうに詰めていく。やはりソーセージだが、主人は「こちらはドクパの伝統料理で、他では食べられないものだよ」と胸を張った。

鍋にたっぷりの湯を沸かし、これらソーセージをゆで上げる。山羊の血をたっぷり混ぜていたので生臭いかなと想像していたのだが、勧められて一口食べてみたらこれがまあ絶品だった。うまい、うまいと頬張るわたしの姿に満足したのか、主人はラム酒の小瓶をあけて振舞ってくれた。

この日はさらに内臓のモツ煮カレーと薄く焼き上げたチャパティが出た。主人は「明日は法事（プジャ）があるから、特別なのだ」と話してくれたが、言葉の問題もあってどのような法事なのかよくわからなかった。

翌朝、村の小さな僧院からラッパと太鼓、笛の演奏が聞こえてきた。あわてて駆けつけると、五名の僧侶と何人かの村人が僧院から出てきて、ある一軒の家に入っていった。すでに村の人たちとは顔見知りになっていたので、わたしも中へ招き入れられる。

女性たちは首に大きな丸い銀細工を下げ、古い銀貨に穴をあけた飾りを長い髪に編み込んでいる。そしてフェルトの帽子にはいくつものホオズキ（彼らはショクロと呼ぶ）が刺し込まれていた。肩には飾りを縫い付けた山羊皮のショールを羽織っている。正装姿の女性一〇名ほどが太鼓とラッパの演奏をバックに、狭い一室でゆるやかな動作で踊っている。

仏間の中央には、彩色された人の背丈ほどある大きな円錐型の仏舎利塔が安置され、その周囲には無数の小型の塔が並んでいる。これらはすべて主食であるツァンパ（炒った裸麦の粉をバター茶で練ったもの）でつくられている。その周囲では僧侶たちが無心に読経していた。五名の僧侶はダー村から数十キロ離れたスクルブチャン僧院から出張してきているという。

踊り終えた女性たちは、次に金色の盃にギー（動物性油）を満たした無数の燈明を机の上に並べている。そして一斉に火を灯すとなんともいえない幻想的な雰囲気になった。

そういえば女性たちが髪の毛に刺しているホオズキだが、これは男性のなかにも飾っている人がいる。日本ではホオズキといえば夏のお盆の時期に仏壇に飾られたりするが、仏教とどのような関係があるのかこれまで考えてみたことがなかった。

それで気になったので帰国後に調べてみた。日本ではホオズキのことを別名「鬼灯」というらしい。盂蘭盆会の際に飾り付けるのは、独特のふっくらした形と炎のような色合いのホオズキが提灯のような目印になって、この世に帰ってくるご先祖さまや祖霊が迷わないようにということらしい。迎え火を焚くことと同じ意味を持っている。

『古事記』のなかに登場するヤマタノオロチの目が赤いことを「ホオズキのような」と表現していることから、日本には相当古くから存在していた植物であることがわかっている。

ドクパの人たちも盂蘭盆会と同様な意味でホオズキを飾っているのかどうか、そのあたりのことはわからないが、仏教そのものというよりは女性の踊りなどから想像するになんらかの祖先信仰というものと関係しているのではないかと思われる。

いずれにしても日本から遠く離れたこの辺境の地で、他では見られないホオズキを飾るというわたしたち日本人の文化と同じものを共有している事実は、いろいろと想像力を刺激してくれる。

法事は翌日も続けられたようで、夕方になってからラッパや太鼓などを奏でる楽士の一団が家から出てきた。ひとりは仏間に安置されていたツァンパの仏舎利塔を抱えている。近くにいた村人が集まってきて、この仏舎利塔で頭を軽く叩かれている。仏舎利塔に降臨した験力を少し授けてくださいという意味なのだろうが、同じような習慣を持つわたしたち日本人にとってこうした行為は感覚としてすごくよくわかる。

ツァンパの仏舎利塔は僧院へ戻されるようだった。おそらく御神体というような位置づけなのだろう。ところで今回の法事は何のために行われていたのかだが、その家の二〇歳ぐらいの息子がインド軍に入隊することになり遠方へ赴任するらしい。それで安全祈願が執り行われたということであった。

村の背後に連なる岩峰に登ってみると、てっぺんにはタルチョーの五色の旗がはためいていた。眼下の眺めは素晴らしく、足元には目も覚めるような濃紺色のインダスの流れが切れ込んでいる。

このあたりは良質で大粒のアンズがとれる有数の産地だそうで、黄葉したアンズの木々に陽が反射し、それが雲ひとつなく透き通るような青空とのコントラストをつくりだしている。

いったんインダス川まで下りてみると、岸辺は透明でつるつるの氷になっていた。川に沿って少し歩いてみると、黒くてすべすべした感触の岩に何やら絵が描かれているのを見つけた。

「あっ、あの絵だ。あそこで見たのと同じ絵だ」

それは黒い岩に何か鋭利なもので引っ掻いて描いた線刻画で、モチーフは大きな角を持つ野生のヤギの仲間アイベックスやそれを弓矢で追いかける狩人などである。

インド北部からパキスタン北部にかけてのヒマラヤ、カラコルムといった巨大山脈の急峻な断崖や斜面に生息するアイベックスの肉はたいへんおいしく、また角に薬効があることから、昔から狩猟の対象とされてきた。

そのため現在では生息数が減少し、政府により狩猟が禁止・制限されている。しかし実際は、アイベックスは冬の間は餌を求めて谷間に降りてくるため、地元の人たちによってひっそり捕らえられることも少なくないようだ。

わたしもかつてカラコルム山中に滞在していたとき二人組の猟師に出会い、アイベックスの肉を分けてもらって食べたことが一度だけある。臭みのない山羊肉という感じだったが、同行していたガイドは「やっぱりこいつに勝る肉はないよ」と実にうれしそうに頬張っていたのをよく覚えている。

成獣の角は立派で、長さ数十センチはある。節がゴツゴツしているのが特徴で、山岳地帯に点在する素朴なたたずまいの村を訪れると旧家の軒先などに誇らしげに飾られていることもある。

インダス川の流域に沿ってわたしはさまざまなところをさまよい歩いてきたが、これまでにアイベックスの線刻画は、ラダック東部のスタクナ僧院付近、ザンスカールのツァラップ川沿い、パキスタンではフンザ、それに世界第七位の高峰ナンガパルバッド近くのチラス周辺などで見たことがあった。

そのなかでもとりわけチラス付近のインダス川沿いの河原では、アイベックスや狩人だけではなく、仏教的なイメージ画であるたとえば仏舎利塔（ストゥーパ）などが大量に描かれていた。それらの線刻画は二世紀から八世紀頃にかけて描かれたことがわかっている。

現在のパキスタンに暮らす人はほとんどがイスラム教徒だが、この時代にはチラスより下流のガンダーラ地方などで仏教が勃興し最盛期を迎えていた。周辺諸国との交易も盛んであり、仏教信者たちが巡礼のために往来していた。

現代では山岳地帯でもジープが通れる道路が敷設されていたりするが、それはごく最近の話であり、かつては渓谷や河川に沿って徒歩で旅をするしか方法はなかったことだろう。交易や巡礼のために徒歩で往来していた人たちは、途中の休息時にアイベックスや仏舎利塔の絵を描いて過ごしたと想像できる。

いまインダス川流域を歩きながら旅しているわたしにとってみれば、彼らは大先輩にあたるわけだ。線刻画に込めた想いというのは、おいしい肉への渇望だったのか、望郷の切ない気持ちを表したものなのか、それとも仏教の先進地を訪れることができた感謝と喜びから湧いて出たものだったのだろうか。

第3章――ザンスカール　幻の「氷の回廊」をゆく

厳冬期のみに出現する「氷の回廊」チャダル

デリーを出発した航空機は約一時間後、ラダックの首都レーの空港に到着した。空気が身を引き裂くように冷たい。機内のアナウンスではマイナス一三度を告げていた。タラップが凍り付いているので滑らないよう注意しながら降りる。

迎えに来ていた旧知のガイドで友人のツェワン・ヤンピルの出迎えを受け、市内のホテルへ送ってもらう。ほとんどの商店にはシャッターが下ろされ、人影も見られない。街中がしんと静まり返っている。一月のレーはいつもこんな感じらしい。

今回わたしは、「氷の回廊」と呼ばれる厳冬期だけに出現する氷上の「道」を歩くために、わざわざこの季節を選んでレーまでやって来たのだ。これから向かうザンスカールも、ここラダックも、秋から春にかけての時期（一〇月から五月）は降雪で道路が不通となるため、外界と隔絶されてしまう。特にラダックの南西に位置するザンスカールは空港もないため、山々に囲まれた平地や谷筋は完全に孤立してしまう。

ところが厳寒の時期になると、インダス川の支流であるザンスカール川が完全に凍結する。そこで地元の人たちは昔からこの凍結した川を歩いて外界へ出たのである。厳冬期のみに限って出現するその「氷の回廊」のことを、現地では「チャダル」と呼ぶ。

事前にチャダルについて調べてみると、川が完全に凍結するのは一月下旬から二月末ぐらいまでの四、五週間であることがわかった。しかし年によっては気温が高くて凍結が甘いときもある。また凍結の時期がずれることもあるという。そうすると、たとえ首尾よく凍結した川を歩いてザンスカールに入ることができたとしても、その後にもし気温が上がって氷が解けてしまったら戻ることができなくなってしまう。その場合は五月末に雪が解けて道路が開通するまで、ザンスカールの陸の孤島に閉じ込められたままになるだろう。

そういったリスクはいろいろ考え始めたらきりがない。どこかで踏ん切りをつける必要がある。陸の孤島といっても、無人の荒野というわけではなく、人々が暮らしを営んでいるのだ。なんとかなるだろう。ただ帰国が遅れるだけのことである。

チャーターしたランドクルーザーでレーを出発して約一時間。突然、目も覚めるような群青色をした川が現れた。それまでずっと鬱々とした灰色に濁ったインダス川を眼下に見ていたから余計そう思ったのだろう。これから向かうザンスカール川である。

車は砂利道に入った。川に沿ってつけられたその道は終点のチリン村まで二九キロ続いている。

上流に向かうにつれ、川は次第に氷結した部分が多くなっていくのだろう、川の中央部にはまだ真っ青な水がゆったりと流れている。この時期は草一本生えておらず、周囲には褐色の岩肌や砂礫が連なるばかりである。

チリン村は川の右岸にあり、狭い砂状の台地に家が十軒ばかり肩を寄せ合うようにしてあった。金属加工を生業にする人が多いことで有名だそうで、家をのぞくと男性がスプーンやポットなどを作っているのが見えた。日が翳ると同時に、急激に気温は下がり始める。今夜からテント泊なので、しばらくは寒さで震えることになるだろう。

今回のチャダルの目的地はザンラ。ザンスカールの中心地である。地図上ではここから約一〇〇キロある。これを一週間ほどかけて氷上を歩き、またここへ戻ってくる計画だ。インド政府は昨日の砂利道をそのザンラまで延長する計画を持っているという。

チリンから車道を二〇分くらい進んだところから川底へ下りる。このあたりもまだ氷結が甘く、なるべく氷を踏み抜かないように川岸の岩肌に沿って歩く。歩くうちに氷の状態も安定してきた。

荷物を運んでくれるポーターらはみなザンスカール人で、角材を組んでつくった手製の背負子を持参している。それに荷物をくくりつけて背負うのだが、背負子にはゴムを巻き付けた二本の橇《そり》が付いていて、氷が平らな箇所に出るとそれを紐で引っ張って運搬する。このほうが楽なのだろう。

氷の状態は刻々と変化する。つるつるで滑りやすい氷。表面が凸凹に波打っている氷。ざらざらしていて歩きやすい氷。いくつもの白い気泡が閉じ込められた氷。

つるつるの氷はなるべく摺り足にして、歩幅を短くとり、スーッと滑るように歩く。表面が波打っているところは気をつけないと、足の置き場を誤るとステンと転倒しやすい。表面がざらざらしている氷が一番歩きやすい。何度も滑っては転倒し、尾骶骨を思い切り打撲するうちに、氷の質によって歩き方を変えることをからだが覚えていく。

このあたりでは川はまだ全面凍結しないようで、中央部付近には思わず引き込まれてしまいそうな透き通った青色をたたえた水がどうどうと音を立てており、ときおりザラメ状になった氷塊がいくつも流れてくる。氷の状態は数分おきに変化するので気が抜けないが、そのぶん歩くのに退屈するようなことはない。

徐々に川幅が狭くなりつつあり、前方に赤茶けた岩山がそそり立っているのが見えてきた。右岸に谷間が切れ込んでいる地点で今日は幕営する。そこはティラット・スムドゥと呼ばれており、「三方が交わる地点」という意味だそうだ。

朝起きてみると、うっすらと雪が積もっている。靴を濡らすのが嫌だったので持参した長靴に履き替える。これは釣具屋さんで購入した内側に薄いボアが張ってあるもの。氷の状態はまだまだ不安定で、厚そうなところを選びながら右岸に渡ったり、左岸に戻ったりしながら進む。途中、岸から一メートルぐらいしか氷結していない場所があり、肝を冷やしながらそろそろと渡った。

川の両側は切り立った岩壁なので高巻くこともできない。仕方がないので氷に膝をつき、体重を手足に分散させながら四つん這いの状態で少しずつ進む。難所を終えたところでツェワンが「あっ」

と大声を上げた。

「ユキヒョウの足跡だ！」

雪の上にくっきりと猫に似た足跡がついている。でも猫よりはるかに巨大だ。昨夜雪が降ったことを考えると、今朝つけられた足跡だろう。思わず周囲を見渡してしまった。

「夏の間は険しい斜面に出没しながら野生のアイベックスなんかを襲って暮らしています。でも冬は食料を求めて山を下り、村で飼っている山羊や羊を襲うことがよくあるんですよ」と、ツェワンは脅かす。

このあたりで立て続けにチャダルを歩く三組の人たちとすれ違った。それぞれ数人ずつが一緒になって歩いている。男性ばかりのグループで、みなゴンチャと呼ばれる羊毛で織られた厚手のガウンを着込んでいる。ザンスカールを出てこれからラダックのレーに向かうという。ツェワンはいつになく真剣な面持ちでこの先の氷の状況を彼らから詳しく聞き出している。

昼近くになって薄日が差してきた。温度計を見ると〇度。からだが低温に慣れてきたためか〇度だと暖かく感じられる。しばらく行くとタルチョー（チベット仏教の五色の旗）が石組みの上ではためいていた。なんでも百年ぐらい前に偉いお坊さんが瞑想した場所だそうで、ポーターたちが立ち止まって真剣に祈りを捧げている。そこから今日の幕営地のマルカラまでは一足飛びの距離だった。

「粘土」を意味するマルカラという地名どおり、このあたりは黄土色のやわらかい粘土が積み重なったような地形で、砂地になっている場所を選んでテントを張る。ポーターたちはサークル状に石を組んだ上にブルーシートを張って寝床にしていた。パキスタンのカラコルムの山を登りに行ったときに雇用した山麓に住むバルティ人ポーターらとまったく同じ幕営の仕方である。

コックのスタンジンは氷が薄い場所を探してピッケルで穴をあけ、そこから川の水を汲んでいる。幕営地付近の氷はつるつるで、内部には大小さまざまな白い気泡が幾重にも閉じ込められている。おそらく急激に気温が低下したために川の水しぶきがそのまま冷えて固まったのだろう。自然が創りだしたその造形があまりにも美しく、わたしは夕食までの時間、夢中でシャッターを切り続けた。朝の気温はマイナス一〇度。寝るときも登山用の上下の羽毛服を着込んでいることもあり、さほど寒さは感じない。左岸沿いを歩くが、長靴はなかなか快適で役に立つ。氷が溶けているところも躊躇せずに進むことができるからだ。対岸に切り立つ黒い岩壁には幾筋もの滝が落ちて、そのまま凍り付いている。

三日目ともなると氷の上を歩くコツがわかってきた。うっすらと雪が積もっているところは一番歩きやすい。つるつるに凍っているところは、スケートで滑るように片足ずつツーツーとやって距離を稼ぐのが楽である。

両岸とも岩壁に挟まれているため、朝は一一時を過ぎてようやく谷底まで日が差す。そして午後三時にはもう日が翳る。「日陰」を意味する「ディップ」という語を含むディップ・ヨグマと呼ばれる場所にこの日は泊まる。

翌日はどんよりした雲が広がり、ときおり雪がぱらついた。両岸の岩壁は天に届くほどそそり立ち、その間の狭まった氷の上をただ無心に歩く。ポーターたちは橇に荷物を載せて滑るように先に行ってしまった。ストックが氷を叩くカンカンと響く甲高い音。氷の上を滑るシャーシャーという靴の音。

あまりにも静謐な時間。川の中央には怖いぐらいに澄み切った濃紺色の水が流れ、真っ白な氷の破片が次々に浮かんでは消える。世界から隔絶されたような場所はなぜこんなにも美しく、人の心を捉えて離さないのだろうか。そのような場所に身を置くことのできる幸せを噛みしめながら歩を進めた。

突然、ドーンという音ではっと我に返った。岩肌に引っかかっていた水面近くの巨大な氷塊が崩壊し、いくつもの塊になって飛び散ったのだ。一辺が数メートルもあるような氷塊が押し流され、ぶつかり合って、新しい氷の山をつくりだす。こういうのがぶつかってきたらひとたまりもないだろう。曇り空のため気温が高くなったのが原因である。

午後、高さが一〇メートルほどの朽ちかけたヒマラヤ杉に幾重ものタルチョーがはためいている場所に出た。ポーターたちがそこでわたしが来るのを待っていた。

「チャダルの御神木ですよ。お祈りしていきましょう」

ツェワンは担いでいたザックを下ろした。

「チャダルを初めて歩く者は、ここで祈りを捧げてカタを受け取るしきたりになっているんです」

ツェワンはそう説明しながら、ザックからカタを取り出した。カタというのは白地のスカーフのような布で、僧院などで参拝者が僧侶から祝福を受ける際に首にかけてもらったりしているもの。ザンスカール語でこうした御神木のことを「シャーショー・ラシン」と言い、この場所は「シュパ・チュモ」（大きな杉の木という意）と呼ばれている。

ザンスカール人であるツェワンやポーターたちは敬虔なチベット仏教徒だが、こうした御神木の信仰は特に仏教と関係があるわけではない。しかし峠で威勢よく撒かれる馬の絵が描かれた「ルンタ」もそうであるが、昔からの民間信仰が根強く残っている。それは神仏習合という信仰形態を持つ日本人ならば、まったく違和感なくすんなりと受け入れることができるだろう。

すぐ近くには高さも横幅もそれぞれ数十メートルはある見事な氷瀑《ひょうばく》が懸かっていた。表面は青くテカテカ光り、大きなツララが何本も垂れ下がっている。そして頭上にはなんと橋が架かっていた。両岸からせり出した岩の上に長さ十メートルほどの木製の橋が実に頼りなげに渡されているのである。

「この近くにニェラックという村があるんですよ。小さいですが僧院もあります」

ツェワンは前方を指さした。そういわれてみれば、右岸のはるか先に家のようなものが見える。今夜はそのニェラック村の登り口にある河原で幕営するという。テントを張っていると村人が三人現れた。僧院を補修するための寄付を募っているというので、たいした額ではないが協力させていただいた。

翌朝、マイナス一五度まで気温が下がった。上流から吹き付ける冷たい風のため耳や頬が痛い。

チャダルの途中で見かけた断崖に懸かった見事な氷瀑。ガイドたちが立っているのがわかるだろうか？

峡谷の両側から岩壁が覆いかぶさるように立ち塞がっている。ツェワンたちはこの場所のことを「オンマ」と呼んでいた。

「ラッキーでしたね、よく冷え込みましたから」

　そう言ってツェワンは喜んでいる。というのは、もし気温が上がって氷の凍結が甘いと、左岸の岩に切れ込む急峻な谷を登りリンシェット村へ出て、さらに四三〇〇メートルの峠を越えて再び急峻な谷を降りてこなければ、この狭い難所を突破することができないのだという。もしそのエスケープ・ルートをとることになれば、順調でも三日は余分に日数がかかるらしい。

　よく冷え込んだためか足元の氷はいかにも分厚そうで、靴音が周囲の岩場に反響してコツコツという軽やかな音が響き渡る。このあたりの氷の中にも無数の気泡が閉じ込められている。自然がつくった芸術作品に、人間はとうていかなわないなと思う。

青黒く透明な固い氷の上を歩いていると、川の水面を浮遊しながら進んでいるような、なんとも不思議な感覚である。左手に洞窟がふたつ見えてきた。ディップ・コンマというこの場所が今夜の宿となる。

夜半に今回の旅で経験したことがないほどの冷え込みとなり、夜中にトイレに行って戻ってきたらからだが冷え切ってしまい、朝方はとうとう一睡もできなかった。温度計を見ると、なんとマイナス二八度。テントの中でこの温度だから、外気はもっと低いだろう。

テントの内側の生地にはわたしの吐いた息が白く凍り、うっすらと霜になって張り付いている。シュラフから出てテントを揺らすと、その冷たい霜が顔と首筋に降り注ぎ、思わず声が出てしまった。

ポーターたちはこのあたりの場所のことを「サラッ・ドゥ」と呼んでいる。「速い場所」という意味である。あまりにも寒い場所なので、そこから逃れるためザンスカールの人たちはみんな速足で歩くためだという。左岸へ切れ込む谷が交差しているので、冷気の通り道になっているのだろう。

すでにチャダル最大の難関である「オンマ」峡谷は通り過ぎ、風景は徐々に開けた感じに変わった。迫りくる大岩壁ばかり目にしてきたが、ここから先はその岩壁の背後に連なる雪をかぶった高峰が姿を現すようになってきた。足元の氷の状況を探りながら、右岸から左岸へ、再び左岸から右岸へというように、何度も蛇行しながら進む。日が射す場所に出ると、からだがじんわりと暖かくなるのが感じられ、あらためて太陽のありがたみに感謝する。

前方から、パーンという破裂音が聞こえてきた。道路工事の人夫たちが発破をかけているのである。出発地のチリン村で、ザンスカールの中心地まで建設予定の道路について耳にしたときは、どうせインド人のことだから何十年たってもできるわけないと聞き流していたのだが、インド政府はどうやら本気のようである。

現場監督の人に話を伺うと、インド陸軍の管轄下にあるＢＲＯ（ボーダー・ロード・オーガナイゼーション）という組織が工事を請け負っているのだという。九〇年代にインドとパキスタンの国境に近い街カルギルで両国が一触即発の状況になった際、ラダックやザンスカールを包括する当時のジャンムー・カシミール州での軍への物資などの補給路の確保が問題化した。というのは、ラダックもザンスカールも冬季は陸の孤島と化してしまうからだ。それで冬季でも通行可能なラダックとザンスカールを結ぶ道路の建設が進められることになったのだという。現在、チリン側からとハナムール側からの両端から工事が進められている。

この道路が完成した暁には、チャダルを歩く人はいなくなるかもしれない。物好きなわたしのような外国人が歩きに来るかもしれないが、少なくとも地元ザンスカールの人たちはわざわざ危険を冒してまで氷の上を歩かないだろう。チャダルという昔からの文化が廃れてしまうのは残念な気がするが、これも時代の移り変わりというものなのだろう。

氷の世界から人間の暮らす世界へ

川の左岸を少し登った高台に樹木が茂っているのが見えてきた。ハナムール村である。村にある家は全部で三軒だけ。そのうちの一軒がコックのスタンジン・クンガの家である。今夜はうれしいことにテントではなく、彼の家に泊めてもらえることになった。

さっそく火をおこしてもらい、シュラフや靴を乾かす。ずっと冷凍庫の中にいたようなものだから、こうして火にあたり乾いた衣服に着替えられることがどんなに贅沢でありがたいことか、身に染みる。

スタンジンの話によれば、この村の三軒はすべて親戚関係にあり、そのうちのひとりはシャーマンのような人らしい。冬の間、彼は家の外へいっさい出ることなく、瞑想を続けている。その間は外部からの来客も拒絶。そして暖かくなると、各地へ請われるまま出向き、病気の人に対して特別の力を授けるのだそうだ。

ツェワンは、ラダックにも昔はそのような特別の力を持つ人がいたけれど、観光化して文明が入ってくると同時に、そういう人がいなくなってしまったという。ザンスカールはある意味で陸の孤島であるがゆえに、幸いにしてまだ特別な力というものを失っていない人が存在できるのかもしれない。

ポーターたちは翌朝早くに張り切って先に出発していった。目的地のザンラ村へは今日到着する予定で、その後はわたしがチャダルの復路を戻る日まで自由の身になれるからだ。

再び川底に降り立ち、左岸に沿って歩を進める。ザンスカール川の両岸にはこれまでの大岩壁ではなく緩やかな丘陵が広がるようになってきた。息も詰まるような緊張感と威圧感はもはや感じられない。

歩き始めてすぐに正面から日が昇ったので、気持ちにも余裕がある。どこからともなくオレンジに似た甘い芳香が漂ってくる。足元の踏み抜いた雪面の下には、ハーブの一種だと思われる草が見えた。半年以上も雪に覆われていても、独特の芳香を失うことなくじっと息をひそめて春を待ち焦がれているのである。

川の水面はまだ氷に覆われているが、見るからに薄っぺらで、もはや無理してその上を歩こうという気にはならない。チャダルは実質的には昨日のハナムール村で終了したと考えるべきだろう。ピディム村を対岸に眺めながら過ぎると、はるか先にザンラ村が見えてきた。車道が現れたのでそちらを歩くことにする。車道は平らで歩きやすいのは確かなのだが、湧水が滲み出てカチンコチンに凍結している箇所があり、不用意に足を置くと一瞬でからだが宙を舞ってしまう。これが、痛いの、なんの。そのため踏み固められた足跡ではなく、雪がうっすら載っている箇所をわざわざ選んで歩くことになる。

ザンラ村は家が四〇、五〇軒も寄り固まっているような大きな村である。チリンを出発して今日でちょうど一週間。久しぶりに大都会へ出てきたお上りさんのような気分だ。僧院や学校もある。ツェワンの叔母がこの村に住んでいるので、今夜はその家に泊めてもらうことになった。

翌朝、ランクルが迎えに来た。ラダックまでまたチャダルの復路を歩かねばならないので（そうしないと春の雪解けまでザンスカールから出られなくなってしまう）、それまでの間、数日間の休養を兼ねてパドゥム周辺を観光することにしたのである。

パドゥムはザンスカールの中心の街。車道があるためこの時期でも四駆だと往来することができるのだ。途中、トンデ村に立ち寄ってもらう。

村の背後には岩山が突き出ており、そのてっぺんにトンデ僧院がある。危なっかしい石組みの道を歩いて登る。途中から見下ろす村の家々の風景がミニチュアみたいだ。ラダックでもそうだったのだが、僧院はこうした岩山のてっぺんや切り立った断崖などのように容易にたどり着けない場所にだいたい建てられている。

その理由は、僧侶の一番大切なお勤めである修行にこのような場所が最も適しているからである。チベット文化圏にある仏教寺院の多くは、いわゆる「三宝」である仏・法・僧への帰依を求め、自己よりも他者の幸せを願う「忘我利他」を説いている。僧侶は修行や瞑想などを通じて宇宙から特別な力を授かり、それをもって民衆を救う。密教と呼ばれるそのような教えを実践しているのがチベット仏教なのである。

葬式仏教と揶揄される日本のお坊さんとはずいぶん違うなあと思われるかもしれないが、日本の宗派のなかでも天台宗と真言宗は僧侶の修行を重視する密教に分類される。

僧侶が瞑想や修行に打ち込みやすい環境というのは、できるだけ俗世界から距離を置いた場所のほうが適している。厳しい環境で修行すればそれだけ宇宙から得られるエネルギーは大きいだろうし、瞑想によってより真理に近づくことができるかもしれない。僧侶はそうやって会得した特別な力を民衆に授けることによって、彼らを苦悩から解放する手助けをすることができるのである。ラダックやザンスカールの僧院が天高く突き出ている岩峰などにつくられているのはそういうことなのだ。

トンデ僧院には一四人の僧侶が暮らしており、そのうち八人は少年だという。どこの僧院を訪れても少年僧が目につく。ラダックでもザンスカールでも、男の子が何人か生まれた家はそのうちひとりを寺に預けることが多いという。身内に僧侶がいるということは名誉であるとともに、仏様がすぐ身近に存在するということで、それだけ家族みんなが暮らしていくうえで安心感につながるのである。

トンデからパドゥムの街までは車で一時間ほどだった。今夜は郊外のアフリ村で民泊となる。ツェワンの姉一家がそこに暮らしているのだ。ご主人の名はオゼルさん。四人の子どもを持つ六人家族である。

歩いて二〇分ほどのカーラ・チャクラ寺院を見学に行く。この寺院はふだん鍵が掛けられていて中へ入ることができない。というのは、特殊な寺院であるからだ。ダライ・ラマ一四世がザンスカールへ来られるときにはこの寺院に泊まって法話を行うことになっているのだという。

ダライ・ラマ一四世はこれまでたびたびザンスカールを訪れている。陸路で訪れる場合、レーからだと一泊二日の行程となり、いつも到着時にはお疲れになっているそうだ。しかし法話ではいつも、ザンスカール人の素朴な暮らしと篤い信仰心こそが自分たちチベット人の目指す境地であることを繰り返し話されるという。

雪が昨夜から断続的に降り続いている。道路に出てみると、すでに膝上ぐらいまで積もっている。パドゥム近郊にあるザンスカール最大のカルシャ僧院を訪れる予定にしていたが、降雪のため今回はあきらめることにした。休養日ということで家の中でゴロゴロして過ごす。

ザンスカールの家のほとんどは二階建てなのだが、これにはちゃんと理由がある。一階部分はヤクや山羊などの家畜のための部屋。ただし日中は外に出しているので、夕方になってから家畜を部屋に入れる。夏の間はたっぷり草を食べさせるために、三ヶ月間ほど山へ放牧に出す。

二階部分は家族が過ごす部屋である。しかし、長い冬の間は二階がとても冷え冷えするので、家族みんなはほとんどの時間を一階の隅に仕切られた台所兼居間の「冬部屋」で過ごすという。

「でもその部屋は窓がないから、チャンを飲んで過ごしていると朝なのか夜なのかわからなくなってしまうんだよ」と、ツェワンは笑った。

冬部屋を見せてもらうと確かに狭い。しかし中央には炉がしつらえてあり、火を焚くと部屋はすぐに暖かくなる。生活の知恵である。

ツェワンのお姉さんがチャンを勧めてくれる。チャンはチベット系の人にはなくてはならない飲みもの。雑穀などからつくったドブロクで、白く濁っている。アルコール度は低い。上手に醸造されたものはフルーティーな飲み口でとてもうまい。チャンは買うものではなく、自分たちでつくるもの。たいていどこの家でも自家製のものがあるという。

チャンが貯蔵されている木製の樽は、日本で見かける醤油や酒の樽と形がまったく同じである。樽のルーツを調べてみたら、日本とザンスカールの意外な関係性がわかっておもしろいかもしれないなあ、と少し酔っ払った頭で夢想する。

部屋の壁には整理棚があり、ここには大小さまざまな大きさの銅製の鍋やコップ、茶碗などがきれいに整頓されて並べられている。わたしはこれまでザンスカール以外にもラダックやネパールなどでチベット系の人の家にお世話になってきたが、例外なく台所には鍋などがピカピカに磨き上げられて美しく並べ飾られていた。

ドゥモという円筒形の茶道具を使ってバター茶を淹れてもらい羊の毛をコマのような道具を器用にまわして糸を紡ぐ作業を見せていただいたりしながら、この日はゆったりと過ごすことができた。

外を見ると、降雪は一段と激しさを増している。しかし、早く雪が止まないかなあと考えているのはたぶん外国人ツーリストぐらいのものだろう。ザンスカールは年間を通して降水量が多くないため、冬期にどれだけの雪が降るかが、農業や牧畜のためにすごく重要なことなのである。

ザンスカールの土地は一見、乾燥して草もあまり生えないように見える。しかしオゼルさんに言わせれば、冬の間に積もった雪が伏流水となり、地下水として貯えられている。だから簡単な灌漑用の水路などを掘れば、ジャガイモや小麦、野菜などをわりと簡単に育てることができるし、牧草などにも不自由しないのだという。

わたしは自分でもふだん日本で自給用にお米を作っているので、オゼルさんの言うことはよくわかる。日本でも梅雨の時期に雨が少ないと、夏の日照りが続く時期に十分な水を引くことができなくて困ることになるからだ。

断続的に降る雪の合間を縫って、バザールへ出かけた。バザールといってもパドゥムの人口は千人ほどだから、商店が道の両脇に一〇〇メートルほど並んでいるだけのものだ。店をのぞくとアーリア系のカシミール人の顔立ちが目立つ。

「彼らの数は年々増えていて、パドゥムではもう半分ぐらいがカシミール人じゃないかな」と、ツェワンはちょっと顔をしかめながらいう。

ラダックもザンスカールも行政的にはインドのジャンムー・カシミール州に属している。カシミール人のほとんどはイスラム教徒で、ラダック・ザンスカール人とは顔立ちだけではなく宗教的にも文化的にもまったく異なった背景を持っている。それなのに彼らと同じ州に属し、年々カシミール人がザンスカールに進出してきていることがツェワンには気に入らないのだろう（ジャンムー・カシミール州はその後二〇一九年に二つに分割され、ジャンムー・カシミール直轄統治領とラダック直轄統治領となった）。

パドゥムでは、カシミール人が住む家の外壁には緑色が使われ、ザンスカール人の家には赤茶色が使われることにより、一瞥するとどちらの人の家なのかが区別できるようになっている。住民にとって民族の区別というのはそれだけ重大な関心ごとであるということなのだろう。

雪は降り続いているが、再びチャダルを歩くために出発することにした。降雪があるということは、暖かいということだ。何もかも凍り付くぐらい寒い日というのは、雲がなく快晴で、空の色が怖いぐらい黒く見える日なのである。

降雪が続いているということは、チャダルの氷は徐々に溶け始めているのではないだろうか。わたしもツェワンも同じ考えだった。だとしたら、なるべく早く帰路についたほうがよい。

四駆で行けるところまで走ることにし、ラッキーなことにハナムール村近くまで車に乗ることができた。しかし夜半から猛吹雪となり、翌日は完全に停滞ということになる。スタンジンの家ではなくテント泊だったら、夜中じゅう雪かきでたいへんだったと思う。

帰路ではオゼルさんと末息子のジョルダン君もチャダルに同行することになった。ジョルダン君は八歳になったばかりの小学二年生。レーの小学校で寄宿生活を送っているため冬休みはザンスカールの実家で過ごしていたのだが、少し早めに切り上げてレーに戻るのだという。

実はジョルダン君にとってチャダルは二回目だ。ちょうど一年前に初めて経験している。ツェワンの説明によると、ザンスカール人の男性でチャダルを歩いたことがない人はほとんどいないだろうという。女性では歩いたことがある人もいるけど、数はそう多くはないらしい。

男たちがチャダルを歩く目的はさまざまだろうが、昔から交易のために行う人が最も多い。ザンスカールの特産品はバターとチーズ。放牧しているヤクや牛は環境汚染されていない柔らかい牧草を食べて育ち、搾った乳は時間をかけて手作業で加工される。上質でおいしいバターとチーズができるのは当然のことだ。

これをラダックのレーに運べば高く売れる。そのためチャダルは交易品の重要な運搬路として機能してきたのである。わたしが一週間近くかけて歩いてきたところを、ザンスカール人はふつう二日間ほどで歩くという。ジョルダン君も昨年初めて参加したときは三日間で歩き通した。

帰路は氷の上に雪が積もっているので多少歩きやすいのだが、ときおり氷を踏み抜いてしまうことがあった。川に張った氷は何重もの層になっているので、一番上の氷を踏み抜いたからといって全身が水没するようなことはないが、それでも膝ぐらいまで浸かってしまうと長靴の中に溜まった水が凍ってしまい足指の凍傷の原因になってしまう。すぐに乾いた靴下に履き替えなくてはならず、これが意外と時間がかかる。

氷が溶け始める

難所である両岸が岩山でせり上がった箇所「オンマ」の入り口に差し掛かったときのことだ。ここからニェラック村までは一時間ほど。今日の行程の目途が立ったものと安心しきっていたら、それが甘かったことを思い知らされることになった。

先頭を歩くツェワンが立ち止まり、ストックで氷をコンコンと軽く叩いている。右へ左へと少しずつ移動しながら氷の状態を確かめている。ツェワンとはこれまで何度もトレッキングを共にしてきたが、こんなに真剣な表情の彼を初めて見た。往路で「ここを渡れないと、大きくリンシェット村まで迂回しなくてはならない」と言っていた場所である。

氷に乗ったまま待っていたわたしは自分の足元を見て思わず、「あっ」と声をあげた。まるでスローモーションの映像のように靴がじわじわと沈んでいくのである。白い氷の下から水がゆっくりと表面に滲みだしてきている。夕刻だというのに気温が上昇しているのだろう。

「引き返しましょう」と、声のする方向を見ると、いつのまにかツェワンは素早くわたしの後ろにまわっていた。ここを通過できないと、やはりリンシェット村まで登って迂回するしか他に方法はないという。それも三日間も余計に歩かなければならない。思わず力が抜けたが、パドゥムまで戻って春まで待つよりはマシだろうと自分を慰めた。

高巻きの起点となる谷の出合いまで来たとき、人の声が聞こえた。小高い岩の上が小さな洞窟になっていて、そこからザンスカール人がふたり顔を出しているのが見えた。フランス人四人組のパーティーがやって来ており、その先発隊のポーターだという。客のフランス人たちはおそらくこの難所を越えられないだろうと早々と判断した彼らは、この洞窟で待っていたところだそうだ。

この谷の出合いから一時間ぐらい登った場所に放牧の人が使用する小屋があることを彼らから教えてもらう。ツェワンもその小屋のことを知らなかったが、もう夕暮れが迫っているのでとにかく行ってみることにする。はたしてそこには粗末だが石組みの小屋があった。助かった。

ジョルダン君やわたしたちのポーターたちはすでに先行している。難所で姿を見かけなかったところをみると、みんな無事にキャンプ地にたどり着いたのだろう（翌日知ったのだが、実際はポーターがふたり氷を踏み抜いて全身ずぶ濡れになり、ほうほうの体でキャンプ地に到着できたという）。

シュラフなどの装備はポーターが担いでくれているので、この日は着の身着のままヴィバーク（緊急露営）ということになった。ありったけの木の枝を集めて少しずつ火にくべながら膝を抱いた格好で長い夜を過ごす。寒くてとても眠れないと思ったが、朝方は少しうとうとできたようだ。

早朝ならばっちり凍結しているだろうと、明るくなる前に出発。ところが、昨夕よりはマシだが、氷に乗るとグニュッとたわむ箇所もあり、思わず冷や汗が出る。気温はさほど下がらなかったのだろう。氷を踏み抜いたときのことを考えて、できるだけ岩壁に近いところを選んで歩く。

三〇分ぐらいド緊張の歩行が続いたところで、前方から誰かがこちらへ向かってくるのが見えた。コックのスタンジンが心配して迎えに来てくれたのである。彼の姿を認めたとたん、緊張が嘘のように消えた。

無事に合流して固い握手を交わす。オンマの難所を突破したのだ。まだ二時間ほどしか歩いていないが、昨夜のヴィバークのこともあるので、ここニェラック村で泊まることにした。濡れた靴下や下着を乾かすため、民家で火を焚いてもらう。からだを温めていると、チャダルを歩いてきたザンスカール人があらわれた。これからザンスカールへ戻るのだという。

この先の情報を仕入れているツェワンやスタンジンの表情から、この先も困難な場所が続きそうなのがわかった。曇りがちの天気が続いているため気温が下がらず、氷の状態はかなり悪いらしい。

そして事実、翌日からの行動はその通りとなった。

川の表面が溶けたアイスキャンディのようにグズグズになっている。その上を歩いていると、ときおり氷を踏み抜く。しかしたいていは膝下ぐらいまで落ちて止まる。氷が何重もの断層になっているので、下には必ず固い部分があるからだ。そのことがわかったので、歩くのが怖くなくなった。しかし、いちいち靴下を交換するわけにもいかないので、ずっと濡れたままだ。氷点下ではないので凍傷にはならないだろう。

八歳のジョルダン君はからだが軽いこともあるのだろう、滅多には踏み抜かない。ときおり疲れてお父さんの引く橇《そり》に乗ることはあるが、文句を言うでもなく泣き顔を見せることもなく、淡々と歩いている。カチカチに凍った氷の部分が出てくると、茶目っ気を出して思い切り助走をつけ、スケーターのようにスーッと滑りながら歩く。

気の抜けない歩行が丸々二日間続いた。チャダルは往路とはまるで異なった表情を見せている。氷は生きている。そう、氷は生きているのだ。これまでたくさんの人たちがチャダルを歩いたと思うが、おそらく記憶にあるチャダルの風景はひとりひとりまったく違うものなのだろう。

明日はいよいよチャダルともお別れだ。チリンからティラット・スムドまで道路が伸びていることを初日に確認していたので、ツェワンが連絡を取ってそこまで四駆をまわしてくれるよう手配しておいてくれたのである。

だが、最後の最後までチャダルはわたしに楽をさせてくれないつもりらしかった。

降雪の中を黙々と歩いていると、前方に三〇人ぐらいの大きなグループが見えた。ザンスカールの人たちで、ラダックから戻る途中らしい。氷の上で盛大に焚火をしている。すごく嫌な予感がした。

「この先の氷が割れてしまっているようです」

オゼルさんはそのグループと知り合いらしく、ルートの状況などについて情報交換をしていた。どうやら川の中を渡渉《としょう》しなくてはいけないらしい。焚火を囲んでいるのは、冷え切ったからだを暖めているからなのだ。

実はわたしは渡渉というものが大嫌いなのである。氷河と岩壁が織りなすパキスタンのカラコルム山脈へはずいぶん通ったものだが、渡渉しなければならないことがこれまで何度もあった。そのたびに氷河から溶け出した冷たい激流をときには腰まで浸かりながら渡渉した。

もし転倒したら激流に巻き込まれて命はない。だからそういう場所を渡渉するにあたっては、極度の緊張を超越した覚悟というものが必要だ。これぱかりは何度経験しても慣れるということがなかった。

その地点に到着した。ザンスカール川の右岸は氷が数十メートルにわたって割れ、青黒い川底が見えている。川の中央部の白い氷はいかにも薄そうで、もしこの部分を歩いているときに氷が割れたら命はないだろう。右岸には岩が迫っており、他に迂回路はなさそうだ。ただ、流れがゆるやかなのが救いである。

雪がちらつく中、覚悟を決め、靴だけでなく登山用のズボンや下着を脱ぎ、パンツ一丁になった。

暖かいズボンや下着を水に濡らすわけにはいかないからだ。オゼルさんはジョルダン君を肩車して、腰まで水に浸かりながら渡渉している。

思い切って水に入り、岩場を伝うように歩く。あまりの冷たさに足の感覚がなくなりそうだ。そのとき、足先がツルッと滑り、あっという間もなく首まで水没した。

ここまで濡れてしまったら、もう開き直るしかない。ザックの浮力にも助けられながら、泳ぐようにして岸に辿り着いた。しかし這い上がろうとしても足がしびれて感覚を失っているため、自分の意思どおりに足が動いてくれない。最後はオゼルさんに引っ張り上げられた。

こうして、一八日間を要したチャダルの旅は終わった。

チャダル。厳冬期のほんのわずかの間だけ出現する幻の氷の道。何百年も昔からザンスカールの人たちはこの奇跡のような自然の恩恵を利用して旅をしてきた。バターやチーズを売るためだったとは思うが、けっしてそれだけが目的ではなかったような気がする。

ジョルダン君のような子どもはチャダルの過酷な旅を通じて、きっといろいろなことをからだで学ぶに違いない。厳しい自然と共にあるザンスカール人の暮らしの原点にも通じるもの、たとえば自然への畏怖、大人の社会、人々の助け合い、危機管理……学校では習うことのできない生きるための知恵がチャダルのなかには凝縮されているような気がする。

いつの日か道路が完成してザンスカールが外界と完全につながり、文明というものに組み込まれたとき、ザンスカールの人々はそれでもなおチャダルを歩くだろうか。

第4章――国境未確定の「観光地」カシミールの現実

現在も争いがつづくカシミール

「きみ、外国人だろ？　アメリカ大使館がカシミールから自国民の避難を命じたとラジオで報じていたけど、ここにいて大丈夫なのか？」

バザールの八百屋で働いている青年が果物を物色しているわたしを見て心配そうに言った。同じような忠告を受けたのは今日で何度目だろう。パキスタンと対峙するインド国境の街カルギルを初めて訪れたのは、二〇〇二年六月のことである。

カルギルはジャンムー・カシミール州（現在はインド政府のジャンムー・カシミール連邦直轄地）において、ラダックのレーとカシミールのスリナガルを結ぶ道路上にある街である。六月のインドといえば日中はとても出歩く気にならないほどの猛暑の季節だが、すぐ近くに五〇〇〇メートル級の山脈をしたがえるカルギルは、朝晩はジャケットが必要なほどである。

埃っぽいメインストリートに沿ってバザールの商店が並んでいる。行き交う人たちの容貌は多くがアーリア系で、そのなかにときおりモンゴロイド系が混じっている。この街は地理的にはラダックとカシミールの分水嶺であるが、実際にはカシミールの影響下にある。

この街のもうひとつの大きな特徴は、その地勢だ。ラダックから流れてきたインダス川はカルギルの街から二〇キロほど東を通ってパキスタン領に入る。パキスタンとの国境へは直線距離にするとわずか五、六キロである。インダス川はさらに西へ向かって流れ続け、八〇キロほどでカラコルム登山の起点であるバルティスタン地方の中心地スカルドゥに至る。

この街では一九九九年にインド軍とパキスタン軍が直接戦火を交える「カルギル紛争」が起きた。その原因は、パキスタンが自然の要塞である山脈を越えてインドが実効支配するカルギルに侵攻してきたためである。先ほどわたしは「国境」という言葉を使ったが、正確にはここは国境ではなく、現在も帰属が未確定の「停戦ライン（管理境界線）」と呼ばれている。

パキスタンが軍事行動に出たのは、戦後長く続いているこの停戦ラインの問題を国際社会にもっと認知してもらいたいという目的があったからだと思われる。というのはこの時期、インドとパキスタンの間に大きな棘となって突き刺さっているカシミール問題がにわかに注目され始めていたからだ。

カルギル紛争の前年一九九八年に、両国は核実験に成功した（一九七四年にインド政府は平和利用を目的とした核実験をすでに行なっている）。カルギル紛争がインド軍の勝利に終わった後もこの国境未確定問題は解決の糸口さえ見えず、停戦ラインを挟んで対峙する核保有国同士の小競り合いは続いていた。

　このまま争いが拡大していけばやがては核ミサイルを相手に打ち込むという事態が起きるのではないか。もしそうなれば、核を保有する国同士のことだ、いっぽうも黙ってはいないだろう。

　第二次世界大戦末期に日本はアメリカに核爆弾を落とされたが、そのとき日本は丸腰だった。しかし今回のインドとパキスタンの争いは両国が核武装している以上、お互いにミサイルを撃ち込むことも考えられる。核戦争がいったん起きてしまえば、世界も無縁ではいられなくなる。冒頭で八百屋の青年が心配してくれたのは、まさに世界中が両国の行動に対して固唾をのんで見守っていた時期だったのだ。

　その夜、ドーンドーンという腹の底にまで響くような不快な爆発音が静寂を破った。バザールの一角にある安宿の窓からおそるおそる外を眺めてみると、まっすぐ一方向に延びていく三本の閃光が見えた。その青白い光の軌跡は美しかった。おそらくインド軍の基地から発射された迫撃弾か照明弾なのだろう。

　もしかするとパキスタン側から反撃の弾が飛んでくるかもしれない。いつでも外に出られるように靴ひもを締め荷物をまとめて、電灯もつけない真っ暗な部屋でしばらく外の様子をうかがっていたが、その後は何も起こらず夜空はしんと静まり返ったままだった。それがかえって不気味だった。

カシミール紛争の歴史

当時も現在もそうだが、カシミールの帰属をめぐる両国の立場は平行線のままだ。インド側は、「この問題はすでに解決済みである。カシミールはインドの不可分の領土だ。パキスタンはカシミールの領土の一部を不法占拠している」と主張する。

いっぽうのパキスタン側は、「カシミールがどちらに帰属するかはこの地域に住む住民が決めるべきことだ。そしてそれはすでに国連によって住民投票で決めるべく決議されている。インド側は住民投票を一刻も早く実施して、この未解決の領土問題を解決すべきである」という。

冷静に両国の主張に耳を傾けてみると、わたしにはパキスタン側の主張に多少の分があるように感じられるが、しかし戦後まったく両国が歩み寄ることができなかったのはこれまでの複雑な歴史があるからだ。カシミール問題の真の原因を知るためには、少し歴史をひもとく必要がある。

いわゆるカシミール問題が本格的に表面化したのは、インドとパキスタンが一九四七年に宗主国のイギリスから独立を果たしたときである。それまで存在した「英領インド」が独立するにあたって、「イスラム教徒の国」を分離することになり、パキスタンが建国さることになった。

その結果、インドを挟んで東西にふたつのパキスタンが生まれたが、東側のパキスタンはその後、現在のバングラデシュ人民共和国となった。

英領インドからの独立に際し、一五〇〇万人にものぼる住民の大移動が起きたが、すべてのイスラム教徒がパキスタンへ移ったわけではなく、現在はインドにもたくさんのイスラム教徒が暮らしているし、逆にパキスタンにもたくさんのヒンドゥー教徒が暮らしている。

イギリスは英領インドの植民地経営に際して直接統治をとらずに間接的に支配する方法を取った。もともと民族ごとにあるいは地域ごとに豪族のような領地を支配する権力者が存在した。そこで彼らにイギリスへの忠誠を誓わせ、領内を約六〇〇の藩王国（土候国とも呼ばれる）に分け、それぞれの藩王に外交などを除く自治権を与えたのである。

インドとパキスタンが独立するにあたり、イギリスは藩王にどちらへ帰属するかを決めさせた。このときジャンムー・カシミール藩王国はハリ・シンという藩王であった。住民の七割はイスラム教徒だったが、藩王自身はヒンドゥー教徒であった。

いよいよ分離独立の日が迫っても、どちらへ帰属するか決めかねていた藩が三つあった。ひとつはデカン高原に位置する「ニザーム藩王国（ハイデラバード藩王国）」である。藩王はイスラム教徒であったが、領地がインドの中央部にあるため、パキスタンへの帰属は難しいと考え、まったく新しい独立国としての道を選んだ。

もうひとつはパキスタンにも近いグジャラート地方にある「ジュナーガド藩王国」で、住民の多くはヒンドゥー教徒であったが藩王はイスラム教徒であった。このため藩王はパキスタンへの帰属を希望した。こちらはジャンムー・カシミール藩王国とは逆のパターンである。

しかしインドは結果的にニザーム藩王国とジュナーガド藩王国に対して武力行使に出て、軍事力に劣る両藩王国を併合してしまった。

さて、残るはジャンムー・カシミール藩王国である。藩王がヒンドゥー教徒であるため、このままの流れではインド側への帰属を表明するのは目に見えている。それを阻止したいパキスタンは勇猛果敢なパシュトゥーン人に民兵部隊を組織させ、カシミールの中心地スリナガルへ侵攻させた。武力をもってパキスタン側へ併合しようと企んだのである。

藩王のハリ・シンはこのときインドへの武力支援を要請し、同時にインドへの帰属を正式に表明した。インド政府が「カシミール問題はすでに解決済みだ」と突っぱねる根拠はその点にある。

第一次印パ戦争と呼ばれるこの争いが、現在に至るカシミール領有問題の発端になっている。一九四九年、国連が調停に乗りだして停戦協定が結ばれた。このときの停戦ラインが暫定的な国境になった。

その後、再びカシミールの領有をめぐって一九六五年に第二次印パ戦争が起き、一九七一年には当時東パキスタンであったバングラデシュの独立をめぐって第三次印パ戦争が起きた。その結果、カシミールをめぐる両国の停戦ラインの見直しが行なわれ、あらたに全長七四二キロにおよぶLOC（ライン・オブ・コントロール：管理境界線）が定められたのである。

現在ではカシミールの東側五分の三をインドが実効支配してジャンムー・カシミール州に（二〇一九年に憲法改正によってジャンムー・カシミール連邦直轄地に変更）、五分の二がパキスタンの実効支配地域アザド・カシミール（自由カシミールという意味）となっている。

宗教によって国を分かつという本来の考え方からいえば、パキスタンへの帰属を望むイスラム系住民の意思は尊重されなくてはならないが、決定権のある当時の藩王がインドへの帰属を求めたのもまた事実であり、両国がカシミールをめぐって一歩も引けない立場をとるのも無理はないと思われる。分割するか、独立させればよいじゃないかという意見は、紛争に関係していない部外者のたわごとなのかもしれない。

核戦争の危機にまで高まった緊張だが、二〇〇三年の末に両国は突然、停戦を受け入れ、世界中から安堵の声が漏れた。その理由ははっきりしないが、九・一一後のアフガニスタンやイラクなど中近東での戦乱が関係しているのだろう。

「観光地」カシミールを旅する

あまり知られていないことだと思うが、インドとパキスタンが核武装して対峙するようになる以前、カシミールは係争地というよりも観光地として有名であった。特にインド側の中心地スリナガルは標高が一七〇〇メートルあるため夏でも涼しく、美しい湖や山脈に囲まれた風光明媚なところで、外国人旅行者や都市部に暮らすインド人富裕層の間で避暑地として名前が知られていた。

印パ両国が一触即発の核戦争の危機のさなかの時期だったが、そのような状況の中で人々がどのようなことを考えながら暮らしているのか知りたくて、わたしはあえてこのタイミングでスリナガルを初めて訪れることにしたのである。

首都ニューデリーからまず一晩かけて列車でジャンムーへ入った。暑さのために死者も出ている季節のため、わたしは奮発して一番値段の張る「エアコン寝台」の切符を取った。ところが車内のエアコンが効きすぎて、ありったけの衣類を重ね着しても寒いくらい。サービスのつもりなのだろうが、なんでも過剰にやるのがインド流。

ジャンムーは冬季の州都である。スリナガル行きのバスは頻繁に出ているようだった。「SUMO」というエンブレムの付いたパジェロによく似たインド国産車が乗り合いタクシーで、乗り込むとすぐに出発した。ジャンムーの郊外へ出るとすぐに田園が広がる。その多くは水を引き入れた水田で、農夫が水牛を上手に操って代掻きを行っている。これから植えるための苗代もあった。

やがて山の斜面を利用した棚田も多く見られるようになった。わたしは自分でもお米をつくっているので、他の民族がどのような方法で米作りをしているのかすごく興味がある。苗代をつくっているところを見ると、このあたりでは田植えはまだ機械化されておらず人力で行っているのだろう。しかしぼんやりと田んぼ作業を観察することはできない。なぜなら沿道には一キロおきぐらいに数名の武装兵士が立っているため、どうも落ち着かないのだ。防弾チョッキをつけた彼らは機関銃の引き金に指をかけて立っている。何名かは道路に背を向けて、山のある方角をにらんでいる。

そして数十キロおきに軍やポリスによるチェックポストが設けられており、そのたびに乗客は車から降ろされ身分証を提示させられる。わたしは車中で唯一の外国人であるため、ときには荷物の中身も調べられる。カメラの機材があるので、そのたびに「何をしに行くのか」としつこく聞かれた。

とりわけ困ったのはパスポートだ。パキスタンへは年に二度ほど入国していたため、ヴィザのシールがべたべた何枚も貼られている。体格のよい武装した彼らに取り囲まれると、何も悪いことはしていないのに萎縮してしまう。「パキスタンで何をしていたのか」と疑いの目で何度も何度も取り調べられることになった。

検問所には髭面の男たちの顔写真がポスターになって貼られている。イスラム過激派のメンバーの手配書である。英語で「テロリスト」と書かれている。別のポスターには、「最重要容疑者」と書かれた一五名ほどの顔写真が載っている。どれもなかなかくっきりした写真だ。撮影者はおそらくパキスタン側に潜入したスパイだと思われるが、これだけ明瞭な顔写真を撮るのは相当に困難で命がけだったはずだ。

スリナガル市内に入ると、検問は数キロおきになった。兵士や警察も心なしかピリピリしている。実戦さながらの物々しさだ。いや、今こそが実戦なのである。

湖の前で降ろしてもらうと、今度は軍や警察とは雰囲気の異なる男たちにわっと取り囲まれた。口々に何か叫びながら強引にわたしの袖を引っ張ってどこかへ連れて行こうとする。スリナガルの中心部にはダル湖という大きな湖があり、そこには何百、何千という数のハウスボートと呼ばれるホテルが浮かんでいる。彼らはその客引きなのである。

ハウスボートは船を改造して客間や居間をつくり、ホテルとして営業しているもので、避暑にやってきたインド人の富裕層や新婚旅行客、外国人旅行者の利用を念頭に置いたものである。

客引きの男たちは必死の形相で迫ってくる。インドとパキスタンの緊張が極度に高まっていたこの時期、当然ながら旅行者の数は極端に減り、ハウスボートは閑古鳥が鳴いていた。だから完全に買い手市場となっていて、黙っていても向こうから勝手に値引きするといってくる。

そのうち客引き同士が喧嘩をはじめた。わたしはおとなしそうに見えた男と手早く値段交渉を済ませると、彼のハウスボートに向かった。彼、ヌールは小さなハウスボートのオーナーで、客を獲得すべく自ら客引きに来ていたのだという。

ヌールはシカラと呼ばれる小さな手漕ぎボートを器用に操りながら、彼のハウスボートへ連れて行ってくれた。客間がふたつにダイニングがあるだけの小さな宿である。船尾にはゆったり外の景色を眺められるデッキチェアが取り付けられており快適そうだった。

ハウスボートは基本的に一泊三食付きで宿泊料金が設定されている。ハウスボートのすぐ裏手にはヌールの家族が住む小さな家があった。といってもここは湖の上。湖底に何本もの杭を打ち込み、いわゆる水上家屋を建てて暮らしているのである。その家とハウスボートの間には往来できるように板が渡してある。

山のほうからパイプが引かれているため、蛇口をひねると水が勢いよく出てくる。トイレも水洗になっていて、糞尿はそのまま湖へ還元される。また街からは電気も引かれているのだが、その後しばしば停電した。

三五歳になるヌールには奥さんと七歳のひとり息子がいるが、その他にも母親、さらにすでに亡くなっている兄の奥さんと二〇歳になるその息子も同居している。ハウスボートの仕事は亡くなった父が創業した。

一九八〇年代後半ぐらいまでは千軒近くあるハウスボートはどこも満員御礼状態で、かなり強気の商売をしていたという。ところが印パ関係が悪化するにつれ、客は減り続け、観光客相手の仕事をしていたカシミール人の多くはニューデリーやネパールのカトマンズへ移っていったらしい。

シカラがないと自由に動けないので、湖にぷかぷか浮いているだけなんてさぞ退屈だろうと最初は思っていた。せいぜい二泊もすれば十分だと高をくくっていたのだが、これがなかなかどうしておもしろいのである。結局、わたしはその後、二週間ほどもダル湖でだらだらと過ごすことになってしまった。

デッキチェアに腰掛けてぼんやり湖を眺めていると、シカラを操る実にさまざまな人たちが往来していくのである。一日中眺めていてもまったく飽きるということがなかった。

その大半が物売りである。移動商店と言ったらよいだろうか。ビスケットやコーラ、タバコ、トイレットペーパーなどを満載した雑貨屋。カシミールの伝統工芸品であるパシュミナなどのショールやドライフルーツなどを積んだ土産物屋。果物や野菜の八百屋。アルミ製の大きな甕《かめ》に搾りたての牛乳を入れた牛乳配達。古着や靴を売りに来る衣料品店。変わったところでは、「ハシーシ、ハシーシ」と囁きながら大麻樹脂を売る人や記念写真屋、花屋もやってきた。

花束はインド人の新婚旅行客によく売れていた。売り子が「美人の奥さんに買って上げなさいよ」と声をかけると、新郎は買わざるを得ない状況になる。

親しくなった雑貨屋の人に、「コーラではなくマウンテン・デューが飲みたい」と言っておけば、数時間後にはちゃんと配達してくれる。便利というよりは、なにしろこちらは動きまわる足がないので、シカラの物売りは旅行者にとってなくてはならない存在なのである。

いつごろからハウスボートが利用されてきたのかははっきりしないが、イギリスが生んだ希代の探検家エリック・シプトンの自伝『未踏の山河』には、以下のような記述が見られる。

「われわれはこれからどうしたらいいか考えながら、スリナガルの総督官邸に横づけされた宿泊用の客船に寝泊りして、気楽な三週間を過ごした」

彼の記述はここがまだ英領インドであった一九三九年のことだ。少なくともその時代にはハウスボートは存在していたので、当時の支配階級であるイギリス人が、避暑のために湖面にボートを浮かべて涼をとったのが始まりではないかと思われる。

ヌールは手が空いたときによくわたしをシカラに乗せてあちこち連れて行ってくれた。湖上には街と呼べるほどのたくさんの水上家屋があり、人々の生の営みがむき出しにあった。ちゃんと店を構えた雑貨屋もあり、そこにはシカラがひっきりなしに訪れていた。

女性や子どもたちだけでシカラを操る姿もふつうに見られる。柳の枝葉や水草を満載したシカラともよくすれちがった。柳の葉は家畜の餌となるほか、すくい取った泥や水草を湖底から積み重ねていくことにより新たに農地もつくりだすことが可能になるのである。湖上に出現した農地にはトマトやカボチャ、キュウリなどの苗が植え付けられていた。一種の水耕栽培のようなものだろう。

人間というのはこうして自然に手を加えることにより、環境を変え、工夫して生きてゆけるもの

ダル湖に浮かぶ水上雑貨屋へは小舟のシカラが唯一の足となる。見ていると次から次へと客がやってきていた

なのである。湖上で農耕を行う似たような暮らしは、ミャンマーのインレー湖でも見たことがある。

ダル湖上では市も開かれる。夜が明け始めたころ、シカラに野菜を満載した男たちが決まった場所に四〇人ほど集結する。それを目当てに四方から客のシカラが現れる。野菜はあっという間に売れてしまうので、市は実質三〇分ほどしか開催されない。実は昨日はわたしが少し寝坊したため、訪れたときには市はほとんど終わってしまっていたので出直したのである。

湖の東岸には、ムガール朝時代につくられたシャリマール庭園や山からの水を引いて斜面に美しく流れるさまを表現したニシャット庭園などがあり、インド人観光客だけでなく地元民の格好の遊興の場になっていた。

反対の西岸は庶民の生活の場所として発展してきたところで、運河を縦横に張り巡らせ、その間の狭い敷地にびっしりと三、四階建ての建物が重なるようにして連なっている。運河と運河の間には橋が架けられ、シカラはそれをくぐりながら往来している。

石造と木造がミックスした建築が多く、古い建物の柱には幾何学模様が彫られている。こうした伝統的なカシミール建築は、イスラム様式とチベット様式が融合した特徴を持っているといわれ、それは昔から西のイスラム文化と東のチベット文化が交流してきたことを示している。似たような建築様式を、わたしはパキスタンのバルティスタンやフンザでも目にしたことがある。

旧市街にはチベット風の屋根を持ったシャー・ハムダーン・モスクなどの見どころがあるが、外国人は中へ入ることができなかった。通りの辻々には機関銃を構えたインド軍兵士が歩哨に立っている。ヌールは古着屋で子供服を選んでいる。この街では店を構えるのも男なら、客もまた男なのである。

シカラを借り切って少し遠出することにする。スリナガルはジェルム川に面しているが、この川はダル湖、ウラール湖へと流れ込み、管理境界線をまたいでパキスタン側のアザド・カシミール領内へと入る。そして州都ムザファラバードで南に折れ、やがてパンジャブ州のムルターンを過ぎた地点で大河インダスへと合流している。もちろんそこまで行くのは無理な話だが、ダル湖を越えたあたりまでは行ってみたい。

頼んでおいたシカラが迎えに来た。漕ぎ手はふたりいて船頭は物静かなファルクさん。この道二〇年のベテランだ。最初は旧市街を抜けていく。家屋が密集しているため、このあたりは水がかなり汚い。排泄物をそのまま垂れ流しているし、ゴミを投げ捨てたりしているから当然だ。人口が少なかった時代には自然の浄化作用によってこうした汚染はさほど問題にはならなかったことだろう。運河には何ヶ所もの関所が設けられていて、そのたびに少額の通行料を支払わなければならない。旧市街を抜けると蓮の葉が一面を埋め尽くしていた。レンコンを育てている畑である。その下には魚が寄ってくると見え、何人もの男がシカラからのんびりと釣り糸を垂らしている。

女性はパンジャービ・ドレス姿で目元がぱっちりした美人揃いだ。スカーフを頭に被っている人もいるが、シカラですれ違うとにっこり微笑んでくれる人がほとんどなため、ここがイスラムの地であることをあまり意識することはない。ときおり金髪、碧眼の美人がシカラを漕いでいるのに遭遇することもあり、一瞬ここはどこ？　と夢を見ているような面持ちになることもある。

ダル湖を過ぎ、ニギール湖、アジャー湖とファルクは説明してくれるが、それらの湖は明確に分かれているわけではなく、縦横に交差する運河と同様に複雑に入り組んでいるようである。意外にも湖面から伸びる樹林も多く、そのほとんどは水辺が生息域の柳の種類だ。柳の木は家屋の建築材にもなるし薪にもなるから人の手で植林されたものだろう。

シカラの上で半身を倒していると、甘ったるい風の香りと共に運ばれてくる静かに水が流れる音や樹林で囀る鳥の声を耳にしながら、ついうとうととまどろんでしまう。水はすべての生物の根源であり、地球がその水で覆われているからこそ愛おしく美しいものだということを理屈抜きに感じることができる。

ここでは、ときおり通り過ぎるシカラさえも風景の一部となって溶け込んでいる。湖を中心に人間を含めてすべてのものは関係し、循環し、完結している。その輪の中心にあるのは、心安らぐぬくもりだ。ゆりかごで揺られているような深く満ち足りた幸せな気分はどうやったら獲得できるのかを、現代に生きる人間はどうしてもっと追求しようとしないのだろう。

心地よいまどろみはしかし、突然のエンジン音でかき消された。四人の武装した兵士を乗せたモーターボートである。ボートの人たちはわたしのシカラに横付けすると、「パスポート！」と横柄な調子で手を出した。スリナガルからこうして定期的に巡回パトロールしているようである。

運河と湖はジェルム川によってパキスタン側に通じているので、彼らのいうテロリストが侵入してこないか警戒しているのだ。せっかく気持ちのよい夢を見ていたのに、急に現実に引き戻されてしまった。

川沿いにスンバルという小さな集落があり、小型のハウスボートぐらいの船が川べりに何艘も停泊していた。今夜はこの川べりで泊まるという。わたしはシカラの床に寝袋を敷いた。ファルクたちは集落の人と顔見知りなのでその家に泊めてもらうらしい。

この集落の住民は全員が漁師。川べりに停泊している家船で寝泊まりしている家族もある。採った魚は網に入れて生かしたままぶら下げてある。土地を所有せずに移動しながら船で暮らす生活とはどのようなものなのだろう。湖上のジプシーといったところか。

ファルクたちは家船の家族から魚を仕入れていた。体表に赤い斑点が付いているからおそらくニジマスなどの仲間だろう。魚をひらいて干物にして、家族への土産にするとのことであった。

「ここのところずっと仕事がなくってねえ。これだけ軍や警察がぴりぴりしていたら外国人も来られないよな。たまにデリーあたりから来るインド人を案内するけど、あんたのように泊りがけでシカラに乗る人はいないないよ」

仕事がないのはもちろんファルクだけではない。観光に依存していたスリナガルの経済はまったくまわらなくなっている。ヌールもつい先日は橋の架け替え工事に出て、安い給料で土方仕事をしていたと言っていた。

インドもパキスタンも軍事大国であるうえ核保有国としてのプライドもあるため、国境線を巡る係争は今後も簡単に片付くことはないだろう。しかしこのまま治安の悪い状況が続けば、ツーリズムのような平和産業は成り立たず、ヌールたちの生活の基盤は揺らぐばかりである。

しかし二〇一九年になって、この地域に関わる大きな変化があった。インド政府は憲法を改正し、これまでの「ジャンムー・カシミール州」を廃止してあらたに「ジャンムー・カシミール連邦直轄領」と「ラダック連邦直轄領」に分割したのである。これは単に州をふたつに分けたということではない。

これまで州政府に委ねていた外交などを除く大幅な自治権を剥奪して、インド政府がより中央集権的に統治に乗り出すことを意味する。カシミールというグレー・ゾーンに対して少し曖昧な態度でのぞんでいた中央政府が態度を改めて内政として執行するのは、この地域が確固としたインド領であることを内外に強くアピールすることにつながる。

当然ながら、パキスタンへの帰属を望むイスラム教徒の住民の多くはこの措置に反対し、衝突も起きたが、もしかしたら今後、現状の二国間の管理境界線が正式な国境という形で決着がつくための布石だと考えることもできるかもしれない。北方領土や尖閣諸島の例を持ち出すまでもなく、実効支配下における国境はそう簡単には変更することができないからだ。

地域経済にとってみれば、紛争などないほうがよいのは当たり前のことだ。ヌールもファルクもわたしにたびたび愚痴ったのは、とにかく仕事がないことであり、治安の悪さであった。帰属がどちらの国であろうと、まずは生活が大事だ。

そのことはみんな頭ではわかっているはずだが、実際となるとなかなか難しいことなのだと思う。そのことを痛感したのは、ヌールとの雑談でスポーツの話になったときだった。

ちょうどサッカーのFIFAワールドカップが日韓共催で行われた年だったのだが、インドもパキスタンもサッカー熱というのはあまりたいしたことはない。彼らが最も熱狂するのはクリケットである。

イギリスが発祥のこの野球の原型になったといわれるスポーツは、やたらと試合時間が長く、しかも内容が単調で、何日間もかかり、スコアの付け方もよくわからない感じがあって、わたしはあまり好きではない。しかしひとたびテレビ中継が始まると、両国の男たちは肩を寄せ合うようにしてテレビにかじりつく。特にそれがインド対パキスタンの試合となると民族意識が鼓舞されるのか異常なほどの盛り上がりとなる。

サッカーと同様に四年おきにＩＣＣクリケット・ワールドカップが開催され、インドは過去に二度、パキスタンも一度優勝している。両国の対戦では約一〇億人が視聴したというから、このスポーツの人気がいかほどのものかわかるだろう。

「ワールドカップは中継される試合なら全部見ているよ」というほど、ヌールは熱狂的なクリケット・ファンである。

「両者の実力は拮抗していると耳にしたことがあるけど、経済力はインドのほうが上だし、スポンサーの関係とかで今後はインドのほうが強くなっていくのかなあ？」

わたしがそう何気なくつぶやくと、ヌールは血相を変えて怒り始めた。

「何を言っているの！　実力はパキスタンのほうが上に決まっているじゃないか」

「えっ、ヌールはパキスタンを応援しているの？」

驚いたわたしが、「だってヌールはインド人……」と言おうとするのをヌールは制し、

「おれは断固パキスタンを応援するさ。当たり前だろ」と気色ばんだ。

「……」

ヌールのその一言に、わたしはカシミール問題のすべてが凝縮されている気がした。日本にももちろん民族問題というのは存在するが、ふだん暮らしていくうえでそのことを意識することは稀だ。

平均的日本人であるわたしは、民族と国家では帰属意識という点ではどちらがより上位に来るかなどとは考えてみたことすらない。

ところがヌールは、現実に帰属している生まれ故郷のインドではなく、パキスタンのほうにより親しみを感じている。それは彼自身が国家よりも民族と宗教のほうにより強く帰属意識を感じている証拠だ。人々にとってカシミール問題は、印パ間の領土の問題なのではなく、その本質は民族と宗教の問題なのである。

スリナガルを去る日、ヌールはバスターミナルまで見送りに来てくれた。

「今度はいつ来る？　今度来るときにはぜひCDラジカセとジャケットとトレッキングシューズと子供服をお土産に持ってきてよ」と、半ば本気でお願いされた。

「カシミール問題がもし解決したら友だちをたくさん連れてくるよ」と、わたしは少し感傷的な気持ちになって答えた。でも心の内では、自分が生きている間にこの問題が解決されることはきっとないだろうなと思っていた。

ヌールはそんなわたしの気持ちにお構いなしに続けた。

「あ、言い忘れていた、妻からも頼まれていたんだよ。今度来るときには日本製のブラジャーもお願いねって。覚えておいて、ビッグサイズだから」

「ああ、うん。ビッグサイズね」

わたしは苦笑しながら車窓越しに力なく手を振った。

第5章――大地震があぶりだしたカシミールの本当の問題

死者八万人を出したパキスタン北部大地震

その日、ぼんやりとラジオのニュースを聞いていたわたしの耳が、カシミールという言葉を拾った。半年ほど前に訪れていた場所だ。ラジオはそのカシミール地方で大きな地震があったというニュースを伝えている。二〇〇五年一〇月八日のことであった。

翌日のニュースでは、パキスタン北部全域に被害が出ており、かなりの死者数が出るだろうと告げていた。首都イスラマバードの何人かの友人に電話すると、各地で家が倒壊し道路が寸断されているようだが、情報が錯綜して地震被害の全貌はまったくつかめていないとのこと。イスラマバード市内でも高層ビルが倒壊し、多数の死者も出たという。

後になってそのイスラマバードでのビル倒壊により、日本のＪＩＣＡ職員も死亡したことを知った。わたしは地震の状況を取材するため、すぐに現地入りすることに決めた。インダス川流域の人々の文化や暮らしを何年かにわたり撮影してきた自分にとって、他人事ではなかったからである。

イスラマバードでフンザ出身の友人シェール・カーンと合流し、その足で北へ向かった。このころには大地震の全貌はようやく明らかになりつつあり、地震の規模はマグニチュード7・6、死者・行方不明者の総数は一〇万人、倒壊などによって家屋を失った人は三五〇万人にも達するだろうといわれていた。

（その後に発表された「アメリカ地質学調査研究所（USGS）」の統計では、死者八万七三〇〇人、家屋を失った人は四〇〇万人となっている。また、「国連人道問題調整事務所（OCHA）」はパキスタン政府発表の数字として死者七万三三〇〇人としている。）

一九九五年に起きたマグニチュード7・3の阪神・淡路大震災では死者数が六四〇〇人あまり、全半壊した建物は約二五万棟であった。もちろん数字を並べての単純な比較はできないが、パキスタン北部大地震の規模を少しは想像していただけるかと思う。

イスラマバードから車で四時間、マンセラの街に到着した。沿道からはたくさんの建物が倒壊し、損傷を受けているのが見える。

「まず、HOAP基金が設けているキャンプへ行ってみましょう」と、事前にあたりを付けておいてくれたシェールに従い、事務所を探した。

HOAP基金というのは「抑圧と無力からの救出」を意味する英語の頭文字をとったパキスタンのNGOで、震災後にいち早く現地入りして被災者救援を行っているという。

マンセラの事務所に顔を出すと、山間部の村に設けているキャンプへちょうどUSAID（合衆国国際開発庁）と袋に印刷されている支援物資を運搬するとのことでジープに同乗させてくれることになった。ところどころ崖崩れにより狭くなっている砂利道を一時間ほど登ったところがジャブリ村であった。海抜は一六〇〇メートル。ユニセフから提供されたというテントが空き地にたくさん並んでいた。

住民約二〇〇〇人のうち八五名が死亡。周囲に家屋らしいものは見えない。その代わりにまるでハンマーで叩き潰したかのような細かい瓦礫でそこら中が埋め尽くされている。最初にその光景を見たときにはなぜそんなにバラバラになっているのか理解できなかった。しかし、このあたりの村ではレンガと土壁によってほとんどの家が建てられていると聞き、初めて合点がいった。家屋は倒壊したというよりは、強烈な揺れによって崩れ落ちたのだ。

「揺れと同時にゴーッというすさまじい地鳴りの音が響いていました」

テントに家族全員で避難していたフェイズ・アラームさんはそう話すと、近くの山林へ案内してくれた。足元には幅数十センチの亀裂が一直線に走っており、谷の対岸の樹林は崩落して茶色い地肌がむき出しになっていた。

すべての家屋が粉々になって瓦礫の山と化してしまった現場を見ると、死者数がよくそれだけで済んだなと思ったが、それは家屋のどれもが簡単なつくりであったのが幸いしたからだ。平屋建てであり、建築素材がレンガや土壁だったので、揺れによって倒壊するのではなくバラバラに砕け散ったため、建物の下敷きになったりすることがあまり起きなかったのである。

ジャブリ村周辺は似たような状況らしい。さらに標高の高いところにもいくつか集落があるが、

地震によってほとんどの建物が倒壊し、まるで爆撃を受けた跡のように瓦礫の山と化したバラコットの街の中心部

危険なため生き残った人たちは全員がジャブリ村まで下りてきて避難民キャンプに入っているということだった。

このジャブリ村周辺に住む人たちの多くは街の人とは異なりグジャール語を話している。グジャール語はインドのラジャスターン周辺で話されている言語に近く、ヒンディー語とよく似ていることから、おそらくインドとパキスタンが分離独立する際にラジャスターン地方から移民してきたイスラム教徒ではないかと想像される。

ＨＯＡＰではたくさんの若者が働いていた。世界中から届けられた援助物資である食料や毛布を分配したり、山から水を引いてきたり、避難民テントに収容している人たちのデータを作成したり、みな忙しそうにからだを動かしている。彼らのほとんどが大学生だという。

ボランティアを指揮するミルザ・フセインさんは、マンセラにあるハザラ大学の修士二年生である。震災の翌々日に現地入りして、そのままずっとここ山のキャンプで寝泊まりしている。大学はとうに再開されているが、これだけの被災状況なのでしばらくはまだ戻ることができないという。

「彼らもいつまでもここでテント暮らしというわけにはいかないじゃないですか。でも地震によって地盤が緩んでいるから、もとの家があった場所へ帰るのも難しい。街へ出ても住む場所はないしお金もない、頭が痛いところです」

避難民を見捨てて自分だけ大学へは戻れないとミルザさんは思っているようだった。

わたしとシェールは次にバラコットの街を目指すことにした。というのは、NGO関係者たちと話をするうちに、どうやらこの近辺ではバラコットが最大の被害を受けたらしいことがわかってきたからである。日本を出発前にわたしもいろいろ情報を集めたのだが、生徒の半数が亡くなったというバラコット高校へはぜひ足を運びたいと思っていた。

バラコットはパキスタン人にとってはわりと知られた街である。マンセラからカシミール方面へ向かう途中に、カガン谷というゆるやかな渓谷が続いているのだが、夏は緑が美しく、また氷河湖が点在しているため、首都圏に住むパキスタン人にとっては絶好の避暑地であり観光コースになっているのである。

カガン谷をさらに遡っていくと、標高四六〇一メートルのバブサール峠に至る。氷河の浸食によってできたゆるやかなU字谷は山羊や羊の放牧地になっており、日陰では夏でも残雪を見ることができる。夏にカラコルムやフンザへの道程でこの峠を越えるとき、パキスタン人観光客が残雪の上に立って記念写真を撮ったり、大はしゃぎで雪を投げて遊んでいる姿をいつも目にしたものである。

バラコットはカガン谷の旅の起点となる街であり、たくさんのホテルが建ち並んでいたところだが、見わたすかぎりの戦後の焼け野原のようになっていた。ジャブリ村の家屋のように瓦礫の山と化した建物もあるが、横倒しに倒壊したビルや、天井が崩れ落ちて廃墟のような姿をさらしている建物も多い。

わたしは旧友のファッド・カーンを探した。ファッドはペシャワールに住む精神科医で、わたしとはかつて一緒にヒンドゥークシュの高峰を登りに行った仲間である。彼もまた震災直後から被災地に入り、医療支援を行っていると聞いていた。

ファッドはすぐに見つかった。道路沿いの空き地にテントを張り、地震被害で大きなトラウマを抱えてしまった人の精神的ケアをボランティアで行っていた。一週間ごとにペシャワールから通ってきているという。

診察のようすをわたしも見学させてもらったが、患者は目の焦点がまったく定まらない人やずっと何かひとりごとをつぶやき続けている人など、あきらかに精神的に大きなダメージを受けた人ばかりで、やりきれない思いになった。ファッドは毎日五〇人ぐらいの患者を診ているという。

翌日、さっそく街の中心部にあるバラコット高校へ向かった。文中では「高校」としているが、日本とパキスタンとでは学制が異なり、正確にいうと「セカンダリー・スクール」。日本でいえば中学三年生と高校一年生が通う学校である。

パキスタンでは日本よりも一年早く小学校に上がり、小学校は五年制、次の学校はミドル・スクールと呼ばれて三年制である。この次に来るのが二年制のセカンダリー・スクールだ。この五・三・二の一〇年間が義務教育となっている。義務教育は日本よりも一年間長い。

バラコット高校の校舎はすでに跡形もなく消え去っており、敷地内では何台かの大型ブルドーザーがうなりを上げながら地面を平らにならしていた。ブルドーザーは軍が出動させているのだという。在校生七〇〇人のうち半数近い三〇〇人以上が地震により亡くなった。校舎はおそらく全壊してしまったのだろう。

校庭の一角にたいへん目立つ縦長の土盛りがあった。長さは二〇メートルほどある。ここには身元が確認できなかった生徒の遺体六五体が葬られているという。土盛りの墓の上にはたくさんの花輪や色紙や供えられており、道行く人たちもわざわざ立ち寄って軽くお辞儀をしていく。更地には、すでにプレハブの仮校舎が建設中であった。

制服を着た男の子が通りかかったので呼び止める。この高校に通う九年生（日本の中学三年生）のナザン・ドゥラニ君である。

「地震が起きたのは朝の一時間目の授業が始まってすぐでした。屋上あたりからドスンドスンとすごい音が聞こえてきたと思ったら、目の前が真っ暗になって」

と、そのときの状況を話してくれた。ナザン君のクラスは一階で、気が付いたら落ちてきた天井と壁の間のわずかなスペースに挟まれる形で倒れていたという。あたりはしばらくもうもうとした土埃が蔓延しており、そこら中からうめき声が漏れていた。

わたしはその後、被災した各地をまわって取材を続けたが、学齢期の子どもの犠牲者が多いことに途中で気づいた。その最大の原因は、地震が起きた時刻にあり、ちょうど学校の授業が始まった時間帯であったことだ。

もうひとつは、地方では多くの生徒たちが暮らしている住居はふつう平屋建てが多いのだが、学校の多くは鉄筋コンクリートで、しかも複数階のところが少なくない。このため学校のほうが甚大な被害を受けやすい傾向が見て取れた。もし地震が休日や夜間に起きていたら、これほどまでに子どもたちの被災者は多くなかったことだろう。

バラコットの街は一キロほどのメインストリートの両側に商店が立ち並ぶバザールとなっているのだが、ざっと見たところ九割以上の建物は倒壊するか崩落していた。一辺が数メートルあるコンクリートの塊が崩落していくつも重なり合っている場所もあり、すぐ近くを歩くのはとても危険な状態であった。倒壊して傾いているコンクリートブロックがいつこちらに落ちてくるかわからないからだ。

写真でしか見たことがないが、関東大震災や太平洋戦争での空襲を受けた都市の写真がこんな感じである。わたしもシェールもただただその光景に圧倒されて、声も出ない。建物の前で呆然と座り込んでいる女性。頭を抱えてうなだれている若い男性。無表情で瓦礫の山を片付けている初老の男性。崩落したビルの瓦礫に埋まった車を掘り出そうとしている若者たち。

歩いていると、死臭が漂ってくる箇所もあった。地震からもうすぐ一ヶ月が経とうとしているが、まだ政府や軍による本格的な復旧の手は伸びておらず、どこから手を付けてよいのか皆目見当もつかないありさまだった。

路上では、果物などを売る店や、椅子を一脚だけ持ち出して散髪屋を開業している店もある。腕を包帯で吊っている少年は煙草をバラにして一本ずつ売っていた。その少年は口がきけなかった。

市内を流れるクンハール川の岸辺に、イスラム教のモスクがある。いや、正確には「あった」というべきだろう。四方の壁面が崩落したと見え、建物の天井がそのまま地面に落ちている。人々が祈りを捧げるためにその天井の上に集まって、メッカの方角に向かって礼拝していた。

わたしが橋の袂から礼拝のようすを撮影していると、ズタ袋を肩にかけた薄汚れた格好の男たち数人に取り囲まれた。大きなズタ袋からは布団や毛布がはみ出している。男たちはわたしに向かって何か必死に訴えかけている。彼らの気迫に押され、たじたじとなっていると、それに気づいたシェールが飛んできた。

「この人たちは山奥の村から何日もかけて歩いて降りてきたそうです。軍隊やNGOなどもまったく村へは入っていないので、バラコットまで救援の要請に来たんだそうです。テントも食料もないうえ、ケガや病気の人もいて、自分たちの力ではどうしようもないと訴えています」

山に住む人たちは外国人のわたしを見つけて、被災者支援をしているNGO関係者だと思ったらしい。今の自分にはどうしようもできないので、紙切れに英語で「緊急。わたしの村では被災者が多数出ています。テントや食料の支援を求めます」と書いてあげて渡した。支援活動をしている人を見つけたら、この紙を見せるようにと。

するとその光景を遠巻きに見ていた数十人もの人たちが、自分にもその要請のための文章を書いてくれと殺到してきた。みな必死の形相である。モスクと橋を挟んだ川の上流側が被災者のための避難民テントを張る場所に指定されており、わたしを取り囲んだ男たちはそのテント村に収容されているとのことだった。

それらの避難民キャンプはアラブ首長国連邦（UAE）やトルコのNGOが運営していた。同時に医療センターを開設したり、給水タンクを設置したりもしている。避難民の女性たちはコンクリートのブロック片やトタン板を利用して狭い台所を野外につくって支給された小麦粉を練ってチャパティを焼き、川で洗濯をしていた。

「船尾さん、ぼくはもうイスラマバードに帰りたいです。頭がいっぱいで何も考えることができないし胸も苦しいです」

シェールは泣き言を漏らした。無理もないだろう。わたしは初めてこのバラコットの街を訪れたが、シェールは以前に何度もこの街には来ている。フンザ出身の彼は帰省するときにこのカガン谷をよく通ったからだ。だから地震以前のこの街の平和なたたずまいをよく知っている。

川沿いやバザールにはかつていくつものホテルが建っていて、何泊もしたことがあるという。彼のそうした記憶がすべて過去のものになってしまっているのだ。その後の政府の報告では、バラコットでは一六〇〇〇人以上が死亡したとなっている。これは当時の街の人口の実に八五パーセントにあたるという。

禁断の地アザド・カシミールへの入域

イスラマバードでは無事に廣瀬和司さんと合流することができた。廣瀬さんはアジアプレス・インターナショナルに所属するジャーナリストで、一九九八年以降カシミールのさまざまな問題を取材してきている。

今回の大地震発生を受けて、カシミール問題の第一人者である廣瀬さんに連絡を取ったところ、やはり自分も関係している地域なので取材に入るつもりだということだったので、現地で合流しようということになったのである。

広義の「カシミール」はインドとパキスタンが長年にわたって領有を争う係争地であるが、そのうち約五分の二をパキスタン側が実効支配しており、「アザド・カシミール（ＡＪＫ）」と呼ばれている。「自由なカシミール」という意味である。

ときおりニュースでこの地域のことが話題になった際に、新聞記事ではアザド・カシミール特別州などと表記されることが多いが、特別州とする呼び方は正確ではない。パキスタン政府も行政区分としてそのような表記はしていない。

領有をめぐっての両国の係争が続いてきたこともあり、パキスタン政府はアザド・カシミールへの外国人の入域を厳しく制限してきた。それは外国人の身の安全を案じてというよりは、見られたくないものがそこにはあるためだろう。おそらく地震が起きる以前に入域したことのある日本人はそう多くないはずである。

今だから白状するが、実はわたしは今回のパキスタン行きにあたり、下心があった。表向きの口実は、大地震のようすをレポートすることであったが（もちろんそれもひとつの大きな目的である）、もしアザド・カシミールへ入域できるのならぜひ管理境界線（事実上の印パ国境）まで足を延ばしてみたいと考えていた。

事前に調べた情報では、アザド・カシミールにおける地震被害が想像以上に大きく、パキスタン政府は世界各国からの支援を受け入れることに決めたため、各国の軍や政府、ＮＧＯが大挙して入域するという前代未聞の状況になっていた。許可証も必要ないという。もちろんその点は現地で確認する必要があったが、これまで取材を拒まれてきたわたしにとっては大きなチャンスであった。

旅行会社を経営する旧知の友人サジャード・シャーが、カシミール取材にあたって自分のジープを無料で提供してくれることになった。持つべきものは友人である。通訳をひとり雇用し、翌日には首府ムザファラバードへ向けて出発した。

夏は高原の避暑地となるマリーの街を過ぎ、渓谷に降りると、やがてアザド・カシミールの検問所が現れる。通常なら何人もの武装した警官（ＭＰ）から通行のための許可証や身分証明書の提示を求められるのだが、なんということか誰もいないではないか。

「ボーダーに軍もポリスもいないなんて信じられない」

廣瀬さんが思わず唸り声をあげた。わたしも同感だ。

この際だからすべてを打ち明けるが、実はここの検問所に来たのは四度目である。数年前に現地人の服装であるシャルワール・カミューズ姿にフンザ帽子という出で立ちでパキスタン人に変装して、ムザファラバードまで行くバスに何食わぬ顔で乗り込んだのだが、この検問所でバスに乗り込んできたＭＰに見つかってしまった。

許可証がなくともムザファラバードぐらいまでなら入れるのではないかと思ったのだが甘かった。このときは反対車線のイスラマバード行きのバスに強制的に乗せられ、追い返されたのである。

二度目は地震が起きる半年ほど前である。在日本パキスタン大使館で首尾よくジャーナリスト・ヴィザを取得することができたため（取得するのは大変難しいといわれている）、今度こそカシミールへ入れると思い堂々とやってきた。しかし結果的にまたしても追い返された。なんでもＮＯＣという許可証が必要なのだという。

ＮＯＣとは、ノー・オブジェクション・サーティフィケイトの略で、直訳すると「反対すべき理由がない証明書」とでもなろうか。それでいったんイスラマバードへ戻り、内務省の管轄下にあるカシミール局へ出頭した。入域の申請書を受け付けてもらい、後日受け取りに行くと、「ジャーナリスト・ヴィザを持っている人は情報省へ行ってくれ」といわれる。

情報省にはわたしが日本の大使館で提出したデータがきちんとファイルされていた。このためNOCは問題なく発行されることになったが、受け取りはこの部署ではなく、なぜかラワルピンディにある陸軍本部であった。

つまりそれだけ外国人のカシミール入域には、パキスタン政府も軍も神経を尖らせているということである。この地域に興味を持つ外国人やジャーナリストはほとんどが印パ関係などの政治がらみだろう。そのため情報を統制する必要があり、外国人の身元は徹底的に洗われるのである。

わたしはこのとき三度目の正直で、ようやく長年の夢だったアザド・カシミールの土を踏むことができた。ところがその喜びは束の間だった。

市内のホテルに投宿すると同時に、ドアを叩く音が。出てみると、暗い目をしたふたりの男が立っている。外出しないでしばらくホテル内で待機するようにいわれる。おそらく検問所から尾行してきた私服のエージェントだろう。

ロビーでチャイを啜っていると、まず警察官が現れた。そしてわたしの行動予定を聞いて、手帳に書き込んでいる。そして次の言葉に思わず絶句してしまった。

「ただいまからあなたに護衛をふたり付けます。ホテルからは単独で外には出ないでください。アザド・カシミールを出るまでわれわれには従ってください」

ホテルのエントランスには二名の若い警察官が待機していた。ふたりとも大げさな機関銃を手にしている。彼らはわたしが夜寝ている間も部屋の前で番をするという。これはえらいことになってしまった。どこへ行くにもふたりが付いてくるのだという。

次に現れたのが軍人である。キャプテンだと自己紹介したからそれなりの階級なのだろう。パキスタンでは軍人は若者にとって憧れの職業のひとつで、給料も高いといわれている。端正な顔立ちのこの人は流暢な英語を話し、なかなかの教養があるように思えた。

「明日からは軍があなたを全面的にサポートします。車も出してあげます。カシミールではどこへ行くつもりにしていますか?」

この軍人はなかなか話も通じそうだったので、わたしは思い切って要求してみた。

「インドとの国境に行ってみたいのです。そしてその近辺に暮らしている人たちの生活も見てみたいです」

彼はしばらく考えた後、わたしの要求を認めてくれた。

「わかりました。明日、国境までお連れしましょう。写真の撮影もOKです。でも村の人たちとはあまり話をしないでください」

同様のことは実は情報省でも釘を刺されていた。村の人たちと話をしてはいけない、特にインドとパキスタンについての政治的な話は絶対にしないでください、と。

翌朝、ホテルに現れた車を見て、わたしは仰天してしまった。軍の車はトヨタのピックアップトラックであったが、昨日のキャプテンの他に完全武装した護衛の兵士が三名も乗り込んでいる。さらに運転手もいる。これでは道行く人からだとわたしはＶＩＰに見えるのか、それとも護衛される犯罪者に見えるのか、いったいどちらだろう。

首府ムザファラバードからインドとの管理境界線までは直線距離でわずか四〇キロほどの道のりだ。ニーラム川に沿うように東へ道路は延びている。管理境界線に近づくにつれて両側に迫る山なみは深くなり、遠望できる頂上には雪も積もっている。

一時間も経たないうちに国境に出た。ティトワルという地点だ。インド側へは橋が架かっているはずだが、キャプテンは「そこは見せられない」という。その代わりに軍の来賓室へ通され、チャイとサモサをご馳走になった。

ニーラム川はこの地点から北へ九〇度折れ曲がるのだが、管理境界線はその川に沿って引かれているとのことで、道路も同様に延びている。川の対岸には数軒の家と麦畑が見える。パキスタン側の家は屋根が平らであるのに対し、インド側の家は三角の形をしておりトタン板で葺かれているのがおもしろい。

同じ民族であり、手が届きそうなくらい近い場所に暮らしていながら、七〇年以上も往来が分断されてしまうと、このように住居の形も変化していくものなのだ。

「お互いに対岸に家族や親戚がいるケースが多いようです。手紙を石にくくりつけて、川の対岸に投げて連絡を取るみたいですよ」と、キャプテンが教えてくれた。

このあたりは標高が二〇〇〇メートル近くある山岳地帯であるため、夏の大雨では土砂崩れがよく起きる。また冬には降雪ですぐに道路が不通になってしまうが、軍のブルドーザーがすぐに出動して有事の際に対応できるようになっているという。

わたしには認識できなかったが、対岸で地形的に少し小高くなっている場所にはインド軍の詰め所があるらしい。目を凝らしてみたけれどそれらしい人影はまったく見えなかった。これは予想外のことだった。わたしはてっきり管理境界線を挟んで、両国の軍隊がにらみ合う形で対峙しているものと思っていた。

途中のいくつかの村で車を止めてもらい、住民から話を聞こうとしたのだが、わたしのすぐ後ろには四人もの重装備の軍兵士がいるものだから、みんな顔をこわばらせてまともに話をしてくれない。それはそうだろう。戦後、インド側とパキスタン側に引き裂かれた家族のようすについて聞きたかったのだが、その話はしていけないと事前に言い含められていることもあり、結果的にまともな取材はいっさいできなかった。

キャプテンはインテリジェンスを感じさせるなかなかいい男であったのが救いだ。村人にインタビューすることができないわたしの立場もよく考えてくれて、管理境界線付近の写真を撮ることは基本的に遮られることはなかった。

パンジャーブ州ラホール出身の彼はアザド・カシミールへ赴任して一年半たつという。初めての子どもが生まれた直後に赴任を命じられたため、それ以来会っておらず、今はとにかく早くこの任務を終えてラホールに帰省することを心待ちにしていた。

彼は軍人ではあったが、他人の話をきちんと聞くことができるタイプの人間だったので、一緒に旅をするうちに互いに気心も知れるようになった。わたしはカシミール問題を解決するためには、現在の仮の国境となっている管理境界線を両国が正式な国境として認めるしか方法はないのではないかという持論を述べた。

それに対して彼は、「それもひとつの方法でしょう」と述べるにとどめた。パキスタン政府は、「国連決議に基づいてインド側のカシミールの住民によってどちらに帰属するかの投票を行い、インドはそれに従うべきだ」とする主張を崩していないから、国家の方針に異を唱えることは軍人には当然できない。

だからこそ彼のいう「それもひとつの方法でしょう」という言葉に、わたしは未来への希望を感じたのである。

両国に引き裂かれた家族が国境を渡る

話を検問所に戻そう。

噂は本当だった。アザド・カシミールへ入域するのに許可証が不要なだけでなく、警備をする軍なり警察なりによる検問がないことなど、これまでの状況からすれば考えられないことだった。わたしも廣瀬さんもまったくのフリーパスでムザファラバードに到着した。

最初に向かったのが陸軍病院。軍医のイクバル大佐という人が院長を務めている。人口約一〇万人のムザファラバードには病院や大学、ホテルなどいくつかの大きなビルがある。近代的な五階建ての陸軍病院も地震で大きな被害を受けており、正面から見て右半分が地盤沈下のため崩壊していた。

「七一人の患者と、医師や看護師ら三七人が亡くなりました。パニックになって五階から飛び降りて重傷を負った人もいます」と、イクバル医師が直接インタビューに答えてくれた。重傷者も多数出て、イスラマバードやアボタバードの病院へ搬送したという。

驚いたのは、右半分が崩壊した病院はそのまま救急病棟となり、毎日一〇〇〇人もの患者を診察していること。

「アザド・カシミールの多くは山岳地帯で、山の斜面や谷間などに集落をつくって人々は暮らしています。それらの地域には病院などありませんから、被災者たちは徒歩でムザファラバードへ出てきて、この病院かNGOが設置した診療所で治療を受けるのです」

市内中心部にあるマディナ・マーケットは交易が盛んだった古のころの面影を残しており、高台の斜面を切り拓いて小さな商店が並んでいる。カシミールといえばカシミアやパシュミナの毛織物やショールが有名だが、それらの生地を扱う店がひしめいている。

もともと高層建築がなかったのが幸いしたのだろう、大きな倒壊は見られなかったが、地震の後片付けでそれどころではないのであろう多くの商店は閉まっていた。住民に話を聞くと、やはり学校でかなりの死傷者が出ているらしい。

店を開けていたチャイ屋で休んでいると、みすぼらしい身なりの若者が現れた。チャイ屋で働くヌサール・アハマッド君の友人、モハマッド・アヤーズ君である。彼はムザファラバードから二〇キロほど離れた村で暮らす二二歳の農民で、被災した村人を代表して食料などの支援物資を提供してくれるところを探しに来ているのだという。

その村には未だに政府からも軍からも救援がなく、孤立状態にあるとのことなので、様子を見に行ってみることにした。モハマッド君は結婚したばかりの妻と姉、それに姉の子どもふたりを地震で亡くしたという。

街の南側、ニーラム川とジェルム川の合流地点に橋が架かっており、ここからジェルム川沿いの道を走る。このまま一八〇キロほど川沿いに進み、インドとの管理境界線を越えればスリナガルである（もちろん実際には往来はできないが）。ふたつの川の合流地点には威嚇のためだろうか張りぼてのミサイルが置かれていて、インド方面に向けられていた。

ジープ一台がようやく通れる吊り橋を渡ると、クンバディ村である。この村で亡くなった人のほとんどは小学生だという。教師をしていたイムランさんという方に会うことができた。

「もう本当に、悔やんでも悔やみきれないのです」

地震のあった日について語り始めたイムラン先生は涙を流した。

「なにしろあんなに大きな地震は初めてで、子どもたちを教室の外へ逃げるように誘導できなかったんです。外へ逃れていたら助かった子どもがどれほどいたことか」

バラコット高校のケースもそうだったが、地震が起きたのが朝の八時台だったのは本当に運が悪かったと思う。これが夕方だったり休日だったりしたら、子どもの死傷者はぐんと減っていただろう。

モハマッド君の家はこの村から徒歩で一時間半ほど登ったところにあった。わたしも廣瀬さんも撮影機材を一式持っているので、山道はなかなかこたえた。到着したところはシェリ村というらしい。標高は二〇〇〇メートルをゆうに超えているだろう。

ジェルム川がはるか眼下に見える。村人は山の斜面を切り拓き、細々と小麦やトウモロコシを育て、山羊を飼って暮らしている。それだけでは食べていけないから、若者たちは街へ出稼ぎにいくという。

畑の狭い敷地にテントを三張り連結させ、そのなかでなんと一二家族、約五〇名がひしめき合って救助を待っていた。傍らには長い木の棒の先に赤い旗を付けて立てかけていた。救助ヘリを期待してのSOSなのだという。

「心配はふたつあります。ひとつはこれから先、子どもたちの教育はどうなってしまうのでしょう。もうひとつはもうすぐ寒い冬がやってきます。山の上なので雪も相当積もるんです。テントでは冬を越せないのです」

亡くなった姉が残した生後八ヶ月の赤ん坊をあやしながら、モハメッド君は悲嘆にくれるばかりだった。

わたしは帰国後しばらくして、地震によって両親を亡くした子どもたちへの就学支援を目的としたNGOを自ら立ち上げることになるのだが（NGOウジャマー・ジャパン）、その構想はこのときのモハメッド君たちとの出会いから得たものである。

なにしろアザド・カシミールには一六〇〇ヶ所以上の村や集落があり、その多くが山深い場所にある。このためモハマッド君の村のように支援はおろか誰も被害の実態を把握できていない場所が相当数あると思われた。

もちろんわたしひとりができることはたかが知れているが、彼らの置かれている現状をこの目で見て知ってしまった以上、なんらかのアクションを起こすべきだと思った。その後、結果的にわたしはこの地域への支援活動に足かけ十年近く関わることになった。

ムザファラバードへ戻ると、大きなニュースが待ち受けていた。この震災を受けて支援物資などの運搬を迅速に行う目的でインドとパキスタンとの管理境界線がすでに五ヶ所オープンされていたのだが、明日の一一月一七日にさらにもう一ヶ所、チャコチというボーダーがあらたに開放されるというのだ。

実は管理境界線上にあるボーダーを開くという試みは、震災前から試験的に行われていたことである。それは、両国に家族が引き裂かれたカシミール人の往来を初めて認めるというもので、ある意味で画期的なことであった。

その機運が震災を機に、一気に進むのかどうか、まだだれにもわからない状況だったが、膠着しているカシミールの領有問題に小さな風穴が開きつつあることだけは確かである。

チャコチ村は昨日訪れたジェルム川沿いの道をさらにまっすぐ進んだ先にあった。ボーダーに到着すると、すでにテレビカメラを携えた人たちがたくさん集まっている。マスメディアの関係者だ。ロイター通信社やNHKの腕章をつけた現地カメラマンもいる。

今日これからインド側カシミールへ戻るグラブ・ジャンさんという高齢の女性に話を聞く。彼女はインドとパキスタンが独立した一九四七年にここの管理境界線を挟んで離れ離れになってしまった親戚を訪ねて、今回の国境開放に伴いアザド・カシミールへやってきていた。他に同じような境遇の二三人と一緒である。

一ヶ月滞在の予定だったが、大地震が起きたためにインド側へ戻るのが遅れ、今日まで延び延びになっていたという。インド側での暮らしのようすや、パキスタンでは誰に会いどのように過ごしていたのかをメディアの記者が次々にインタビューするが、どの人もがちがちに緊張していてまともに答えない。わたしたちの背後ではたくさんの軍人や政府関係者たちが目を光らせていることもあり、政治的なことはいっさい口にはできないようだった。

親戚からのお土産なのだろう、みな大きな袋やカバンをいくつも手にしている。そうした荷物はパキスタン政府が用意した緑色の制服を着たポーターが運んでくれるようだ。歩いて一五分ほどで、管理境界線となっている橋に着いた。地震のため、この橋は半分崩壊してしまっていた。

インド側へ戻る二四人は足場の悪い道を徒歩で河原に下りて、臨時に架けられた橋を渡る。対岸のインド側にもやはり十数人のマスメディアの人たちが待ち構えて、インドへ戻る人たちを撮影していた。廣瀬さんが手を振ると、対岸のひとりも笑顔で手を振った。廣瀬さんがスリナガルで取材中に何度も会ったことがあるという顔見知りの新聞記者だそうだ。

初めて表面化した「二重難民」の問題

チャコチでは赤十字社が活動を行っていた。わたしたちは一般に「赤十字（レッドクロス）」と呼ぶが、正式には「国際赤十字・赤新月運動」である。ここパキスタンでは、白地に赤い三日月の標章がはためいていた。わたしたちがよく目にするのは白地に赤の十字の標章だが、イスラム教の国ではこの十字はキリスト教を意味するものと捉えられ、かつての十字軍の悪夢を想起させるため、赤新月（レッドクレセント）を名乗ることになっている。

数百人の被災者が並んで、援助物資を順番に受け取っている。ちょうど援助物資を受け取ったばかりのモハマッド・アルタフさんにその中身を見せてもらった。アルタフさんはここから七キロほどのカラナ・キエラン村に暮らしているという。

テント一張。小麦粉一〇キロ。米一〇キロ。砂糖五キロ。中古毛布一〇枚。マットレス一枚。タオル二本。粉ミルク一キロ。ビスケット四箱。缶ジュース二本。豆五キロ。

「家族が八名なのでテントひとつはきついですが、ないよりましです。これから冬になるので暖房用の石油ストーブと防水シートが必要ですが、わたしたちにはどうしようもできないので援助が来るのを待つしかありません」と、アフタルさんは疲れた表情を見せた。

居合わせた新聞記者の方から、ムザファラバード近郊にインド側から逃れてきた難民が暮らしている場所があると教えてもらった。そのひとつマニック・パイアンと呼ばれるキャンプを訪ねることにする。ゆるやかな丘の斜面にびっしりと避難民用のテントが張られていた。

「ここには一四〇世帯、約七〇〇人が暮らしています。ええ、全員がインド側カシミールから危険を冒して管理境界線を越えてきた人たちです」

わたしたちの訪問を迎えて、キャンプを案内してくれたのは、マニック・パイアンのリーダー格であるマジャーズ・アハマッドさんである。

マジャーズさんは一九九〇年にインド側の故郷の村を脱出してきた。その六年後にパキスタン政府からここの土地を難民たちが居住するように指定されたのだという。マジャーズさんはインド側で暮らしていたときは医大生だったが、パキスタンへ来てからは経済学修士を取得した。しかし学歴に見合う仕事は難民の立場ではなかなか見つからず、現在は小学校の教員をしている。

「インド側では治安部隊の連中がとにかくひどかった。ぼくたちイスラム教徒をことあるごとにテロリスト扱いするんだ。友人のなかにはスパイの嫌疑を掛けられて拷問を受け指を切り落とされた人もいます」

九〇年代におそらく数万人規模のカシミール人がパキスタン側へ庇護を求めて越境してきたのではないかとマジャーズさんはいう。インド側ではカシミール人に対する拷問やレイプなどの人権侵害がたびたび行われているという話は本当のようである。

このキャンプを管轄しているのはアザド・カシミール自治政府のリハビリテーション（復興）局。難民には月にひとり一〇〇〇ルピー（当時のレートで約二〇〇〇円）の社会保障が支給される。これは生まれたばかりの赤ん坊も含まれるという。

「それだったらわたしも難民になりたいや」

と、イスラマバードから来ているガイドが半分冗談で声を上げた。彼の家族は一一人だそうで、それだと月に一万一〇〇〇ルピーが支給される計算だ。この金額は彼のサラリーとほぼ同じ。半分は本気で声を上げたのかもしれない。

この難民キャンプでは地震で二五人が亡くなった。そのうち二〇人はやはりというべきか学校内で犠牲になった生徒である。

マニック・パイアンに代表されるカシミール難民キャンプで暮らす人たちは、さらに地震によって家屋などを失い「二重難民」となってしまっている。マジャーズさんの説明では、ここへ逃げてきた難民の多くはもともと農民だった人も少なくないが、政府によって住むための土地は提供されても耕すための土地はなく、そのため将来への希望を持てない人が多いのが問題だということであった。

「こんなことをしゃべってよいものかどうか。ここへ来てからはインド側にいたときのように治安部隊に怯えて暮らすようなことはなくなりましたけど、生きるための夢も希望も持てないことが何よりつらいのです。ぼくは病気で苦しむ人を助けたくて医学の道へ進みましたが、ここではそれはかなわないのです」

インドから逃れてきたカシミール人が暮らす難民キャンプは他にもいくつかあるそうで、マジャーズさんはそのうちの最大規模のキャンプに案内してくれることになった。ニーラム川沿いにあるカムサール・キャンプである。ここにはA～Dまで区割りされた四つのキャンプがあった。「あった」と過去形なのは、地震でほぼ跡形もなく壊滅してしまったからである。

カムサール・キャンプには約三五〇世帯、二八〇〇人あまりが暮らしていた。住民の多くは一九九八年前後にインド側から逃れてきた難民である。今回の地震により三一〇名が亡くなった。マジャーズさんの暮らすマニック・パイアン・キャンプと比べると、このカムサール・キャンプは急傾斜の岩混じりの土地にへばりつくような形で設置されている。設置が遅かったぶん、それだけ悪条件の土地だったのだろう。地震が起きなくても土砂崩れが起きそうなところである。

その只中にひときわ目を引くほどのみすぼらしいテントがあった。テントとはいっても野菜を入れるズタ袋をつなぎ合わせ、木切れを支えにしただけの、風雨にはとても耐えられそうにない代物だ。リアーズ・アハマッドさんはその狭いテントに奥さんと三歳ぐらいの男の子と暮らしていた。

「地震の後もずっとここにいます。離れられないのです。ここに娘の墓をつくりましたから。ムザファラバードへ行けばテントなどの援助物資が提供され、しばらく滞在できることも知っています。でも無理です」

テントの近くには二〇ほど盛り土があった。崩落した住居からコンクリート片やレンガを拾ってきてそれを墓標に見立てている。彼の七ヶ月になる娘サナちゃんは、ここに葬られている。アハマッドさんは野の花を摘んできて、小さな土盛りを愛おしそうに撫でながら、花をそっと供えていた。

生き残ったカムサール・キャンプの住民の多くは、ムザファラバード市内にあるアザド・ジャンムー・カシミール大学の敷地内に設けられている被災者用キャンプに収容されている。ただし大学当局からは一ヶ月以内に立ち退くよう要請されているという。

避難民キャンプ内にはNGOが運営する学校があり、野外での授業が再開されていた。わたしはカシミールやバラコットで再開された学校をいくつか見学したが、それらはすべてNGOや住民による自発的なボランティアが運営していた。教育に関するかぎり、政府はなんの対応もしていないようだった。

「それまで誰も住んでいなかった場所ですからね、カムサール・キャンプは。本来は人が住めるような場所ではなかったのです」

NGOが運営する学校の校長を任されているラジャ・アリフカーンさんはいった。ラジャさんもまた一九九四年にインド側から越境してきた難民である。

「今年に入ってから印パ関係がよくなって和平が進められていることはもちろん知っていますけど、正直何も期待はしていませんね。両国とも単に国家の利害について話し合っているだけで、主体であるぼくたちカシミール人は常に蚊帳の外に置かれているんです。おかしくないですか、ここはもともとカシミール人の土地なのですよ」

「もし自由な往来が認められるようになったら、ですか？　もちろん生まれ育ったインド側へ戻りたいです。向こうへ帰れば条件の良い土地がいくらでもあるのですから。ここパキスタンには自分たちの希望は何もないのですよ」

ラジャさんもマジャーズさんとまったく同じことをいった。

「今回の地震は本当に大変でしたけど、難航していたカシミールの問題に再びスポットを当ててくれたという意味では、アッラーの神様に感謝しなくてはいけませんね。あなたもぜひ日本へ戻ったら、ぼくたちの存在を広く知らせてください。自分たちだけでは、この問題はどうにもできないのですから」

実際、以前にはアザド・カシミールへ外国人が入るためには非常に面倒で時間のかかる手続きが必要だったのだが、地震が起きてからは外国人による支援が不可欠ということもあってこちらが拍子抜けするほど簡単に動きまわることができるようになった。

その結果、これまで隠されてきた難民の問題を内外にあぶりだすことになり、カシミール紛争が現在にも続いていることを世界中に知らしめることになったのである。戦後七十数年間も続いてきたカシミール問題がたやすく解決されるとは思えないが、ほんの少しだけ風穴が開いたことだけは確かだろう。

（注：二〇〇八年頃から再び外国人のアザド・カシミールへの入域は厳しく制限されるようになった）

◀ K2 を眺めることができるバルトロ氷河の入り口にあたるパイユという幕営場では、この先の旅の無事を祈ってポーターたちが山羊を葬る。そして内臓も含めて肉はていねいに切り分けられ、ポーターたちに均等に分けられる

▲カラコルム山麓に住むバルティ人のポーターが担ぐ荷は約 25 キロ。その他、毛布などの個人の寝具も肩に掛けながら荷物を運ぶ。彼らはふだんは農業と牧畜に従事している人が多い

▶ガッシャブルムⅠ峰を登りに来た登山隊のポーター。氷河には無数のクレバス（裂け目）が口を開き、その上に降ったばかりの不安定な雪が乗っていることがある。非常に神経を使う登高となるため、ポーターたちも列をなして慎重に歩いている

カラコルム山脈の氷雪は溶けだした後、チベットやラダックを流れてきたインダス川に合流する。その近くにある大きな街スカルドゥはこれから登山やトレッキングでカラコルムへ分け入る人たちの登山基地となっており、食料や装備をここで準備する

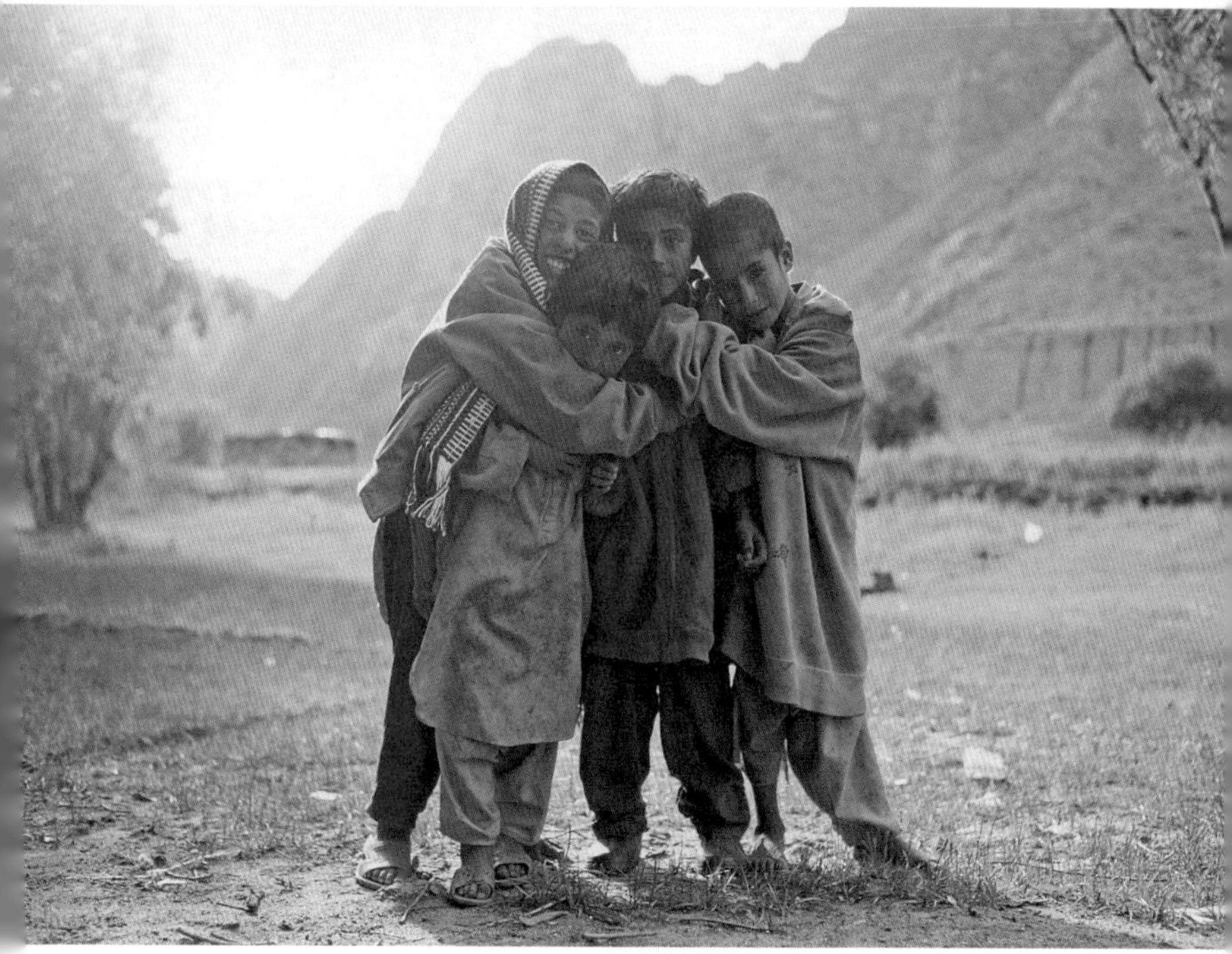

パキスタンの北部山岳地帯の山麓には自給自足的な小さな集落がいくつもある。トレッキングでそれらの村を通りかかると、シャイで人懐っこい子どもたちが珍しい外国人を一目見ようとわらわらと集まってくる

カラコルム山脈の盟主、世界第二位の 8611 メートルの標高を誇る
。この山を登るために、見上げるために、たくさんの登山隊やトレッ
ーが毎年やってくるが、それを支えてくれているポーターの存在にも
いを馳せていただきたいと思う

カラコルム山脈の中で最も印象的で美しい氷河だと言われているビアフォ氷河。深さ数百メートルにもなるクレバス（裂け目）が無数にあるため、滑落する危険を避けるためポーターたちは一列になって進む。難所ではロープを結び合うことも多い

スワート地方は果物と米の産地としてパキスタン人にはよく知られている。私が訪れた時期はモモの収穫の真っ最中だった

玄奘が著した『大唐西域記』にも記載されているシャンカルダール・ストゥーパ。ストゥーパとは仏舎利塔の意であり、『大唐西域記』によるとここには仏陀の骨が分祀されていることになっている

パキスタンで最もよく食べられる肉は山羊と羊だろうか。バザールで売られている剝き出しのままの肉を見ると最初はぎょっとするものだが、よく考えてみるとそれは食文化の違いであり、日本の魚屋で並べられている魚と同じようなものだ

ペシャワール名物のチャッパル・カバブを食べさせる店。チャッパルとは「草履」の意味で、要は羊肉をこねて草履のような形にしたハンバーグである。バザールの奥にあるこうした専門店で食べるのが一番うまい

アメリカの空爆によってタリバン政権は崩壊させられた後、アメリカが支援するカルザイ政権が誕生したが、街角には暗殺された北部同盟のマスード司令官のポスターがあちこちに貼られていた。市民がアメリカ主導の大統領を認めていないことは明らかだった

◀埃っぽいカーブルのバザールを行きかう市民たち。大多数は男性だが、なかにはブルカで顔を隠した女性もちらほら混じっている

タリバン政権時代には禁止されていたという女子教育が再開されていた。欧米の民主主義陣営からタリバン政権が嫌われた最も大きな要因は女子教育を認めない点にあったと思う。しかし再びタリバン政権に戻った現在、どうなるかは不透明だ

中央アジアや南アジア、さらには大英帝国まで、さまざまな民族や国家や軍隊がこの地域の覇権を求めてアフガニスタンとパキスタンを隔てるカイバル峠を通過してきた。そういう意味では最も歴史的に名が知れた峠のひとつである

カーブル周辺は近年の干ばつのため大地が埃っぽいが、バーミヤン周辺は小麦やジャガイモが豊富に育っていた。わたしは仏教遺跡の痕跡を求めて、農夫にたずねながらこの地にしばらく滞在した

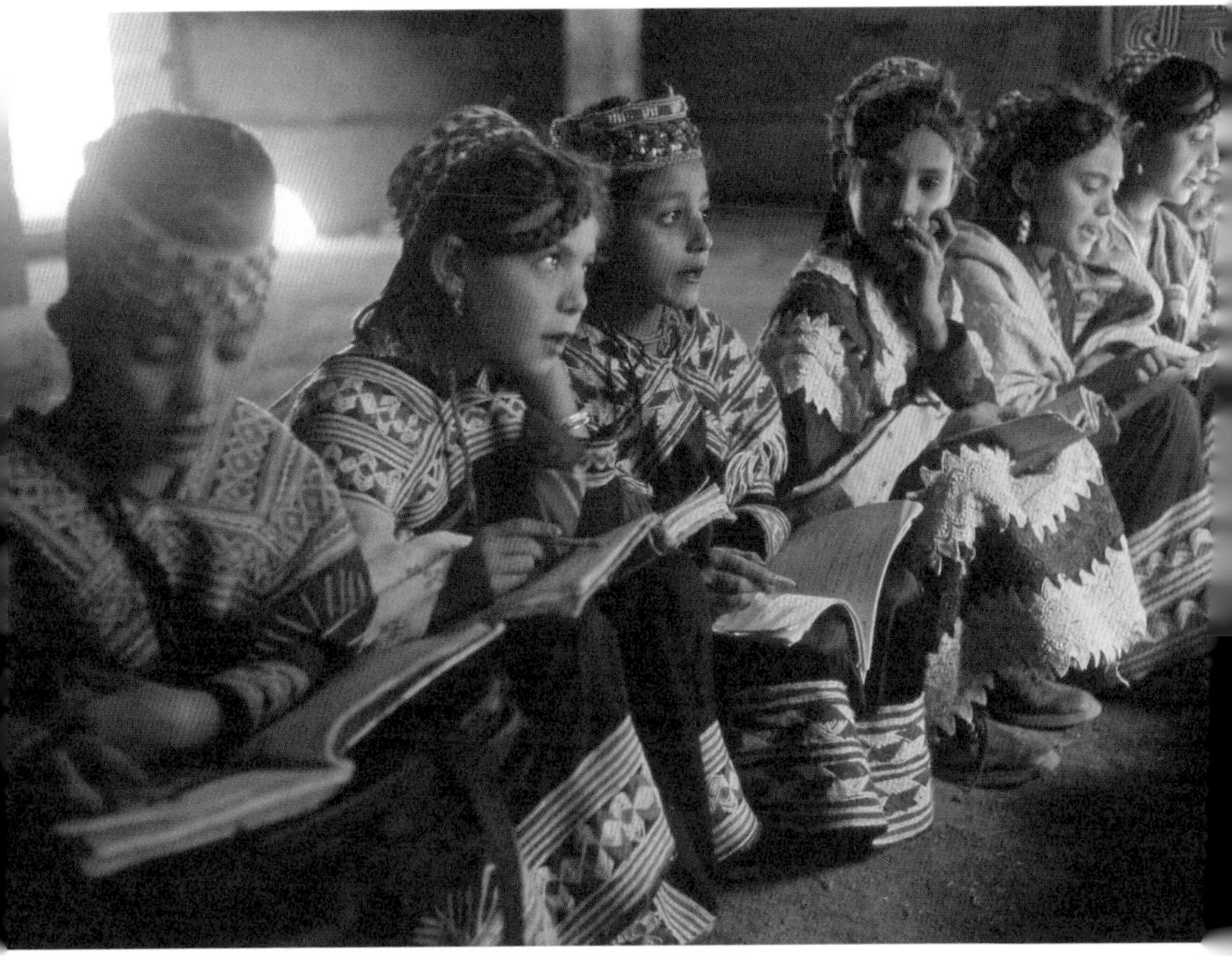

バラングル村にある小学校で学ぶカラーシャの子どもたち。女性は子どものころから刺繍が施された美しい民族衣装をまとっている。男の子は民族衣装ではなく他のパキスタン人男性と同じシャルワーズ・カミュース姿なのがおもしろい

▶カラーシャの暮らすルンブール谷の最奥には岩山が聳えており、彼らは神がふだんはそこに住まわれており、ときおり自たちの村や集落に降りてきてくれると信じている。こうした仰心は古来から日本人が持ち続けてきた感性とかなり近い

カラーシャの女性が身に着ける衣装は刺繍の模様や色合いがひとりずつ異なる。既製品ではなく手製なのがすばらしい。イスラム教ではないためスカーフなどで顔を隠す女性はひとりもいない

斜面をうまく利用して建てられているカラーシャの住居。彼らが暮らしているのはルンブール谷などの小さな谷間なので、土地を有効利用するためにこのような生活形態になったのだろう

チトラールの街の中心部にあるシャーヒーモスクの背後には、天気が良いときにはヒンドゥークシュ山脈の最高峰ティリッチミール（7708 m）をのぞむことができる

第6章——もうひとつの世界の屋根カラコルム山脈

氷河と岩峰に囲まれた「世界最高所の戦場」

カラコルム山脈へわたしが初めて足を踏み入れたのは一九九三年のこと。当時所属していた東京の雲表倶楽部という社会人山岳会を母体にして組織された「日本ガッシャーブルムI峰登山隊」の一員としてであった。発起人だったので、わたしが隊長を務めた。

ガッシャーブルムI峰の標高は八〇六八メートル。世界で一一番目の高さを誇る。わたしたちの目標は、まだあまり登られていない北西壁から無酸素で登頂することだった。高所登山では標高が高くなるほど酸素が薄くなるため、身体能力が低下してしまい、思うように行動できなくなってしまう。そのため酸素ボンベの助けを借りて登山する隊も少なくないが、わたしたちは無酸素にこだわりながら、なおかつ難易度の高いルートからの登頂を目指していた。

結果的には自分たちの力不足で七六〇〇メートル地点から撤退することになってしまったが、世界でも冠たる大山脈の真っただ中での二ヶ月間におよぶ登山活動は、何ものにも代えがたい経験だった。

周囲にぐるりと屹立する名だたる鋭鋒群。世界でも最大級の氷河。紺碧の空。ベースキャンプまで大量の装備や食料を運び上げてくれるポーターたち……。

少しずつ装備や食料を上部キャンプへ荷揚げしては下降し、また荷揚げする。そうして時間を掛けることによってからだを高所に順応させる。クレバス（氷河にあいた空洞）に落ちないよう仲間とロープを結びあう……。過ぎ去った今となってはすべての思い出が何ものにも代えがたい大切なものとなっている。

わたしはこれまで七〇ヶ国以上を訪れたことがあるが、そのなかで最も美しく印象的だった場所を教えてといわれたら、迷うことなくカラコルム山脈の名を挙げるだろう。いや本当のことをいうと、誰にも教えたくない。できるならば、自分だけの秘密の場所にしておきたい。

幸いなことに、わたしがカラコルムの名を挙げても、たいていの人は「?」という反応を示してくれる。そこはヒマラヤとは違うのですか、という反応ならかなりまともなほうだ。

カラコルムの大部分はパキスタンに属していると説明すると、先ほど「?」の反応を示した人は一様に遠くを見る目つきになる。頭に刷り込まれている「パキスタンは危険」という決まり文句がアラームを発するのだろう。

カラコルムという言葉は、「カラ（黒い）」「コルム（岩屑、礫）」を意味するトルコ系の言語が語源となっている。その意味するところはこの地域へ足を踏み入れたならば瞬時に理解することができるだろう。

　氷河の表面は源頭部や側壁から流されてきた黒灰色の岩屑でおおわれ、両サイドには圧搾されて積み上げられた黒々としたモレーン（堆石）が堤防状に累々と連なっている。また氷雪におおわれたヒマラヤの山々に比べると、カラコルムの山は花崗岩でできた鋭角のピークが天高く屹立しているものが多いのが特徴である。

　ネパールとチベットを隔てているヒマラヤ山脈は、カラコルム山脈の南側へもぐりこむようにして延びており、パキスタン国内に位置する世界第七位の高峰ナンガパルバット（八一二五メートル）がヒマラヤの西端とされている。

　そのふたつの「世界の屋根」にはさまれた狭い谷間をインダス川は西へと向かい、途中で氷河から溶け出した白濁した流れを受け止める。そしてインダス川はいくつもの河川を束ねた後、地中に含まれる大量のミネラル分を下流へと押し流していき、やがてパンジャーブ州やシンド州の平野を肥え太らせるのである。

　カラコルム山脈は東西五〇〇キロにもおよぶ大山脈であり、そのスケールは「世界の屋根」とも称されるヒマラヤ山脈とまったく引けを取らない。たとえば世界には標高八〇〇〇メートルを超える高峰が全部で一四座あるのだが、そのうちカラコルムには四座がある（ヒマラヤの最西端に位置付けられているパキスタンのナンガパルバッド峰を入れたら五座になる）。また、標高が高い順に世界の山を並べたとき、上位の百峰のうち約半分はカラコルムの山だ。

それだけの規模を誇る大山脈なのに、一般的な知名度が低いのはどうしてなのだろう。それはやはりパキスタンがイスラム教の国であると同時にインドとの間で長年紛争を抱えているために、悪いイメージが日本人に定着してしまっているからだと考えられる。偏見や先入観というものが新しい世界への扉を閉じさせてしまうのだとしたら、こんなに不幸で残念なことはないと思う。

とはいえ、カラコルム山中にはインドもパキスタンも軍隊を実際に展開させているから、ヒマラヤに比べるとかなり特異な状況であるのは間違いない。両国ともに標高六〇〇〇メートル付近まで軍隊を駐留させている。

そのなかでもシアチェン氷河は「世界最高所の戦場」と揶揄される。全長七〇キロのシアチェン氷河は、中央アジア・タジキスタンのフェドチェンコ氷河（全長七七キロ）に次ぐ世界第二位の規模を誇る氷河だ。

一九八四年に両国の軍事衝突が起きるまではパキスタンが領有していたが、以降は現在に至るまでインドが実効支配している。そのシアチェン氷河からせり上がっている稜線の一角にサルトロカンリという七〇〇〇メートル峰があるのだが、その山は一九六二年に日本パキスタン合同登山隊によって初登頂されている。日パ合同隊というぐらいだから、当時は当然パキスタンの支配下にあった。しかし現在はインド側の山ということになっており、外国隊への登山許可は出なくなってしまっている。

わたしがガッシャーブルムⅠ峰を登るために初めてカラコルム山脈の奥深くに足を踏み入れたと

き、何よりも驚いたのがパキスタン軍の駐留であった。アスコーレ村を出発してからは人が定住する集落はいっさいないが、一〇キロから二〇キロごとに軍の駐屯地が置かれていた。

駐屯地と書くと何かものものしい感じがしてしまうが、実際は数名から十数名ほどの兵士がヘリで運び込まれた小さな白いドーム型の基地に起居しているだけで、特に武装しているわけではない。緊迫感も感じられず、のんびりした雰囲気が漂っていた。暇を持て余した兵士から「お茶を飲んでいかないか?」と誘われることさえあった。

駐留する兵士のほとんどは顔つきから判断するに、カラコルム周辺の民族ではなく、パンジャーブ州やシンド州の出身者が多いように見受けられる。のんびりした雰囲気とはいっても、登山とは縁のない彼らにとってみれば高峰に囲まれた自然の真っただ中に滞在するのはそれなりに過酷なのだろう。聞けば、三週間おきの交代勤務だということであった。

食料や灯油などは定期的にスカルドゥの街の基地からヘリで補給がある。登山のベースキャンプまでは氷河上を延々歩かなければならないのだが、その間にヘリはけっこう頻繁に飛来していた。

「自分たち外国人はいわば人質みたいなものなのさ」

と、聞き捨てならないことを話してくれたのは、ベースキャンプで会ったあるスペイン人の登山家である。彼はわたしと同じI峰を登りに来ており、カラコルムへ入るのは今回が四度目ということであった。

彼の説によれば、こうして外国人の登山隊やトレッカーをカラコルムに滞在させておけば、インド軍は手を出せないのだという。つまりパキスタン側にとってみればわたしたちの存在が抑止力になるというわけだ。もしインド軍が攻撃してきて外国人に被害が出たら、大きな国際問題となってしまう。

まあどこまで信憑性のある話かはわからないが、現実にシアチェン氷河が実効支配されてしまった事例もあるわけで、可能性としてはそういうこともありえるのかもしれない。

その逆のケースもあって、ここ一〇年ぐらい、インドがシアチェン氷河への外国人トレッカーの入域を認めることを検討している、というニュースや噂が立ち現れては消えるということが繰り返されている。

もしそれが現実になるのであれば、わたしは是が非でも一番乗りしたいと考えており、ラダックに在住する旅行会社を営む友人には最新情報をキャッチするようにお願いしている。

ガッシャーブルムI峰は別名ヒドゥン・ピーク（「隠れた峰」の意）と呼ばれ、その名前のとおり、アプローチのバルトロ氷河からは数ヶ所のポイントからわずかに山頂部がのぞめるだけだ。バルトロ氷河は世界第二位の高峰K2（八五一一メートル）の全容を見ることのできるコンコルディアという氷河上の大広場を過ぎると、やがてアブルッツイ氷河へとつながり、ようやくガッシャーブルムI峰のベースキャンプへ至ることになる。

このアブルッツイ氷河をさらにどん詰まりまで遡行した奥にシアカンリという七〇〇〇メートル峰があるのだが、ここがシアチェン氷河の源頭部となっている。一九七九年に日本の登山隊が第二登を果たしているが、一九八四年にインド軍が実効支配して以来、外国からの登山隊は入っていないようである。

わたしはガッシャーブルムI峰登山の二年前に日本山岳会京都支部を母体とする日パ合同ティリッチミール登山隊に参加したのだが、そのときパキスタン側の隊員として空軍将校がひとり参加しており、彼からシアチェン氷河にまつわるおもしろい話を聞いたことがある。

「軍のミッションとしてシアカンリに登ったことがあるんだよ。白い羽毛服に白い手袋、白いブーツといった格好でね。もちろん敵に見つからないためにさ」

使用するテントも白色で、月明かりをたよりにヘッドランプもつけないで登頂したという。

「山頂近くでは雪の上を匍匐前進してね。ちゃんとパキスタン国旗を立ててきたよ」

と、彼はうれしそうに笑った。八〇年代後半の話だというから、シアチェン氷河がインド軍によって実効支配された後のことである。

わたしたちがベースキャンプに滞在中、その近くにはわりと大きなパキスタン軍の駐留地があったから、現在に至るまでおそらくこのあたりが事実上の前線になっているものと思われる。

ところで氷河のことを単に「凍結した川」と思っている方が少なくないので、少し説明しておく。降り積もった雪が圧縮されて、それが自身の重さで徐々に押し出され、まるでスローモーション映像で見る川のようにゆっくりと流動していく氷の塊が氷河である。

氷河によって流動する速度や距離は異なるが、おおかた一年間に数十センチから数メートルぐらいのものだろうか。わたしは二〇一七年に実に二四年ぶりにガッシャーブルムI峰のベースキャンプを再訪する機会があったのだが、記憶にある軍の駐留地の位置が大幅に変わっていて驚いた。計測したわけではないが、数百メートルほども下流に押し流されていたのである。

カラコルムの谷筋に見られる氷河は周囲の崖から崩落してきた土砂が混じり合うため、純白ではなく灰色であることがほとんど

氷河は深いところでは数百メートルに達するところもあるという。そのような深い場所にある氷は数千年前、あるいは数万年前に降り積もった雪が押し固められたものである。谷の上流や側壁からの圧力を絶えず受け続けるため、氷河の形は刻々と変化していく。

その結果、クレバスと呼ばれる巨大な亀裂が生じることがあり、その深さは時として数百メートルにも達する。また隆起した氷の塊が崩壊を繰り返すうちに、氷河の表面に無数の起伏が生じ、ときにはキノコ状の氷塔が出現するなど珍しい風景が見られることもある。

氷河と聞くと、その表面はつるつるで真っ白に輝いているものを想像するかもしれないが、カラコルムにかぎっていえば表層にはゴツゴツした岩礫が敷き詰められ、氷自体にもたくさんの砂利が混じっているため、あまり美しいとはいえない灰白色をしている。

話がカラコルムから飛ぶが、以前、イタリアとオーストリアの国境にあるエッツ渓谷の氷河で五〇〇〇年以上前の男性のミイラが見つかって話題になった。アイスマンと呼ばれたその男性は熊の毛皮でつくった靴を履き、手には銅製の斧を所持していたことがわかっている。その人物はおそらく誤って氷河のクレバスに転落し、そのまま氷漬けとなり、五〇〇〇年かけて氷河の舌端まで押し流されてきたのかもしれない。

日本では長らく氷河は存在しないと考えられてきた。かつての氷河期の時代には存在していたが、せいぜい三〇〇〇メートル級の山しかない温暖な気候の日本ではすでに消滅してしまったと思われてきた。しかし二〇〇九年に富山県の立山・剣岳における調査の結果、夏でも消えない雪渓の下に氷河が残存していることが明らかになっている。

カラコルム・ハイウェイと古代からの道

登山基地となるスカルドゥの街までは首都イスラマバードから飛行機も出ているが、登山隊の場合は装備が大量にあるため運賃が相当かかってしまう。そのためバスやトラックなどをチャーターして陸路で運ぶのがふつうである。

インダス川に沿うようにしてカラコルム・ハイウェイと呼ばれる道路が中華人民共和国新疆ウイグル自治区との国境クンジュラブ峠まで延びている。ハイウェイとはいうものの、実態は険しい断崖を発破によってくりぬいてつくっており、数百メートル下を流れるインダス川に車が転落しないかと走行中はずっと肝を冷やしっぱなしという道路である。

ガードレールもなく急カーブが連続するこの道路を、ドライバーは先行車にけたたましいクラクションの雨を浴びせながらすっ飛ばす。日本だったら絶対に「あおり運転」と認定されてしまうレベルだ。トラックの多くは、「ここまでやるか」と思わず唸ってしまうほど原色をふんだんに使った絵や装飾で過激に飾り立てられている。

カラコルム・ハイウェイは中国とパキスタンによる共同建設で、クンジュラブ峠を越えて新疆ウイグル自治区のカシュガルに至る全長約一二〇〇キロの道路は一九七八年に完成した。建設にあたり両国ともに数百人規模の犠牲者を出したというのも、実際にこの道路を走ってみるとうなずける。ときおりインダス川対岸の黒々とした岩肌に石を積み上げ、岩場を削ってつくった道の跡を見ることができる。集落と集落を結ぶ間道である。カラコルム・ハイウェイが開通する以前はこうした間道をつなぎながら徒歩で旅していた時代があるのだろう。

長安とローマを結ぶ東西交易路としてのシルクロードはただ一本の道だけではなかった。いくつもの枝道が分岐し、交易品だけでなく人間の文化に関連するあらゆるものがそうした道を通じて伝播されたことだろう。断崖に刻まれた崩れ落ちそうなはかない道を見ていると、当時旅をしていた人がひょっこりと現れそうである。

峻険なカラコルム山脈の中心部へと人類が未踏の空白地帯を求めて分け入っていく時代は、一九世紀になるまで待たねばならなかった。

いくつもの峠を越えて　カラコルムの登山・探検史

南下政策をとり領土の拡張を狙っていた一九世紀のロシアに対して、イギリスは英領インドを守るためさまざまな外交手段を講じる必要があった。両国のしたたかな駆け引きは「ザ・グレート・ゲーム」と呼ばれ、自然の大障壁であるカラコルムの地理の全貌を解明することは防衛戦略上イギリスにとって急務であり必要不可欠なことであった。

イギリスはすでに東インド会社を設立することによって植民地経営を行ない、この地域の覇権をさらに強固なものにしようとしていた。その手段として支配地域の正確な地図を作成するためにインド測量局を設立し、地図上の空白部であるヒマラヤ山脈やカラコルム山脈へ積極的に人を送り込むようになる。

カラコルムの盟主といえるK2の標高が明らかにされたのは一八五八年のこと。当時の測量記号である「カラコルム2」がそのまま現在の山名になった。ちなみに世界最高峰エヴェレスト（八八四八メートル）の標高が測定されたのは一八五二年であった。エヴェレストという山名はそのときのインド測量局長官が前任者だったジョージ・エヴェレストの名前からとったものである。

当時の禁断の地への入域には危険が伴ったため、実際の測量にあたってはパンディットと呼ばれる訓練されたインド人があたったといわれている。彼らは巡礼者や僧侶に変装して山中へ分け入った。

カラコルム山脈の大障壁を越えた最初のヨーロッパ人はフランシス・ヤングハズバンドである。イギリス陸軍の将校だった彼は現在の新疆ウイグル自治区のゴビ砂漠を横断した後、ムスターグ峠を越えてカラコルムに入域した。そしてK２をのぞむことができるバルトロ氷河を探索した後、カシミールへ抜けている。一八八七年のことである。

登山を目的としては、イギリス人のマーティン・コンウェイ隊が組織した登山隊が最初だろう。一八九二年にカラコルムの心臓部ともいえるヒスパー氷河、ビアフォ氷河、バルトロ氷河などを踏査した後に、バルトロ・カンリ（七三五〇メートル）の試登を行なった。

一九五五年には今西錦司らが組織した京都大学カラコルム・ヒンドゥークシュ学術探検隊がマーティン・コンウェイらと同じルートをたどり調査活動を行なっている。またその後、バルトロ・カンリは一九六三年になってから東京大学隊により初登頂されている。

K２が初登頂されたのは一九五四年。イタリアのアブルッツイ公が組織した登山隊によってであった。K２が登られた後、カラコルムの高峰は初登頂ラッシュとなり、一九五六年のガッシャーブルムⅡ峰（八〇三五メートル）、一九五七年のブロードピーク（八〇四七メートル）、一九五八年のガッシャーブルムⅠ峰（八〇六八メートル）と続く。

ヒマラヤ山脈を越えた最初の日本人としては河口慧海《えかい》がよく知られているが、カラコルム山脈ではおそらく西本願寺法主だった大谷光瑞《こうずい》が組織した遠征隊が最初だと思われる。大谷らは一九〇二年に新疆ウイグル自治区のカシュガルからカラコルム山脈西端のミンタカ峠を越えてフンザ入りし、その後ギルギットまで旅をしている。

わたしもこれまで二回、コンウェイ隊が最初に通ったビアフォ・ヒスパー両氷河を連続して踏査したことがあるが、総計で一二〇キロにもおよぶ氷河全体には氷の裂け目であるクレバスが無数に口を開けており、ロープを結びあって通過しても相当に怖い思いをする箇所があった。

今から百年以上も昔には当然、現代のような登山装備などはなく、また満足な地図さえなかった。そのような時代に地理的空白部であったカラコルムの最奥部へと突き進んでいった先達者たちには頭が下がる思いである。

フンザ人ガイドとバルティ人ポーター

カラコルムのバルトロ氷河を遡行する登山隊やトレッカーは、氷河の舌端の手前にあるパイユというキャンプ地で休養を兼ねて連泊するならわしになっている。というのは、いったんパイユを過ぎてしまうと、あとはしばらく氷河の上で寝泊まりすることになるからだ。

パイユは樹木が茂り、土の地面が露出するいわば「最後のオアシス」。登山隊やトレッカーは山麓の村から連れてきた山羊をポーターたちにプレゼントして、以降の過酷な氷河行に対して感謝の気持ちをあらわすことになっている。

本来は山麓の村で放牧と農業を生業としているポーターたちにとって、山羊の解体は実に手慣れたもので、アッラーの神への祈りと共に首を切り落とされた山羊は見る間に肉塊となっていく。そして細かく切り分けられた肉と内臓は各自に平等に分配されることになる。登山隊の規模が大きいときには、山羊の代わりにヤクや水牛を連れていくこともある。

分配した肉は煮込んでカレーにして食べてしまうが、なかには氷河に穴をあけてそこに埋め込むこともある。登山隊の荷物を運び終えて帰路につくとき、その肉を回収して家族へのお土産にするのである。

カラコルム山麓の春の訪れは遅い。首都のイスラマバードでは四月に入ると猛烈に気温が上昇し、日中は外出するのも覚悟がいるほどになるが、標高が二〇〇〇メートルから三〇〇〇メートルのカラコルム山麓の村々には、日陰にまだ残雪がみられる。

五月の声を聞くと、カラコルムの登山基地となるギルギット・バルティスタン州のスカルドゥ周辺に暮らすバルティ人の男たちはそわそわと落ち着かなくなる。それはこの時期、世界各国からの登山隊が集結しはじめるからだ。

六月から八月にかけてはインド亜大陸の東、ベンガル湾周辺で発生したモンスーンが発達するため、その直撃を受けるヒマラヤ山脈で登山が行なわれることはほとんどない。高所においては連日の雪と嵐に見舞われるからだ。

しかしヒマラヤ山脈の北西に位置するカラコルム山脈ではこの時期、モンスーンの影響を受けることがあまりなく晴天の日が続く。ヒマラヤ山脈が盾となって湿った大気を遮るからである。したがって登山隊の多くは七月から八月中旬までに登頂する計画を立て、そこから逆算して登山期間をはじき出すことになる。

目的とする山のベースキャンプまでは、山麓の村からポーターたちの力を借りて荷物を運ばなくてはならず、片道だいたい一週間から一〇日前後かかるのがふつうだ。

高峰に登るためには、高山病にならないように十分に高度に対する順化活動を行なう必要がある。そのためベースキャンプを発ってから山頂を往復するまでの登山期間は約一ヶ月間、場合によっては二ヶ月間程度とることもある。

こうして期間を逆算すると、登山隊は基地となるスカルドゥの街へは五月から六月にかけて到着しなくてはならないということになる。

かつてはスカルドゥからジープでキャラバンのスタート地点となる村まで入り、そこで集まってきた村人をポーターとして雇用し、ベースキャンプまで食料や装備を運搬してもらうことがふつうだった。しかし、世界各国からの大勢の登山隊やトレッキング客を迎えている現在の状況ではそのやり方は難しくなっている。

登山隊の規模にもよるが、たとえばK2のベースキャンプまで片道十日程度のキャラバンを組まなければならないので、たとえば十名の隊員がいるとすると、通常は数百人単位のポーターの雇用が必要となる。

　ポーターがキャラバン中に必要とする食料や装備を担ぐ人間も必要となってくるため、登山隊の規模が大きくなるほどダルマ山式に雇用するポーターの数も増えていくことになる。ちなみに日本人が初めてK2の頂に立った一九七七年の登山隊は、総勢で二〇〇〇人ほどのポーターを雇用している。カラコルム山麓には数十人から数百人程度の人口を抱える村が散在しているが、急にポーターが必要だといわれてもなかなか対応できるものではない。

　さらにカラコルムにおける登山隊が隆盛を見せはじめた七〇年代以降、賃金の支払いなどをめぐってポーターと登山隊が衝突しトラブルを起こす例が目立ってきた。キャラバン途中に賃上げを要求したポーターとの話し合いが決裂し彼らを殴打してしまった日本隊の事件や、ポーターによるストライキが解決せずベースキャンプまで荷揚げができなかった登山隊など、文化の相違や言葉とコミュニケーションの不足から問題が起きる例が増えてきたのである。

　問題がはらんでいる場所にビジネス・チャンスが潜んでいるとはよくいわれることだが、その後、登山隊やトレッキング隊に対して便宜をはかり、登山がスムーズにいくための手配を専門に行なう会社がいくつも生まれた。

　そうした手配会社の多くは地元のバルティ人ではなく、フンザ人が興したところが多い。フンザ人は、カラコルム・ハイウェイを中国との国境に向かう途中の山間部に暮らす民族だ。春先にはアンズやリンゴの白い花があたり一面に咲き乱れ、桃源郷としてもよく知られている。

わたしがいつも登山やトレッキングをするときにお世話になっている現地手配会社は、フンザ出身のナジール・サビールさんが設立したもので、スタッフの多くもフンザ人である。ナジールさんは登山家としても名を知られており、一九八一年には早稲田大学隊の一員としてK2に登頂した。このときは新ルートである西稜からの初登攀であり、パキスタン人として二人目のK2登頂者となった。

フンザは一九七四年までは「ミール」と呼ばれる藩王が統治する小さな王国であった。そのためフンザ人としてのプライドや帰属意識が非常に高い。また、地勢学的に中央アジアやバルティスタン、それにカシミールや中国、アフガニスタンに取り囲まれていることから、それらの民族と交流してきた歴史が長い。

登山隊の荷物を担ぎ、氷河や岩場の難所を仲間と助け合いながら進むポーターたち

そのような歴史的、文化的背景を持っているためか、多くのフンザ人はいくつかの言

語によく通じており、他の民族との協調性が高い。空気を読むのに敏感で、勘が鋭い。たとえば日本人同士が話をしているとき、言葉はわからなくともどのような内容のことを話しているかはだいたい見当がつくのだという。

もともと争いを好まない温和な性格であることも相まって、交渉や調停の能力が非常に高い。わたしもこれまで、彼らが粘り強く交渉して相手から驚くほどの譲歩を引き出した場面に何度も遭遇したことがある。

世界各国から集結する登山隊は、国や民族性によって話し合いの仕方も考え方も当然ながらそれぞれ異なる。登山の計画や方法そのものもおそらく違うだろう。そうした海千山千の登山隊と現地のバルティ人ポーターとの間をうまく取り持つ潤滑油として、フンザ人の存在がクローズアップされ重宝されるようになっていったのである。

手配会社から派遣されるフンザ人ガイドは、クレバスで寸断された氷河上で適切なルートを見つける道案内役はもちろんのこと、登山隊のための食料の調達からジープの手配、ポーターへの賃金の支払い、行政機関への連絡まで、ありとあらゆる雑務をこなすことが求められる。そのなかでもポーターの管理は特に重要な仕事なのである。

登山隊を支える現地スタッフの仕事と役割は厳密に分けられている。ガイドの下には数名のアシスタント・ガイドがおり、また並列する形でコックおよびキッチン・スタッフがいる。登山隊員と一緒に歩くこともあれば、先まわりしてキャンプ地にテントを張ったり、料理をつくったりする。

これらの役職はだいたいフンザ人が担うことが多い（もちろん例外もあってバルティ人が担当することもある）。

これらフンザ人現地スタッフは登山隊の外国人と毎日顔を合わせ、直接指示を受ける機会も多いため、日数を重ねるうちにお互いの性格もわかってきて、単なる仕事上の付き合いを越えて友人関係に発展することも少なくない。

登山隊の外国人と直接的な関わりを持つ役職にフンザ人が多く起用される理由は、先ほど述べたように彼らが温和な性格で交渉や実務能力に長けているためであるのだが、そういったフンザ人に特徴的な能力というか気質はどのようにして獲得されたものなのだろうか。

それを解くヒントはいくつか思い当たる節がある。ひとつにフンザ人の宗派がある。彼らもまたイスラム教を信仰しているのだが、シーア派のなかのイスマイリ派という、わりとマイナーな宗派に属している。イスラム教は大きく分けるとスンニー派とシーア派に分類される。

スンニー派もシーア派も一日に五回の礼拝が義務付けられているが、イスマイリ派は二回のみでよい。しかも礼拝はかなり形式的なものである。わたしには数十年来の付き合いのフンザ人の友人知人が何人もいるが、いまだそのうちの誰ひとりとして礼拝している姿を見たことがない。

イスマイリ派には他のイスラム教のような礼拝のためのモスクはない。その代わりに、ジャマーアト・ハナと呼ばれる集会所がある。イスラム教では聖典クルアーン（コーラン）に書かれてある教義に沿った祈りや暮らしが求められるのに対し、イスマイリ派はどちらかというと神秘主義的な教説のほうに重きを置き、自分の信仰を表に出そうとはしない。

イスラム教ではイマームと呼ばれる宗教指導者に従うことが求められるが、それはイスマイリ派でも同様で、現在ではアガー・ハーン四世のプリンス・シャー・カリーム・アル・フセイニがイマームの地位にある。頭文字にプリンスが付いているのは彼がイギリスの王室と姻戚関係にあるためであり、そのため宗教指導者というよりは精神的指導者といったほうがより正確かもしれない。

スイスのジュネーブに生まれたアガー・ハーン四世は現在フランスに居住しており、ヨーロッパにおいてはイスラム教の一宗派の指導者というよりは、王室関連のセレブとして扱われているようだ。かつてアメリカの『フォーブス』誌が世界の王室の大富豪という特集を組んだときには、堂々と十位にランクインしている。

アガー・ハーン四世は他にも実業家、慈善活動家の顔を持ち、世界各国で病院や大学、学校などの拡充に力を入れている。特に女子教育の促進に熱心に取り組んでいることもあり、フンザでは女性にかぎらず人々の教育にかける熱意は非常に高いものがある。

フンザを少し歩いてみればすぐに気が付くと思うが、顔や髪の毛を隠していない女性の姿がふつうに見られる。写真撮影にも気軽に応じてくれ、なかには向こうから撮ってくれと頼まれることさえある。

それはたぶん高いレベルで彼女たちが女子教育や高等教育を受けていることと関係しているのだろう。イスラム教が信仰されている地域で女性がこれほど開明的なところをわたしは他に知らない。

フンザ人の家庭や会社のオフィスを訪問すると、居間や応接室にたいていアガー・ハーン四世の肖像写真が掛けられている。もっともイスマイリ派は世界二五ヶ国で信仰されているといわれ、フンザ人だけの宗派というわけではない。パキスタンではカラチにもたくさんのイスマイリ派の信徒が存在するという。

「ぼくたちフンザ人は稼いだお金の一割を必ずアガー・ハーンの財団に寄付することになっているんだ。その基金を使って学校や病院を建てているというわけさ」

長年付き合っている友人がそのように教えてくれた。そのような仕事は本来、国や地方の行政の仕事だが、彼らに言わせれば「パキスタン政府は国民が本当に必要としているところにお金を使わない」から、アガー・ハーンが代行しているのだ、ということになる。

ひとつだけ確かなことは、フンザ人のアイデンティティにはこのイスマイリ派に属していることが大きく関与しており、それによって彼らが一般的なイスラム教徒とは一線を画した印象を相手に与えることだ。

さらに各々の教育レベルが高く、いくつかの言語を操ることができ、温和な性格であるという特性が、わたしたち外国人に安心感を与えるのだと思う。彼らもいわゆる「カレー」を食べるが、味付けは辛くなくてあっさりしている点もわたしたちと似ている。

フンザには、「フンザ・パニ」という一種の隠語がある。「パニ」は水の意味。フンザの水というのは、アンズやリンゴからつくられた透明な蒸留酒を指す。最近でこそパキスタン政府による規制が強まり、あまり大っぴらにフンザ・パニは入手できなくなったが、それでも現在も家庭で作っているところは少なくない。

フンザで観光客が集まるカリマバードのバザールへ行けば、運がよければクンジュラブ峠を越えて中国から持ち込まれた缶ビールや瓶入りの白酒などを手に入れることができる。こうしたイスラム色が薄い点も外国人にとっては乗り越えるべき文化的障壁が低く感じられ、フンザ人と意思疎通しやすい理由なのかもしれない。

ただフンザ人というのは民族学的に実はよくわかっていない人たちでもある。ブルシャスキー語という独自の言語を話すのであるが、周辺の民族との間で関連性はまったくなく、孤立した言語とされている。金髪・碧眼で肌の色が白い人も少なくない。そういう点では民族的には中央アジアや中東に近い感じがある。

紀元前にアレクサンダー大王が東征した際の軍隊の子孫ではないかと疑われた時期もあったが、現在ではその説は完全に否定されているようだ。イスマイリ派という宗派がイランやシリアにおいて発展してきた歴史はある程度明らかになっているので、フンザ人のルーツはおそらくそのあたりであると考えられるのではないだろうか。

登山隊を真に支えているのはバルティ人ポーター

おもしろくないのはポーターのバルティ人たちである。カラコルム山脈の大部分を占める地域は

「バルティスタン」と呼ばれる。「バルティ人の国」という意味だ。自分たちの国なのにどうしてよそ者のフンザ人の指示に従わなければならないのか、という不満がわいてくるのはある意味で当然だろう。

そこでフンザ人との間で仲を取り持つ役目の人が必要になってくる。そもそも装備や食料を運ぶバルティ人ポーターはかなりの大人数となるため、彼らを統括する人間が必要だ。そのためポーター・サルダールと呼ばれる役職が置かれることになる。

サルダールとは、大英帝国がインドを支配していた時代に使用された「隊長」を意味する英語の「サーダー」が語源だと思われる。インドやパキスタンでは英語の「R」を読むとき、舌を思い切り巻いて「アルル」という発音になる。だから「サーダー」は「サルダール」になったのである。

わたしがこれまで何度かお世話になったサルダールに、アリ・フセインという名の男がいる。山麓のティサール村に暮らす六人の子持ちで、最初に会ったときは三七歳だった。

「何が大変かって、それは人を集めるときと解雇するときですよ。百人ものポーターを自分の村からだけ選ぶようなことはできません。他の村との関係がありますから。いろいろな村に声をかけて七、八人ずつ来てもらうのです」

「一番困るのが、途中で解雇するときですかね。みんなが食べた食料の分だけ荷は減るから、キャラバンの途中で何人かのポーターを順々に帰すことになるんです。でもその順番がね」と、アリさんは苦笑した。

誰を先に帰すか、それを決めるのが一苦労らしい。ポーター志願者はみな、稼ぎたくて山へ入る。だからできるだけ最終目的地まで荷物を運びたいに決まっている。こちらを立てれば、あちらが立たない。約束が違うじゃないかと口論になることもしばしばだという。会社でいえば上司と部下の板挟みとなる中間管理職みたいな立場である。

しかし辛いことだけではない。一般のポーターは約二五キロの荷を担がねばならないが、サルダールは自分の身のまわりのものだけを小さなザックに入れて運ぶだけでよい。しかもサラリーはかなりよい。

このサルダールという仕事は一種の名誉職で、だれにでもできるというわけではない。人格と教養が求められ、英語を含むいくつかの言語も話せたほうがよい。さらにはガイドのフンザ人や外国人登山者とのコミュニケーション能力も必要とされる。気配りと同時にやさしさ、そして厳しさが求められる。村や地域ではそれなりに尊敬されるポジションなのである。

「登山シーズンの五月から九月までは休む暇もありません。往復二週間程度のキャラバンがふつうのバルトロ氷河などへは毎年六回から七回ぐらいは入っています。冬の間は村ではまったく現金仕事がありませんから、この時期に集中して稼ぐんです」

アリさんは「六回か七回」を強調して力説した。

冬は農作業ができないので、せいぜい山羊やヤクの世話をするぐらいで、凍えるような寒さということもあってだいたい家にこもっていることが多いという。

「だからバルティ人はみんな子だくさんになってしまうのです」

六人の子どもの父親であるアリさんはそう冗談をいうと、高らかに笑った。

ガッシャーブルムI峰の登山隊員としてカラコルムに入ったとき、初めて会ったバルティ人にわたしは妙に懐かしい感じというか不思議な親近感をおぼえた。現在ではイスラム教のシーア派に属する彼らとはあまり文化的な接点はなさそうなものだが、わたしたちとはどこか遠くで血がつながっているというか、共有するものを秘めているように感じた。

キャラバンに出発する朝は、いつもちょっとした騒動が起きる。ガイドとポーター・サルダールがリストを手に登山隊の荷物を仕分けしていくのだが、装備などは形状や重さがそれぞれ異なるため、その調整が必要だ。吊り下げ式のバネ計りを使ってひとつずつ計量し、ひとり分が二五キロになるようにまとめていく。

寝袋の下に敷くマットレスは軽いのだが、そのぶん荷はとてもかさばる。灯油缶はコンパクトでパッキングしやすく思えるかもしれないが、背負っていると震動で蓋のところから灯油が漏れだしたりする。キッチンテントの支柱は長いうえに重い。食料は運がよければキャラバン中に消費されて、途中から軽くなることもあるが、あまり早く消費されてしまって空荷になると途中で帰される怖れもある。

できればパッキングしやすくて背負いやすい形の荷物を持ちたいというのは誰もが当然考えることだ。だからどの荷物を自分が担当するかで駆け引きが始まり、ときにはポーター同士で争いにな

ポーターたちは幕営場に着くと石垣を組み、ブルーシートを張って中で寝食ができるよう準備する

ることもある。
　ポーターは分配された二五キロの荷物以外に自分の個人装備も持たなければならない。といっても、基本的に着の身着のままなので、寝るための毛布や寝袋、厚手の上着、雪氷の上を歩くためのサングラスぐらいのものである。
　彼らが道中に食べる小麦粉や砂糖、紅茶などはすべて支給されるため、全体の荷物の中に含まれる。政府観光省は登山隊やトレッカーに対して、ポーターのために食料や装備品を支給することを細かく決めているが、最近ではそれをお金に換算してガイドが支払う方法をとることが多いようだ。
　彼らはキャラバン中、登山隊の本体とは別行動をとる。荷物のパッキングができ次第、彼らのペースで順々に出発していく。早朝出発する人もいれば、登山隊が出てからのんびり出発する人もいる。宿泊するキャンプ地は決まっているので、到着したらその日の仕事は終わりとなる。荷物を置いて自分たちの寝場所を確保し、チャパティを焼いたり昼寝したり銘々が好きなように過ごすのである。

ポーターがあるときお茶に招いてくれた。わたしたち登山隊員は幕営地でテントを張るが、彼らは石を積み上げて円形に陣営を構築し、その上に登山隊から支給されたブルーシートを屋根代わりにかけて臨時の住居とする。地面がやがて氷河上になっても基本的な形は変わらない。

この石組みの内部で灯油ストーブを焚くとけっこう暖かい。ストーブにかけられた鍋の中をのぞくと、赤茶色のチャイが湯気を立てていた。お世辞にもあまり清潔とはいえないカップに注いでくれたチャイを一口すすって、想像とまったく違う味に思わずむせそうになった。

しょっぱいのである。塩入りのミルクティーだった。わたしはチベットで飲んだバター茶を思い出した。

バルティ人ポーターらは山へ入っている間は、食事といえばだいたいこのしょっぱいチャイとチャパティ（小麦粉を薄くのばして焼いたパン）を口にしている。重曹を混ぜてふっくらしたパンを焼いたり、植物油を使った揚げパンのプラタを口にすることもあるが、基本的にはチャイとパンだけである。

焼き上がったばかりのチャパティは本当にうまい。歩いているときに見つけた行者ニンニクの一種を石で叩き潰してチャパティにつけて食べることもあれば、登山隊が支給した砂糖と粉ミルクをたっぷり入れた甘いチャイに舌鼓を打っていることもある。

食べものの話が出たのでついでに記しておくと、フンザ人のコックはたまにフンザ料理を作ってくれる。わたしが一番うまいと思ったのは「ダウドゥ」だ。山羊肉でスープをとり、玉ねぎやジャガイモなどの野菜を茹でて塩で味付けした後に、よく練った小麦粉を細くちぎってスープに浮かべて出来上がり。

わたしが暮らす大分県の郷土料理である「だんご汁（大分では、だご汁と呼ぶ）」とそっくりだ。またこれと似た料理はチベットやラダックにもあり、こちらはトゥクパと呼ばれる。氷河の上で宿泊するときなど寒いときにこれをフウフウやりながら食べるのは格別だ。バルティの人も同じようなものを口にするらしい。

ポーターへのサラリーは日当ではなく、「ステージ」と呼ばれる単位で支払われる。これはカラコルム登山の黎明期にその山域へ最初に入った登山隊が幕営した場所を基準にして、幕営地から次の幕営地までを1ステージとして計算する方法である。

その後、登山隊が多数入ることによってルートが明確になり、歩く時間が短縮されたとする。そして2ステージ分を無理なく一日で歩きとおすことができたとしても、この日は2ステージ分のサラリーをポーターに支払わなければならない。

ポーターにしてみれば、できれば一日で2ステージあるいは3ステージ進みたいところだ。そのほうが1日あたりに稼げる日当が多くなるからである。

ところがここで問題が生じる。登山隊やトレッカーによっては、天候や体調次第で同じ幕営地に停滞する者が出てくる。あるいはわたしのようにゆっくりと周辺の風景を撮影したいために宿泊を延長するケースもあるだろう。

停滞日は2分の1ステージ分のサラリーが発生するのだが、ポーターにしてみればどんどん進んで早く仕事を終わらせれば、また次のポーターの仕事にありつける。そのほうが当然、効率よく稼ぐことができる。しかし登山隊にしてみれば自分たちの都合を最優先するのは当然のことだ。

そういうとき、フンザ人ガイドとポーター・サルダールが登山隊とポーターの間に入って調整を行なうのである。食料を余分に支給するとか、チップを弾むとか、次回は優先的に仕事をまわすとか、そういう取り決めが交わされる。

ポーターたちの本来の生業はほとんどが農業と放牧である。村では小麦を中心にトウモロコシ、雑穀、ジャガイモなどをつくっている。山羊やヤクは、夏の間は谷筋をつめ上流部の緑が多い場所で放し飼いをして、冬季は自宅の屋上などに貯えた作物の残渣や雑草などの乾草を食べさせる。

山間部の狭い耕地では収量もしれており、どちらかというと自給自足的な農業といえるだろう。農業にしても放牧にしても登山シーズンと重なるため、実際に労働につくのは女性や子ども、それに老人が多い。

登山ポーターは割りのいい仕事で、バルトロ氷河やビアフォ・ヒスパー両氷河などを踏破する一〇日間から一四日間ぐらいの行程で、チップを含めると一万ルピー（約一万六〇〇〇円）ほどの収入になる。パキスタンの物価は日本と比べると大変安く、大衆食堂では一食が一〇〇円程度で食べられるし、小学校教師の初任給は月に五、六〇〇〇ルピー程度である。

しかし前述のアリさんは、「夏に稼いだ分は冬に全部消費してなくなるよ」と、照れていた。カラコルムの山麓という辺境地においても、最近は街の学校へ送る子どもたちの教育費など何かと現金が必要なことが増えているのだという。

カラコルムの周辺にはさまざまな民族が暮らしており、その言語系統も異なっている。バルティ語の他、ブルシャスキー語、ワヒ語、シナ語、コワール語などがそれぞれの民族集団によって話されている。

現在は国境で隔てられたり、カシミール問題のように係争が続いていることによって、自由な往来は制限されているが、古来からこの地域はシルクロードの一部であり、トルコ系、イラン系、チベット系の他、中国やインド、パンジャーブ平原からも人々が往来し、交易を通じて移動と定着を繰り返してきたからである。

バルティ人は五、六〇〇年ほど昔にチベット方面から移住してきた人々の末裔といわれている。この点は、ネパールの山岳地帯に暮らすシェルパたちとよく似ている。わたしが最初、彼らに何となく親近感を覚えたのは、自分と同じ民族的・文化的バックグラウンドをもっていることが理由なのかもしれない。

実際、チベット人や日本人とよく似た顔立ちの人もいる。スカルドゥの街の郊外には、八世紀ごろに彫られたと推測される高さ五メートルほどの摩崖仏も残存しており、骨董屋では建築現場から出土したという仏教徒が身に着ける古い装身具などが並べられているのを見ることができる。

そうかと思えば、バルトロ氷河への入り口にあたるシガール村にガイドの友人アジャーズが暮らしているのだが、彼の瞳はきれいな緑色だ。彼の説明によると、アジャーズの家系はシガール村でも最も古い一族で、六〇〇年ほど前に祖先はカシミール方面から移動してきたと伝えられているという。彼の暮らす家の一部には、その当時のものだという彫刻が施された木の柱が残っている。

おそらく今から五、六〇〇年前のある時期に、どういう理由かはわからないが、ヒマラヤからカラコルムにかけて民族の大移動があったのではないかというのがわたしの考えだ。

バルティ人がかつてチベット方面から移住してきた民族であることは疑いようがなく、なかでも彼らの言語であるバルティ語にその証拠を見つけることができる。

数字を教えてもらったとき、非常に驚いた。「1・2・3・4・5」の発音が、「チー、ニ、スム、ジー、ゴ」なのである。前述のように、チベット語もほぼこれと同じ発音だ。日本語とチベット語の数字の発音がよく似ていることは知っていたが、数字に関してはバルティ語と日本語は兄弟ということになる。わたしが彼らに抱く親近感が一気にふくらんだ瞬間だった。

フンザ人ガイドとバルティ人ポーターは意思疎通の際、パキスタンの公用語であるウルドゥ語を共通語として使用している。ただし昔から異なる言語集団同士が接触してきた歴史がこの地域にはあるから、互いに「話せなくても、理解はできる」人たちは少なくない。

さらに人々は異民族に対して実に寛容だ。文化や考え方が異なったとしても、いつも互いに納得するまで時間をかけて話し合うのには本当に感心する。だから彼らが互いに罵り合ったり怒ったりする姿を見ることは稀である。

とことん話し合うことは、相手を理解するための第一歩である。彼らを見ていると、ホンモノの民主主義というのはこういうものではないだろうかと思う。わたしはカラコルムを訪れるたびに、多民族が共生していくとはどういうことなのかをいつも教えられる思いだ。

第7章——三蔵法師もかつて目指した桃源郷スワート渓谷

銃撃された摩崖仏《まがいぶつ》

取材を終えてペシャワールの街へ戻ってきたときのこと。携帯電話の着信音が鳴った。電話がつながると、首都イスラマバードに住む旧知の友人スルタン・ハーンさんが大きな声で勢い込んでしゃべり始めた。

「船尾さん！　無事だったんですね。よかった。どうして電話してくれなかったんです？　いまどこにいるんですか？」

矢継ぎ早に繰り出される彼の声から、何か只事じゃないなという感じを受けた。

「スワート渓谷の田舎のあたりをうろうろしていたんです。電波はあまり入らないようでしたよ。それよりどうしたのです？　何かあったのですか？」

これからバザールへ行ってチャッパル・カバブ（「サンダルの形をしたカバブ」という意味。パキスタン風ハンバーグでペシャワールの名物料理）でも食べようとのんきに構えていたわたしは、スルタンさんの切迫した声に押されて思わず姿勢を正した。

「銃撃されたそうですよ、船尾さんが訪れると言っていたあの摩崖仏が。何日か前のテレビのニュースで流れたんです」

スルタンさんの話によると、ジェハナバード郊外にある摩崖仏が武装した何者かのグループから発砲を受けたのだという。村の名前を取って通称「シャホーレイのブッダ」と呼ばれているこの摩崖仏は巨岩ののっぺりした面に彫られた釈迦牟尼像で、岩の基部から五メートルほど上部にまるで座禅したまま宙に浮かぶかのような格好で残されている。

後述するが、パキスタンに残存するかつてのガンダーラ文化の名残である摩崖仏や石仏の多くは、像そのものが破壊されたり、顔の部分がハンマーなどでそぎ落とされてしまっている。だからシャホーレイのブッダのようにほとんど損傷のない摩崖仏はたいへん貴重なものなのである。

犯人たちは逃走したので、何者の仕業であるかはわからないものの、スルタンさんは「タリバンだろう」と断言した。実はわたしがスワート渓谷へ撮影に行ってくると話したとき、彼に強く引き留められた。その理由も「いまはタリバンが勢力を拡大しているから危ない」というものであった。

アフガニスタンがアメリカ軍によって攻撃を受けタリバン政権が崩壊したのは六年も前の二〇〇一年のことである。その後、タリバンが活動していたアフガニスタン国内やパキスタンとの国境付近では治安がかなり回復しつつあると耳にしていたので、スルタンさんから忠告を受けてもわたしは「大丈夫だろう」と勝手に判断して、スワート入りを決めたのである。

しかしこの件の後、あらためて現地の状況を調べ直すと、とてもじゃないが大丈夫ではないことが判明し、思わず冷や汗が出た。そしてあらためて最新状況については現地のパキスタン人の意見を第一に取り入れなければいけないことを痛感したのである。

タリバンは、あの「タリバン」ではなかったのである。どういうことかというと、このあたりのことは外国人には非常にわかりにくい部分なのだが、スワート渓谷で勢力を伸ばしつつあったのは「パキスタン・タリバン運動（TTP）」という別の組織であった。

かつてのアフガニスタンのタリバン政権は急進的なイスラム原理主義政策をとっており、もともとパキスタン軍の統合情報局（ISI）の支援を受けていた。そのタリバン政権はアメリカ軍の攻撃を受けて崩壊してしまったが、彼らの思想の影響を受けた人たちは少なくなかった。そうした人たちがパキスタン国内のマドラサと呼ばれる神学校で学ぶうち、タリバンの思想の流れを汲むあらたな組織が次々に誕生することになったのである。

イスラム教の聖典クルアーン（コーラン）の法体系である「シャリーア」の下に、厳格なイスラム国家を建設しようというのが彼らの目的とするところで、それらの組織を統合して産声を上げたのがTTPであった。

タリバンは「学生」という意味だが、同じタリバンという看板を使っても、アフガニスタンのタリバン政権はパキスタン軍から支援を受けていたのに対し、新しい組織としてのTTPタリバンは学生を中心とするその理念に共感した人々からの寄付が主な資金源である。

だから同じタリバンという名前が付いても両者の性格や目的はまるで異なっており、ＴＴＰは厳格なイスラムの教義の導入を政府に求める草の根的な反政府運動としてスタートしていた。

そのＴＴＰは、わたしがスワート渓谷を訪れていた二〇〇七年に勢力を急拡大させ、その後の数年間はこの地域で完全に権力を掌握するまでになっていた。ちなみに後に最年少の一七歳でノーベル平和賞を受賞することになるマララ・ユスフザイは、二〇一二年にＴＴＰによってスワート渓谷のミンゴーラという街で銃撃されている。

ＴＴＰの方針には、女子教育を禁止することも含まれていた。父親が女子校を経営していたこともあり、マララは女子も教育を受けるのは当たり前という家庭で育った。そしてＴＴＰの方針に反対する意見をイギリスＢＢＣ放送のブログに書いたため、それが彼らの逆鱗に触れたのが銃撃された理由であるとされている。

話をシャホーレイの摩崖仏に戻そう。スワートの中心地ミンゴーラから「スズキ」に乗って北のジャハナバードへ向かう。「スズキ」というのは乗り合いタクシーのことで、軽トラの荷台を改良して向き合うように長椅子が取り付けられ、その上に幌が被せられている。

パキスタンではどの街へ行ってもこの乗り合いタクシーが走っており、「スズキ」の愛称で親しまれている。運賃が安いうえ、合図するとルート上ではどこでも乗降させてもらえるため、まさに市民の足そのものといっても差し支えない。

日本を代表する自動車メーカーのスズキがパキスタンで四輪車の生産を始めたのは一九七五年の

こと（当時の社名は鈴木自動車工業）。一九八二年にはいわゆる「軽トラ」の生産にも乗り出した。日本の軽自動車はエンジンが六六〇ccという規格で統一されているが、パキスタンでは道路事情が悪いことなどから八〇〇ccのエンジンを搭載。

丈夫で悪路に強い、小まわりが利くという点が評価され、あっという間にパキスタンの市場を席巻することになったのである。ちなみにその後日本から中古車が大量に輸入されるようになり、ホンダやダイハツなどの軽トラも乗り合いタクシーに改造されたが、それらも総称して人々は「スズキ」と呼んでいるのがおもしろい。

沿道に広がっている田園風景やその背後につらなるゆるやかな山なみは、どこか日本の田舎の光景を思わせるところがある。向かい合わせに座っているパキスタン人の姿がなければ錯覚しそうだ。わたしが訪れたのは八月下旬だったが、水田に植えられた稲は株がよく分けつして青々としていた。

そう、スワート渓谷では水田で米がつくられているのである。カレー文化圏に属するパキスタンでは、インドやバングラデシュがそうであるように一般的に品種は長粒のインディカ米である。なぜなら炊き上がりがさらりとしてパサパサしているインディカ米のほうがカレーの汁がよくなじむからだ。

ところがスワート渓谷でつくられているものは、丸粒で粘り気のあるジャポニカ米が主流である。わたしはカラコルムやフンザの辺境地帯をこれまで何十回もトレッキングしてきたが、現地の手配エージェントにはいつもこのスワート米を含めて用意してもらっていた。インディカ米のカレーもうまいが、やはり疲れたときや体調が悪いときなどには日本のお米に似た味のジャポニカ米が恋しくなるからである。

この地域に米の栽培法が伝えられたのはいつごろのことなのか、自分でも少し調べてみたのだが、よくわからなかった。最初は住民がジャポニカ米のほうを好むのかと推測したが、どうやらそうではないようだ。ジャポニカ米を育てているのは単に気候が関係しているためらしい。

一般的にジャポニカ米のほうが耐寒性は高いことがわかっている。スワート渓谷の中心地ミンゴーラは標高が約一〇〇〇メートル。そして田園は標高二〇〇〇メートル付近まで広がっている。背後にはゆるやかな山なみがつらなっている。そのため夏でも朝晩は少し冷え込む。このような場所ではインディカ米はよく育たないのである。

道路がスワート川から離れると、じきにジャハナバードに到着した。村から摩崖仏は見えないため、地元の人たちに尋ねながら歩く。ときおり立派な邸宅が散見され、田舎の村にしては不釣り合いだなと思ったのだが、その理由はすぐにわかった。このあたりは果樹の栽培が盛んなところで、邸宅はその成功者たちのものらしい。

郊外には段々畑に植えられた果樹園が広がっていた。その果樹園の中につけられた踏み跡を登っていくのである。桃、それに柿や梨。けっこう古木も多いことから昔からの産地なのだろう。なんだか信州あたりの里山を歩いている気分だ。わたしが訪れた時期はちょうど桃の収穫時期にあたっており、たくさんの若者たちが働いていた。


◀空中に浮遊しているかのように彫られたシャホーレイの摩崖仏

このシャホーレイの摩崖仏が何者かによって銃撃されたことを聞いたのは、冒頭で述べたとおり、わたしがスワート渓谷を去ってからのことである。銃撃された結果、摩崖仏はどうなってしまったのだろうか。アフガニスタンのバーミヤン大仏が破壊されてしまった一件（二〇〇一年三月）もあるのでたいへん気になるところだが、わたしはその後いまだに再訪を果たせていない。

ガンダーラ仏教が栄えたウッディヤーナ国

スワート渓谷に仏教が栄えたのは紀元前二世紀から九世紀ごろにかけてで、当時はウッディヤーナ国（烏仗那国）と呼ばれていた。ウッディヤーナ国の南側にあるのがよく知られたガンダーラ国（健駄邏国）、インダス川を越えた南東に位置するのがタクシラ国（呾叉始羅国）である。

一般的によく使われるガンダーラ仏教という言葉は、ガンダーラ国周辺を含めて発達した仏教文化全般を指すことが多い。現在のような近代国家が成立する以前は、地域ごとにそれぞれの王が治める藩王国が乱立していた。

『西遊記』で知られる三蔵法師こと僧玄奘は六三〇年にこのウッディヤーナ国を訪れている。彼が中国へ帰国後に著した『大唐西域記』は往時のようすを伝えるものとして、第一級の歴史資料といえる。ウッディヤーナ国については以下のように記されている。

「穀物は撒いてはいるが地味は豊かではない。葡萄が多く甘藷は少ない。……樹木はよく茂り、花・果は豊富である」

「仏法を尊重し大乗を信仰する。シュバヴァストウ川（蘇婆伐窣堵河）を挟んでもと一千四百の伽藍があったが、多くはすでに荒廃している」

シュバヴァストウ川とは現在のスワート川のことであり、玄奘の記述ではウッディヤーナ国においてはすでに仏教は廃れ始めており、また果樹以外にはさほど農耕も盛んではないことがうかがえる。

しかし、五五四年に編纂された中国・北魏の正史である『魏書』の「西域列伝」の項では、「土には林果多く、水を引き、田に灌《そそ》ぎ稲麦多し」（ルビ引用者）と記されている。ガンダーラ周辺の仏教文化が最盛期を迎えたのは、仏教を保護したカニシカ王の時代である二世紀ごろであるから、『魏書』はおそらくその時代の伝聞を元に執筆されたのだろう。この記述からは稲の栽培がすでに行われていたことを読み取ることができる。

スワート渓谷からはチベット密教の開祖であるパドマサンヴァバを輩出している。八世紀後半のことであり、玄奘がこの地を訪れてから一五〇年ほどたっている。これは何を意味しているかというと、玄奘が『大唐西域記』に記したようにウッディヤーナ国では大乗仏教が徐々に衰退していったが、仏教に土着の呪術的な神々や精霊などを取り込むことによって現世利益的な密教（タントラ仏教）が再び勃興していったことを示しているといえるだろう。

ところがその勢いはおそらく長くは続かなかった。インドで興ったヒンドゥー教や西方からのイスラム教が浸透し始めていたからだ。その結果、一一世紀以降この地はイスラム化していく。そして一五世紀ごろにはパシュトゥーン人の勢力下に置かれることになった。

現在のスワート渓谷における民族構成はほぼこの時期に決まったといえるだろう。史上最年少でノーベル平和賞を受賞したマララ・ユスフザイの姓「ユスフザイ」は、パシュトゥーン人の一氏族の呼び名である。

パドマサンヴァバの生誕地ということで、ウッディヤーナ国はチベット人の密教信者や僧侶たちにとって聖地となり、完全にイスラム化するまではチベットからの巡礼者を多数迎えていたという。高地のため樹木や田畑をほとんど見かけないチベットからの巡礼者にとって、目に染みるような緑にあふれるウッディヤーナ国はさぞかし桃源郷を具現化したような場所だったことだろう。実際、ウッディヤーナとは「庭園」を意味する。

わたしはシャホーレイの摩崖仏の他にもう一ヶ所絶対に訪れてみたいところがあった。ミンゴーラの南あるシャンカルダール・ストゥーパである。

「シャンカルダール」と告げて「スズキ」に乗り込む。軽トラを改造した乗り合いタクシーの車内は狭く、いつもぎゅうぎゅう詰めに押し込まれるのが常だが、コンダクターと呼ばれる車掌が必ず一緒に乗り込んでいる。「スズキ」には行先は書かれていないから、乗り込む前にコンダクターに確認を取らなくてはならない。

コンダクターを務めるのは少年であることが多く、走行中は車体に取り付けられている乗降用の踏み台にぶら下がるように立ち、車体を手のひらでバンバンと叩きながらバスを待っている人に行先を連呼して知らせるのが主な仕事だ。

目に飛び込んできたシャンカルダール・ストゥーパは想像していたよりもかなり大きかった。ストゥーパは「仏舎利塔」とも呼ばれ、本来はお釈迦さまや高僧の遺骨（舎利）を分祀したものだが、時代を経て次第に仏舎利塔そのものが崇拝の対象となっていったのである。

高さ二七メートル、直径一三メートルの塔で、見た目は少しずんぐりむっくりの寸胴型をしている。上部にはレンガがきれいに積まれているが、基部は石を乱雑に積み上げたようになっている。『大唐西域記』にも、「上軍王塔」としてその由来が記載され、仏陀の死後に舎利がここにも分祀されたことになっている。上軍王は当地の豪族であるウッタルセナ王のことであり、この仏舎利塔はドーム部分に金箔が貼られ基層にはいくつもの仏像がはめ込まれていたということだが、それらはすべて失われてしまっている。

シャンカルダール・ストゥーパの背後には階段状になった岩が連続して連なっており、そこを登って全体を見下ろすことができる。スワート川が流れる平野には水田が広がり、青々とした稲が風にたなびいて気持ちよさそうに揺れている。平野の向こう側にはゆるやかな山なみが連なっている。いま目の前に広がっている風景は、かつての仏教文化センターとして栄えた二〇〇〇年前のウッディヤーナ国の風景と寸分たがわぬようなものだったに違いない。

一キロほどミンゴーラ方面に戻った沿道に、「カーリガイ摩崖仏」がある。高さ三メートルぐらいだろうか。胸から上の頭部はハンマーのようなもので削り取られてしまっている。座禅を組み、手は印を結んでいるから、おそらくシャホーレイ摩崖仏と同様の釈迦牟尼像だと思われる。

わたしのような物好きの旅行者がときたま訪れるのだろう、すぐ近くに掘っ立て小屋のようなつくりの土産物屋があった。付近から発掘されたという仏像や古いコイン、首飾りなどが無造作に置かれている。タクシラの仏教遺跡などもそうだが、こういうところで扱われている土産物はだいたいが偽物なのだが、たまに本物も紛れているらしい。

古いコインはどれも青銅製で、文字や絵柄はほとんど判読できない。店主の説明では、金貨も掘り当てたことがあるそうだが、それはすでに高値で売れたということであった。

わたしが疑い深そうな顔をしていたのだろう、店主は店の奥から何やら道具を取り出してきてわたしに見せた。金属探知機である。ここに並べてあるコインは、彼がこの機械を使って周辺の土中から掘り出したものであるという。

本物かどうかわからないが結局ふたつほど買ってしまった。店主は「他にも石仏があるから見に行きましょう」といって店を閉め、カーリガイ摩崖仏が彫られている岩をまわりこんで斜面を登り始めた。上機嫌でぐんぐん登っていく彼を見ていると、相場よりもかなり高値であのコインを買わされてしまったにちがいないと後悔した。

丘の中腹には確かに小さな石仏が六体ほどあった。どれも高さが五〇センチほどである。ここからのスワート渓谷の眺めはすばらしく、おそらく瞑想のための伽藍《がらん》が建てられていたのだろう。玄奘が記録したように一四〇〇もの伽藍が存在したという話はあながち間違いではないように思える。

ミンゴーラに戻った後、郊外のブトカラ仏教遺跡を訪ねる。すでに崩壊してしまって基部しか残っていないが、かつて中央には大ストゥーパがあり、周辺には二〇〇以上の小ストゥーパがあったといわれ、たくさんの僧坊と含めてウッディヤーナ国における中心的な寺院であったと考えられている。

近くにはスワート博物館もあり、出土した仏像や仏足石などが展示されている。傍らの案内板には、リノベーションにあたり日本の協力を得たことが記されていた。館員が近寄ってきて、「ブッダの彫刻に案内してあげましょう」という。なんでもまだ一般公開されていない石仏があるとのことだ。「外国人旅行者はまだ誰も訪れたことがないはずですよ」と、わたしの心の内を見透かすかのような心憎いことをいう。

五分後には館員とオート・リキシャーに乗っていた。オート・リキシャーというのはバイクを改造した三輪タクシー。ちゃんと幌状の車体で覆われているので、雨の日であっても濡れることはない。リキシャーという言葉はよく知られているようにアジア全域で使われており、「人力車」に由来する。

幹線道路から離れて田舎道に入り、小さなモスクのある広場でオート・リキシャーは停まった。山の斜面を切り拓いてつくられた村で、小さな流れを中心に泥壁の粗末なつくりの家が密集している。われわれが到着すると、たちまち広場は村の男と子どもたちでいっぱいになった。

好奇の目と、不審者を見る目が混じっている。外国人を初めて案内すると館員がいったのもまったくの嘘ではないのかもしれない。

坂道を登っていくと、幅の狭い段々畑がいくつも連なっているところに出た。「ほら、そこに見えるだろう」と館員が指したのは、段々畑の境界の畔《あぜ》にあった白っぽい岩であった。長年にわたって風雨にさらされてきたせいか、彫りは摩耗してはっきりした輪郭はないが、間違いなく摩崖仏である。

座禅を組んだ釈迦牟尼像の他、片足を垂らした半跏思惟の姿勢のものもある。弥勒菩薩像だろうか。弥勒菩薩は釈迦入滅後、五六億七〇〇〇万年のちに現世を救うために現れるとされている仏で、未来仏とも呼ばれている。日本では京都の広隆寺にある宝冠弥勒菩薩像が有名である。

小さな摩崖仏は全部で七体ほどあった。その多くは顔の部分に何か茶色の粘土のようなものが塗られている。少し削り取ってみると牛糞のようだった。

「ここの子どもたちがいたずらで塗ったんでしょう。まったくしょうがない連中だ、牛糞を塗り付けるなんて」と、館員はあわててわたしに言い訳をした。

わたしは仏様がかわいそうに思い、小石を使って塗りつけられた牛糞を削り取り始めたが、村の大人も子どももそのようすをじっと凝視していた。そのときわたしは確信した。館員は子どもの仕業だといっていたが、たぶん違うだろう。

イスラム教では偶像崇拝が禁じられているので、そういうものが村のなかにあるのは彼らにとっ

名前も知らない小さな村の背後にある段々畑の一角にひっそりと残存していた小さな摩崖仏。興味津々の子どもたちが集まってきた

て不快で目障りなことなのかもしれない。ましてや仏教という異教徒が彫ったものである。

そうした感覚は頭では理解できるが、いざ自分が逆の立場だったら彼らと同じ行動に出るだろうか。いや、きっとできないだろう。できないということは彼らの感覚の「芯」にある部分は自分がイスラム教徒に改宗しないかぎりやはり本当には理解しえないものなのかもしれない。そこが異文化を理解するということの難しい点である。

ガンダーラ時代の仏像はその多くが破壊されるか、顔の部分が徹底的に叩き潰され削ぎ落されている。目は呪力を発する場所であるからだ。この村の摩崖仏が頭や目を叩き潰されずに、単に牛糞を塗って隠しているだけなのは、むしろ村人たちのやさしさなのかもしれなかった。

タフティ・バーイ遺跡で神学校の学生と議論する

ウッディヤーナ国の栄えたスワート渓谷から南下し、マラカンド峠を越える。このあたりがかつてのガンダーラ国との境界である。さらに南のペシャワール方面へ二〇キロ進むと、タフティ・バーイ遺跡がある。ガンダーラ国における山岳仏教寺院として、仏教を篤く保護したカニシカ王によって建造された。二世紀ごろの話である。

道路から少し離れた高台の上にあるのだが、両側に岩混じりの砂礫の山が張り出しており、それが自然の要塞のようになっているため、注意して探さないと見つけることはできない。このため数あるガンダーラ仏教遺跡のなかでは例外的に破壊を免れ、当時の寺院や僧院がどのようなもので

世界遺産にも登録されているタフティ・バーイの遺跡。ガンダーラ仏教遺跡のなかでも原型をよく留めていると言われている

あったかを知る貴重な手掛かりになっている。

中央部の仏舎利塔は基壇が残されているだけだが、周辺に設置された僧院や会議場、台所、それに中院と呼ばれる空間には無数の祠堂が建設されたままの姿で残されている。祠堂にはたくさんの仏像が安置されていたといわれ、それらに囲まれながら僧侶たちが瞑想し祈りを捧げていたのである。

タフティ・バーイとは「源泉の玉座」という意味で、その名前のとおり清らかな水が当時この大地の上に湧き出ていたといわれる。が、周囲を見渡しても木一本生えておらず、褐色の砂礫が広がっているだけで、ここに水が湧いていたとはにわかに信じがたい。

わたしは夏のじりじりと照り付ける日差しを避けるために、日陰をなるべく選びながら歩いてまわった。春から夏にかけての猛暑の時期は、遺跡巡りなど本当はするべきではない。

わずかの日陰に腰かけて休んでいたら、どこからともなく人が現れて驚いた。遺跡の管理人だという。ついてきなさい、と手招きされるまま伽藍のほうへ進むと、管理人は懐から鍵の束を取り出して、鉄製のドアを解錠してくれた。

「ペシャワール博物館に展示していた仏像をここに戻したのだ」と、三二年間ここで管理人兼ガイドをしているという老人が自慢の髭を撫でながら説明した。

タフティ・バーイは建物の構造が非常によく保存されている遺跡だが、当時あったとされる仏像の多くはすでに運び出されて、ここにはない。おそらく博物館にはそのうち何体かは展示されていると思われる。管理人が見せてくれた仏像はもしかしたら複製かもしれない。なぜならこのような苛烈な環境では保存が難しいからだ。

パキスタンでは、「断食するブッダ像」が保管展示されていることで有名なラホール博物館の他、ペシャワール博物館やタクシラ博物館を訪れると、ガンダーラ時代の仏像や発掘物をそれこそ飽きるほど見学することができる。

イスラム教と同様に、仏教も誕生してしばらくは偶像崇拝を禁じ仏像をつくることは戒められていたという。しかし西方からギリシャ・ヘレニズム文化がガンダーラ国に流入すると、ミロのヴィーナスに代表されるような彫像をつくる文化も入ってきた。

アレクサンダー大王の東征を見てもわかるとおり、このガンダーラ国は東西文明が混じり合う十字路である。そのため彫像をつくる文化が仏教と交わり、仏像が誕生することになったのである。

管理事務所へ行くと、六人ほどの二〇歳代とおぼしき若者たちが日陰で休んでいた。暑いのだろう、コーラを飲んでいる。そのうちのひとりがわたしのために休む場所を空けてくれ、コーラをおごってくれた。全員がパリッとした真っ白なシャルワーズ・カミューズに黒革のサンダル姿で、頭には美しい刺繍の入った鍔《つば》のないイスラム帽をかぶり、みな競うようにして顎髭を長く伸ばしている。田舎で見かける人たちとは明らかに雰囲気が違う。

ペシャワールに近いマルダンという街から来たそうで、全員が学生だという。

「同じマドラサに通う仲間です。今日は金曜日で休みですから、ちょっと足を伸ばして遊びにきたのです。ところであなたは中国人ですか？」

マドラサの語源はアラビア語で「学校」。イスラム世界ではイスラム教の指導者や学者を養成する神学校として、マドラサはモスクに併設されていることが多い。国が担う公教育では宗教（イスラム教）について教えるのは限界があるため、それを補う学校として機能しており、ほとんどが一般からの寄付などを財源にして運営されている。

六人の身なりがみな整っており、イスラム教徒であることを誇示する顎髭が長いのは、彼らが神学校の学生であるがゆえであった。わたしが日本人旅行者であることを伝えると、何人かの表情に緊張が走るのが見て取れた。しかし雑談しているうちに、彼らはぐっと身を乗り出してきた。

「あなたたち日本人は本気でぼくたちのことをテロリストだと思うのですか？」

リーダー格の学生が悲しそうな表情で尋ねた。彼の淡い茶色の瞳は言葉で表現できないぐらい澄み切っており、こういう目をした人間とは久しく会っていないなと思った。

現代は昔と違ってインターネットなどで世界中の情報を簡単に手に入れられる。自分たちパキスタンに住む人やイスラム教徒のことを日本やアメリカやヨーロッパの人たちがどのように伝え、考えているのか、別にその国へ足を運ばなくてもわかる。そういう時代にわたしたちは生きている。日本やアメリカやヨーロッパの人たちが自分たちのことをテロリストと呼び、怖れ、ときには差別したり排除したりしていることを彼らは知っている。

「アメリカは隣のアフガニスタンだけではなくここパキスタンにも爆弾を落とし、たくさんの子どもや女性たちが犠牲になっています。あなたがたもそのことを知らないはずはないでしょ。それなのにアメリカのことをテロリストと呼ばないのは、なぜ?」

彼らの憤りは痛いほどよくわかる。自分も似たような悲しい思いをしたことがあるからだ。9・11の直後、友人知人を含めて多くの日本人が「イスラム教徒はテロリストだ」「イスラム教って何考えているのかわからなくて怖い」と異常なほど怯えていたことをわたしは忘れることができない。そういう人たちに対して、わたしは自分が実際にイスラムの国々を旅したなかで得た知見なり体験を一生懸命に話し、そうしたテロ行為に手を染めるのはほんの一部の人であること、ほとんどのイスラム教徒は異民族や異文化にとても寛容なことなどを伝えたのだが、すでに「イスラム教は悪」と刷り込まれてしまっている彼らは、聞く耳をまったく持たなかった。

日本人のわたしでさえ、多くの西側諸国の人間がイスラム教徒に対する間違った認識を持っているることに憤慨していたぐらいだから、実際にテロリスト呼ばわりされた彼らの悲しみはいかほどのものだったことだろう。

彼らとの会話は実に楽しかった。話は宗教や国際政治だけにとどまらず、平均賃金のこと、教育のこと、家族のこと、結婚のシステムのこと、と尽きることはなかった。彼らが本当によく勉強しているのには感心した。

あるひとりが「日本がアメリカの属国のようになってしまっているのは、戦後に結ばれた不平等な条約が原因だと聞いたことがあるのだけど、どうして日本人は団結してそれを変えようと思わないのか?」と尋ねてきたときには心底驚いた。

おそらく日米地位協定や安保条約のことを指しての問いかけだと思うが、日本人でさえこうした現実を認識できない人のほうが多いのに……。

神学校マドラサはたいていの街には設置されており、希望すれば年齢に関係なく学ぶことができるのだという。授業料は無料か無料に近い。授業は夕方から行われるので、ほとんどの学生は日中は働いているか学校に通っている。

アフガニスタンのかつてのタリバン政権にしても、スワート渓谷で一時勢力を拡大したパキスタンの「パキスタン・タリバン運動(TTP)」にしても、その出発点がマドラサでの教育にあるため、欧米や日本ではマドラサをあたかもテロリストの養成機関のごとく見なす言論も少なくなかった。

でもそれはあまりにも一面的なものの見方だろう。

なぜ彼らがマドラサで学ぼうとするのか。それは彼らがイスラム教徒であることに誇りを持っているからだ。そのイスラム教を学ぶということは自分自身を知ることにつながり、その基礎となる土台ができて初めて他者との関係を学ぶことができるのだと思う。そういう教育はなかなか学校のなかでは限界があるだろう。

グローバル化によって世界はローラーでならしたように均一化するいっぽうだが、ではここでいう「グローバル」とはいったいどういうことを指すのだろう。そこにはイスラム教徒たちのものの見方や文化や歴史が含まれているだろうか。欧米を基準としたシステムのことをわたしたちは知らず知らずのうちに「グローバル」や「スタンダード」と呼んでいないだろうか。

わたしは思うのだが、まず欧米の基準をスタンダードとする習慣から脱しないと、イスラム教に代表される異なったものの見方や考え方を理解できず、否定してしまうことになるだろう。その結果、理解できないがゆえに彼らを怖れ、憎み、差別し、最後には衝突するという行動につながっていくのではないだろうか。

議論をしながら他者のことを理解しようとつとめている若者たちを見ていると、今のわたしたちが生きる社会に欠けているのは対話なのだと今さらながら痛感する。その対話を行う前に、わたしたち日本人は自分たちが何者であるのかについて果たして知ろうとしているだろうか。

話を僧玄奘（三蔵法師）に戻そう。タフティ・バーイをさらに南下すると、かつての大交易路であるグランド・トランク・ロード（ＧＴロード）に突き当たる。ＧＴロードは二〇〇〇年以上の歴史を誇るアジア最長・最古の幹線道路のひとつで、インド亜大陸と中央アジアを結ぶ交易の大動脈として機能してきた。それは現在でも変わることはない。

ＧＴロードを東のインド方面へ進むと、アトックという街でインダス川に突き当たる。現在では大きな鉄橋が架けられているが、川幅数キロに及ぶため古代には橋はなかった。

アトックの北、数十キロの地点にフンドという小さな村があり、インダス川が浅瀬になっているため玄奘はここから渡渉して仏教の学術教育センターになっていたタクシラ国へ至ったことが『大唐西域記』に記されている。

「……南は信渡河に臨んでいる。住民は富裕で法貨に満ち、諸方の珍しいものはここに集まってくる。」

信渡河とはインダス川のことである。またフンド村は当時、烏鐸迦漢荼（ウダカンド）と呼ばれていた。アレクサンダー大王がガンダーラ国に到達したのは紀元前三二七年のことだが、彼らもまた玄奘と同じ地点からインダス川を渡ったことがわかっている。

玄奘が渡渉したのはアレクサンダー大王の軍隊がやってきた約千年後の話であるが、『大唐西域記』に見られるようにすでにこの村は交易の拠点、宿場町として、たいそうな賑わいをみせていた。

仏教という当時としては斬新な思想もまた、インダス川を渡り、このフンド村を経由して伝道されたはずである。新しい考え方や文化が伝わったとき、必ずしもスムーズに受け入れられたわけではないだろう。衝突や争いも起きたに違いない。

しかし人々が話し合い、交流することにより、あるものは受け入れられ、あるものは拒否された。その積み重ねが人間の文化を育て、歴史を紡いでいったのだと思う。現在のわたしたちの暮らしはその集積の上に成り立っている。

そういう意味でも、わたしたちにあまりなじみのないイスラムの国々を旅する日本人がもっと増え、現地の人たちと交流できたら、真にグローバルなものの考え方が醸成されていくだろう。そして相手への怖れや憎しみや差別といった根拠のない感情から解放される日が訪れるのではないだろうか。

第8章――混迷のアフガニスタンにバーミヤン大仏を見に行く

ペシャワールからカイバル峠を越えて

パキスタンの街ペシャワールは、いつ訪れても活気と猥雑な空気に満ち溢れている。特に中世の雰囲気を残しているキサカニ・バザール周辺は、羊肉を焼く匂いや男たちのむせかえるような体臭が混じり合うなか、オートリキシャーのエンジン音やクラクションが鳴り響き、髭面の男たちが肩をぶつけるように狭い路地を行きかっている。

モスクの前には金銀細工の装飾品を商う店がずらりと並び、その一角に個人経営の両替商がいくつもあった。小さなショウケースに札束が無造作に突っ込まれている。どの店もレートはまったく同じだった。

両替の対象となるのは主にアメリカドルとパキスタンルピー、それにアフガニスタンの通貨アフガニである。日本円は両替できないか、できたとしてもレートがひどく悪い。

アフガニスタンへこれから陸路で入国するにあたって両替事情がまったくわからなかったので、

ここでアフガニを入手しておくことにする。一〇〇ドル両替すると四八一九アフガニになった。両替商にはなぜかイラクのサダム・フセイン元大統領の肖像が印刷してある紙幣も置いてあった。

「このフセインの紙幣も両替できるのか？」と尋ねてみると、「あんたイラクへ行くのか？　止めておいた方がいい。それにこのイラク紙幣だって使えるかどうかわからない」と若いお兄さんは首を振った。

「じゃあどうしてここに並べているの？」

「物好きな人が買ってくれるからだ。いま世界ではイラク戦争でもちきりだろう。フセインは時の人だからな」

まちがいなく「物好きな人」のひとりであるわたしは、お土産に購入することにした。

わたしがこのときペシャワールを訪れていたのは二〇〇三年五月のことであったが、同年のイラク戦争ではイラクはすでにアメリカの攻撃を受けて敗北しており、フセイン元大統領は逃避行の最中で行方がわからなくなっていた。

翌日、アフガニスタンとの国境であるトルハム行きのバスを探した。トヨタのハイエースを改造した乗り合いバスがたくさん並んでおり、乗客がいっぱいになると次々に出発していた。ところが運転手は誰もわたしを乗せようとはしない。明らかに嫌がっているのがわかった。

これはすごく珍しい。パキスタンでは外国人が困っていたら次から次へと世話を焼いてくれる人が現れ、過剰とも思える親切な扱いを受けるのが常だからだ。理由はすぐにわかった。このエリアを通過するのに外国人は許可証が必要なのだが、バスに外国人を乗せていると検問でのチェックに時間がかかったりするため運転手が嫌がったのである。

国境に近づくと「トライバルエリア」と呼ばれている場所に入ることになる。正式には「連邦直轄部族地域（FATA）」という。このエリアではパキスタンの国の法律が適用されず、現地部族による完全な自治が認められることになっている。そのため自治は長年、「ジルガ」と呼ばれる伝統的な部族長による会議によって行われていた。

政府の統制が効かないということは一種の治外法権地帯になっているということで、そういうところでは裏社会が発達するのが常である。その代表が密輸ビジネスだ。実はわたしは数年前にその密輸マーケットを訪れたことがある。広大な敷地には商店がぎっしり並び、いっけんどこにでもあるバザールの風景なのだが、驚くのは商品のラインナップだ。

まず輸入品がどれも安い。外国製の電気製品や化粧品、高級食品の他、タバコなどもどこよりも安く買える。日本のタバコであるハイライトやセブンスターも売られていた。しかも値段は日本の三分の一程度だった。

国境には一般的に緩衝地帯があり、どちらの領土でもないということで免税品を扱う店が置かれたりするものだが、アフガニスタン国境と接するトライバルエリアは全体が緩衝地帯のようなものだから、このようなビジネスが可能になるのだろう。

裏手に広がるマーケットにさらに足を延ばすと、だんだんヤバイ雰囲気になってくる。旧ソ連製の有名な機関銃カラシニコフＡＫ47や大麻樹脂（ハシシ）、ウイスキーなどが半ば公然と売られている。カラシニコフはおそらくコピー商品ではないかと思われる。

なんと一〇〇ドル紙幣も売られていた。もちろん偽札である。素人目にはまったく区別がつかない。値段を尋ねたら、一枚二〇ドルとのことだった。一瞬、ここで一〇〇ドル紙幣を仕入れようかという誘惑に駆られるが、かろうじて理性がそれを押しとどめた。偽札の使用はどの国でもかなり重罪である。

政府の手がおよばないため、ここには軍も警察も介入することはできない。そのためテロリストや反政府武装勢力の温床になっているとする政府によって二〇一八年に憲法改正が行われ、トライバルエリアはカイバル・パクトゥンクワ州（当時は北西辺境州と呼ばれていた）に編入され、消滅してしまった。

これは余談になるが、密輸といえばかつてペシャワールの南三五キロのところにダッラ・アダムケール（通称ダッラ）という特殊な村があった。特殊というのは、このちっぽけな村は密輸銃の販売と改造銃の製造で成り立っていたからである。

わたしがここを訪れたのはまだ二十歳代の若造だった一九八八年のことなので、現在はどのような状況になっているのかあずかり知らないのだが、村の商店のほとんどが本物をコピーして製造した銃器を販売していた。試射もＯＫで、わたしは店員に連れられて裏山へ行き、ソ連製のカラシニコフ銃を撃たせてもらった。右肩にズシンと食い込むような強い衝撃が残ったことをよく覚えている。

ようやくひとりの精悍な顔立ちの若い運転手がバスに乗せてくれることになった。彼は「任せておけ」といわんばかりに胸を叩き、自分が被っていた鍔のないベージュ色のアフガン帽子を脱ぐとわたしの頭にぎゅっと被せた。目立たないようにという配慮なのだろう。

乗客の多くはアフガニスタン人の男性だ。シャルワール・カミューズにチョッキを羽織り、モスグリーンの長いターバンを頭に巻いた典型的なアフガニスタン人の格好からもそれは明らかである。二〇〇一年にニューヨークで起きた同時多発テロの報復としてアメリカがアフガニスタンに軍事介入したことによりタリバン政権は崩壊したが、国外へ難民として出ていたアフガニスタン人が次々と祖国へ帰還し始めているという話を聞いていたので、彼らもそうなのかもしれない。

運転手は次々と検問を突破していく。わたしはそのたびに見つからないよううつむいて寝たふりをしていた。日光のいろは坂のような九十九折りをバスは唸りを上げて登っていく。カイバル峠付近だろうか。カイバル峠を挟むこの道は、グランド・トランク・ロード（通称GTロード）と呼ばれ、昔も今も中央アジアとインド世界を結ぶ重要な交易路である。

「ジャパニ、二〇〇〇ルピー用意して」と、運転手が催促した。

「えっ、そんな話聞いてないけど。なんのために？」

当時のレートで約四〇〇〇円。現地の物価を考えるとけっして安くはない金額だ。

「次の検問は許可証なしでは絶対に無理なんだ。ここは俺に任せろ」

ここまで来て戻れといわれるのもしゃくなので、しぶしぶ二〇〇〇ルピーを渡した。

運転手のいったとおり、最後の検問は厳しかった。武装した自警団が乗客のひとりひとりにIDカードを出させて調べている。わたしもすぐに日本人であることがバレた。しかし運転手がすかさずお金を握らせるのを見た。賄賂の効果はてきめんで、係官は顎を「行け」としゃくった。

ペシャワールを発って二時間ほどでトルハムの国境に到着。両国の緩衝地帯を十分ほど歩き、拍子抜けするほど簡単にイミグレーションを越えた。入国ヴィザはイスラマバードの大使館で取得していた。

乗り合いタクシーを探し、首都カーブルを目指す。ほっと一息つきたいところだが、そうもいかない。事前に集めた情報では、国境から途中のジャララバード付近までは内戦時代に埋められた地雷がまだ多数残されていると聞いていたからだ。

アフガニスタンへ入ったとたん景色が一面茶色の砂礫地帯となり、往来する車両が立てる砂煙がもうもうと上がった。交通量は思っていたよりも多く、援助物資と思われる大きな袋を何百個も満載した大型トラックや、祖国へ帰還する途中であろう家財道具一式を屋根いっぱいに積み上げた乗り合いバスなどがひっきりなしに通った。

もうもうと巻き上がった砂塵にジャララバード近辺は包まれていた。長年にわたる旱魃に苦しめられているためであり、医師の故・中村哲さんが主宰していたNGOペシャワール会が地元住民の暮らしを向上させるために巨大な水路を建設していたのもこのあたりである。

その中村さんは二〇一九年一二月に何者かによって銃撃を受け、仲間と共に殺害されてしまった。まさに命がけの事業だったわけで、おそらくアフガニスタンで最も名前の知られた日本人を亡くしたのは、両国にとっても本当に大きな損失だったと思う。

混乱が続く荒廃したカーブル市内

夕刻にカーブルに到着したときには全身埃まみれとなっていた。埃のため喉ががらがらである。パキスタン人のジャーナリストに教えてもらっていたホテルへ向かう。たいした部屋でもないのに五〇ドルもする。しかも現地通貨のアフガニは受け付けないという。

ロビーには読売新聞のステッカーが貼られていた。たぶんタリバン政権崩壊の前後に日本のメディアも取材に来ていたのだろう。情勢が一段落した今は復興支援のNGO関係者がこのホテルを利用しているようだった。

さっそく街のようすを見に行く。カーブルからは遠くに雪を戴いた山脈が望めるが、市内は人通りも多く埃っぽかった。やみくもに歩いていたら路上に人だかりのする場所に出た。古着や米軍放出の缶詰などを商う露店が並んでいる。情報省の建物があるあたりには、タリバンと敵対していた北部同盟のアフマド・シャー・マスード司令官のポスターがあちこちに貼られていた。

9・11同時多発テロから一ヶ月もしないうちに、アメリカは主犯のアル・カーイダを率いるウサマ・ビンラディンをタリバン政権が匿っているという理由でアフガニスタンを空爆し、カーブルは戦場になった。わたしが訪れる一年半ほど前の話である。

軍備において圧倒的優位に立つ米軍の前に、タリバンは散り散りになるしかなかった。米軍の動きに乗じて北部同盟が一気に攻勢に出た結果、その一ヶ月後にはカーブルは陥落し、タリバン政権はあっけなく崩壊してしまったのである。

通常ならばその後にマスード司令官が率いる北部同盟が政権を奪取していただろうが、そうはならなかった。マスード司令官は9・11が起きる二日前に何者かによって自爆テロを受け暗殺されてしまったからである。

そのタイミングから彼の暗殺には何やら陰謀的な臭いが感じられる。マスード司令官の存在が邪魔なのは、タリバンか、あるいはタリバン崩壊後に新政権を樹立する予定の勢力かのどちらかだろう。が、テロリストはすでに射殺されこの世にいないので、真相はまったくの闇の中である。

情報省の近くにスピンザー・ホテルという一泊二〇ドルの宿を見つけたのでそちらに移る。誰かから取材費をもらっているわけではないので少しでも出費を切り詰めなければならない。この宿をベースにしてしばらく街を歩きまわるつもりだ。

街の南東部には旧市街が広がっていて、狭い道路の脇にはいくつものバザールがあり、朝から晩まで人出でごった返している。店を構えているところよりは露店のほうが多い。食堂もけっこうある。羊肉を串に刺して焼くシシカバブ。塩味の豆スープ。そして窯でふっくらと焼き上がったナン。埃っぽく乾燥がひどいためか、缶入りペプシコーラやパキスタン製の紙パック入りマンゴージュー

カーブル市内では少年の売り子によく出会う。この男の子はパキスタン製のタバコを箱に入れて売り歩いていた

スが山積みされている。なぜかアイスクリーム屋も多い。しかし使われている氷の塊を見ると白濁しており、喉が渇いていてもとても口にする気にはならない。

果物も意外に多い。マンゴー、キュウリ、バナナ、スイカが主で、すべてパキスタンから運び込まれたものだということだが、鮮度が悪すぎる。手に取ったとたんにグチャッと潰れてしまうようなのも混じっている。売り子の話では、旱魃がひどいため国内産の果物はあまり出まわらないそうだ。

そういえば旧市街の中心にはカーブル川が流れているのだが、水量は申し訳程度しかない。これでもまだ水が流れているからマシな方らしく、数年前に深刻な旱魃に見舞われた際には完全に干上がってしまっていたという。故・中村哲さんがなぜ大規模な農業用灌漑水路をアフガニスタンに建設しようとしていたのか、その意図は現地を訪れたことのある人なら自ずと理解できるだろう。

カーブル川は下流へ行くと国境を越え、やがてパキスタンのアトック付近でインダス川に合流する比較的大きな河川である。しかし旧市街の中心部では流域は今や貧民窟のようになってしまっており、野宿する人も多く見かける。バザールから離れて川岸へ向かう人はそこをトイレ代わりに使っている。

物売りの子どもがすごく多い。トイレットペーパーを一回分だけ巻き取って売る子ども。首から木箱を紐でぶら下げている子どもはタバコ売りだ。一本ずつバラ売りするのである。また、香を焚く商売というのもある。空き缶に炭を入れて、その上に香を置いて焚き、お客の前で振る。埃っぽくどことなく殺伐とした場所では一服の清涼剤のような効果があるのだろう。

子どもから大人まで、食べるために何がしかを商うのに必死な感じだ。両手で山のような紙幣を抱えた人は、両替屋である。レートを尋ねてみたら、ペシャワールでわたしが両替した率とほぼ同じであった。日本もかつて経験した戦後の闇市というのはこういう雰囲気だったのだろうか。

歩き疲れると、チャイハナに立ち寄って休憩した。チャイハナはたいてい二階建てになっているところが多く、わたしは好んで二階の窓側席に陣取るのが常だった。道路を行きかう人たちを観察できるからである。

アフガニスタンでは、チャイといえば緑茶の「チャイ・サハー」を指すことが多い。パキスタンのようにあまりミルク入りのティーは飲まれていないようであった。そしてチャイ・サハーは透明のコップに注がれる。砂糖をドバッと入れてくれるところもあれば、氷砂糖や砂糖菓子が付くところもある。イランの方式によく似ている。

バザールではときどき女性の買い物客の姿も目にしたが、チャイハナではただの一度もなかった。ただし町中によくあるアイスクリーム屋では意外にも女性客の姿をよく見かけた。しかし女性が座るテーブルはたいてい天井から吊るしたシーツで覆われており、外部からは見えないようになっている。これは食堂でも同じである。

女性の多くはブルカと呼ばれる顔をすっぽりと覆い隠す布を被っている。ブルカは顔の前面を覆う部分は格子状の網になっているから外を見ることはできるだろうが、きっと視界が狭くて鬱陶しいに違いない。

夫婦が連れ立って入ってきても、男女が同席することはまずない。女性は必ずシーツで囲われた席に座ることになる。わたしはイスラム教の国を旅する間はできるだけその国の習慣を尊重したいと思っているが、家以外では夫婦が一緒に食事することのできない場面などに遭遇すると、そこまでする必要があるのかねえと疑問に感じてしまうのはやはり日本人だからだろうか。

新市街は旧市街とはまったく異なった表情を見せている。官庁を中心とした高層ビルが建ち並び、また敷地をゆったり取った塀で囲まれた一軒家などが散見される。富裕層たちの所有なのだろう。急進的なイスラム原理主義政策をとっていたタリバン政権が崩壊した後は、世界各国の政府やNGOが大挙してカーブルにやってきており、そのため外国人のための宿泊施設が足りず、こうした富裕層の家がゲストハウスや事務所として貸し出されているとのことである。日本のＪＩＣＡなどの看板もあちこちで見かけた。

このあたりを行きかう人たちの多くは旧市街と違って、男性はシャルワーズ・カミューズの上に背広のジャケットを着用し、女性はブルカの代わりにスカーフを巻いている。フランス語で教育が行われるというレセもあり、そこに通う生徒たちはみなさっぱりとした洋風の制服姿で賢そうに見える。

タリバン政権崩壊後は国連が主導して民主化が進められ、暫定政府の大統領にはハミード・カルザイが選ばれていた。しかし街を歩いていて感じたのは、国民の多くはカルザイ大統領よりもテロで暗殺された北部同盟のマスード司令官のほうにいまだにより親愛の情を寄せているようだった。あちこちに貼られているマスードのポスターや露店で売られている彼のブロマイドからもそれは明らかである。

カルザイ大統領はかつてタリバン政権にいた人物だが、後にアメリカに接近し（あるいはアメリカがカルザイに接近したのかもしれない）、その後の暫定政権発足時にアメリカが主導して大統領に担ぎ出した経緯がある。アメリカに移住していたため英語が堪能であり、アメリカの大手石油会社で取締役をしていたという噂もあるから、国民の間では信用ならない男と思われていた節もあるのだろう。

各国政府やＮＧＯが口にする「復興支援」「人道支援」という聞こえがよい言葉をわたしは実はあまり信用していない。特に戦争が終わって政権が変わってから、わらわらと集まってきた連中のことを。もちろんそのずっと以前から本気で人道支援に取り組み現地で地道に活動しているＮＧＯも数多くあるから、すべてがそうであるというわけではないのだが。

世界がよってたかりタリバンを「悪」と決めつけ、アメリカによる空爆を支持したのは、タリバンがアル・カーイダのボスであるウサマ・ビンラディンを匿っているからという大義名分からだった。また、タリバンが女性の人権を認めずに迫害しているからだという声もよく耳にした。

だが世界の人々がタリバンを嫌った本当の理由は、タリバンがグローバル・スタンダードの西洋的な価値基準から逸脱している思考を持っている点に自分たちの理解を越えた気味悪さを覚え、恐怖を感じたからこそではないのだろうか。

タリバン崩壊後にこの国に導入されつつある民主主義はわたしたち西側陣営の人間にとってみれば理解しやすいものであり、アフガニスタンでのビジネスや外交も自分たちの価値基準に沿って円滑に進めることができる。アフガニスタンを西側諸国の一員として迎え入れれば、双方にとって経済という面で利益が一致する、そういう思惑の元での復興支援であり人道支援なのではないか。

街に乱立している外国政府やNGOを宣伝する看板を見ていると、言葉は悪いが「分捕り合戦をやっているんだな」という気持ちにしばしばさせられた。これまでイスラム原理主義という旗の下でタリバンという組織が一手に握っていた利権が投げだされた直後に、民主主義という新たな御旗を立てて外国人がそれら利権を拾い集めていく……。

わたしたちは戦争というものを考えるとき、どうしても軍事力を背景にした武力衝突や領土の侵攻などに目が向きがちだが、勝者がその後に何をしようとしているのかについてもっと想像力を働かせるべきだと思うし、またそうしなければ戦争の本質を何も理解できないだろう。

そんなことを考えながら歩いていると、周囲の人々が立ち止まって背後を指さしている。振り返ると迷彩色の装甲車とトラックが数台連なってゆっくりこちらへ向かってくる。トラックの荷台には完全武装した白人兵士が満載され、すぐに発砲できるように機関銃を水平に構えている。

殺気立った雰囲気の彼らに対して、拳を振り上げて何やら叫びながら抗議する人もいれば、手を叩いて歓迎する人もいる。あとで宿に戻ってからイマームという使用人の若者に教えてもらったのだが、前日にドイツ人兵士が五名、車両に爆弾を仕掛けられて殺されたのだという。おそらくその緊張と恐怖心から、荷台の上の兵士たちは銃を水平に構えていたのだろう。

この兵士たちは国連が設立した国際治安支援部隊（ＩＳＡＦ＝アイサフ）の隊員である。政権移行後のアフガニスタン国内の治安を維持させるため、二〇一四年に撤廃されるまで北大西洋条約機構（ＮＡＴＯ）を中心に総計で四九ヶ国から約一三万人が派遣されていた。

「あいつらは他人の国へ来て大きな顔をしているのが気に入らん。基地では酒も飲み放題という話だ」

熱心なイスラム教徒であるイマームは、彼らに嫌悪感を抱いているようだった。

ＩＳＡＦは実際、アフガニスタンではいかなる刑事訴追も免除されるなどの特権を与えられており、イマームのいうとおり実際に酒なども簡単に入手できたのだろう。

アフガニスタンはタリバン時代も今も厳格な禁酒国ではあるけれど、わたしが最初に泊まった五〇ドルの宿ではハイネケンの缶ビールを一本一ドルで購入することができた。ＩＳＡＦの基地に勤める現地の人が横流ししているという噂だった。

ＩＳＡＦが撤退するまで、約三五〇〇人もの隊員が殺害されている。この数字を見てもわかるとおり、アフガニスタンの政権移譲がうまくいったとはとてもいえないだろう。これは欧米主導の政権に反感を抱く国民が少なくないことを示しているともいえる。ＩＳＡＦは撤退したが、米軍は単独で二〇二二年まで駐留し続けていた。

街を歩いていると毎日、いろいろな人から話しかけられた。その多くはアフガニスタンの人口の約半分を占めるパシュトゥーン人で、彼らはパキスタンにもまたがって暮らしている。

パシュトゥーンの男性は「パシュトゥーン・ワリ」と呼ばれる伝統的な部族の掟をもっている。どういうものかというと、正義や名誉というものをたいへん重んじ、男なら勇敢に戦い、弱者の味方をし、客人を借金してまで接待するというような習わしだ。日本でいえば任侠道とか武士道というのが感覚的にそれに近いだろうか。

わたしのようなふらふら歩いている外国人の人間を見かけたら、放っておけないのである。実際、「何か困っていることはないか？」と、突然話しかけられたりすることはしょっちゅうだ。

英語で話しかけてくる人にはだいたい共通点があって、彼らの多くは難民であった。島国に住む日本人には「難民になる」ことの意味をなかなか理解できないものだが、戦乱によって祖国を追われた者たちを指す。

アフガニスタンはこの半世紀ほど、戦乱が絶えなかった。ソ連による軍事侵攻、ムジャヒディーンと呼ばれる外国人イスラム義勇兵の流入、ソ連撤退後の権力争いと内戦、そして9・11後のアメリカによる空爆と混乱……。

その結果、最大で七四〇万人もの国民が国境を越えて隣国のパキスタンやイランなどに流出し、難民として暮らさねばならなくなった。実に国民の四人にひとりの割合で難民になったのである。

わたしに話しかけてきた人の多くはその難民だった。ペシャワールに二三年間住んでいる……、イランに出て一一年になる……、そのように話す彼らはみな家族を残して祖国の様子を見に戻ってきたのだという。タリバン政権崩壊後に国連が中心となって新しい国づくりが行われている、そう聞いたので帰還のタイミングを計るための調査なのだった。

ところが彼らの多くは落胆していた。想像以上に国土の荒廃が進んでいたからである。汚水と排泄物が混じり合う旧市街のカーブル川周辺の現状を見れば、そう思うのも無理ないだろう。どの人も「とても家族を連れて戻ってくることはできない」と悲しそうな目で話してくれたことが忘れられない。

日本の医療支援NGOを訪問する

日本のNGOが医療センターを開設しているという情報を事前に得ていたので、タクシーで訪ねてみた。茨城県結城市に本部があるJIFF日本国際親善厚生財団（現在はIIFF茨城国際親善厚生財団に名称変更されている）のメディカル・センターである。医師であるアハマジャール・アクバル所長が迎えてくれ、いろいろと話を聞くことができた。

この団体は以前からペシャワールで難民に対する医療支援を行ってきたが、帰還する難民の動きに合わせて昨年からカーブル市内へ移転してきた。日本人の医師一名、看護師二名も派遣され常駐している。

「小児科と内科を専門にしていることもあって、通ってくる患者のほとんどは子ども連れの女性で

病院には診察を受けるために主に女性と子どもが集まってきていた。
女性の多くは顔をブルカで隠している

すね。感染症の他、栄養失調や風邪が多いです。一日にだいたい三五〇人ほどを診察しています」

アクバルさんは実際に診察を受けるために順番を待っている患者たちのところへ案内しながら説明してくれる。一九八〇年代に日本の大学へ留学していたこともあって流暢な日本語である。

「ただ薬剤がまったく足りないので、対症療法しかできないのがやるせないところです」

同席していた日本人医師がそう話を継ぐ。わたしがすでにバザールで見てきたように、生鮮食料が不足しているため、栄養失調であることがわかっていてもせいぜい外国からの援助物資の缶詰ぐらいしか与えることができない。それがもどかしいのだという。

「現在のアフガニスタンの最大の問題は、やはり治安でしょうね。政党はどこも自分たちの民族を支持基盤にしていますから、なかなか均等にという話にはならない。いつも争っているから政治がいっこうに安定しないのです」

北部同盟の司令官だったマスードは誰からも好かれて人望が篤く、混沌とするアフガニスタンをまとめるのは彼しかいないと見る人は多かったが、テロで倒れてしまった今となってはそれも過去の話となってしまった。

「それにこれは自然現象なのでどうしようもないのですが、旱魃によって地方に暮らしていた牧畜民がみんなカーブルへ出てきてしまっているんです。草が生えないから山羊や羊を飼うことができなくなり、タダ同然で手放して、仕事を求めてやってくるんです」

アクバルさんの話では、通常は羊一頭が約七〇ドルで取引されるのだが、牧畜をしている人は家畜が飢える前に一日でも早く手放したいあまりたったの四ドルほどで売ってしまうのだという。

「正直な話、治安はタリバン時代のほうがはるかによかったです。また生活もそれなりに安定していました。ただ歌ったり踊ったりするような娯楽はいっさい禁じられていましたし、服装から何から規律が厳しすぎました。洋服の着用なども許されていませんでしたし」と、アクバルさんは声をひそめた。

街で知り合ったミール・アリさんに、「カルガへ一緒に遊びに行こう」と誘われた。カーブルの北西一〇キロほどのところにカルガと呼ばれるダム湖があり、その周辺が庶民の憩いの場になっているのだという。それで彼の友人や甥っ子たちとタクシーに乗って出かけた。

なるほどダムには申し訳程度だが青い水が貯まっている。これでも完全に干上がってしまった昨年に比べるとマシだという。周囲にはけっこう樹木が茂っており、いくつものグループがそれぞれ輪になって談笑したりスイカを食べたりしている。ほとんどが男ばかりのグループだ。なかには女性も混じっているグループもあるが、やはりアイスクリーム屋と同様にシーツを木の枝に吊るして他から見えないようにしてある。ラジカセを持ち込んでタリバン時代には禁止されていたという歌と踊りで盛り上がっているグループもあった。

屋台もいくつか出ており、茹でた豆にトウガラシの辛いスープを掛けたショール・ナホットと呼ばれるものをご馳走してもらう。ゆで卵を売る屋台もあるのだが、なぜか卵の殻が赤色と黄色に染め上げられている。さらに謎なのは、屋台の周囲に男たちが座り込んで、卵を前歯に当ててカチカチ音をさせていることだ。

「このゆで卵は何？　それにこの人たちは卵に歯を当てていったい何をやっているの？」

アリさんに尋ねると、彼は笑って「まあ見てなさい」と目配せした。

それぞれ赤色と黄色のゆで卵を手にした男が、卵を互いにコツコツぶつけ合っている。やがて片方の卵の殻がグシャリと割れた。この割れたほうの卵を持つ人が負けということらしい。ゆで卵はそれぞれが食べるのだが、負けた方が勝った人の分まで二人分の代金を払うことになっている。まあ他愛のない賭け事だが、勝負するふたりのまわりには男たちがぎっしり詰めかけて声援を飛ばしていた。暇というか微笑ましいというか。

午後は彼の家に招かれて昼食をいただく。ナンに豆スープ、それに目玉焼きを出してくれた。付け合わせのハッカダイコンのサラダがピリッとしてうまい。庭に小さな畑を作って鶏も飼っているのだそうだ。

アリさんは五人兄弟の末っ子。兄たちは全員すでに結婚しており、独身は彼だけだ。さして広くない家に兄たちの家族と両親とで一緒に暮らしている。いったい全部で何人なのか彼にもよくわからないらしい。

政府からの奨学金をもらってアフリカのリビアの大学で学んだ後、つてを頼ってベトナムで四年過ごした。アフガニスタンへは三ヶ月ほど前に戻ってきて、現在は外国製品を輸入する仕事をしている。アリさんの目下の悩みはベトナムで大量に仕入れてきた茶葉をどのようにして捌《さば》くかということ。中国から安い茶葉が入るようになったために、なかなか売れなくて困っているということだった。

最初のうちは恥ずかしそうにしていた子どもたちも次第にわたしに慣れてきて、家の中で取っ組み合いも始まった。これは喧嘩ではなくてスポーツ。アリさんがいうには、アフガニスタンで一番人気のあるスポーツはレスリングなのだという。

破壊されたというバーミヤンの大仏を訪ねて

「エステゴー・クジョアスト（バスターミナルはどこですか）？」

完全に破壊された高さ 55 メートルあった西大仏。わかってはいてもこうして現場を目の前にすると、怒りよりも悲しみがこみ上げてくる

「メーホォーハム・バーミヤン・ブラワン（バーミヤンへ行きたいです）」

宿で教えてもらった片言の現地語を操って、バーミヤン行きの乗り合いバスを探した。教えられたバスはトヨタのハイエースを改造したもので、相当ガタが来ている。フロントガラスにもひびが入っていた。

沿道の風景について、実はほとんど覚えていない。昨日ひどい下痢になり一日中ホテルのベッドで横になっていたため、念願のバーミヤン行きも中止しようかと思っていた。でもアフガニスタンの情勢は今後どうなるかわからない。タリバンによって破壊されたという大仏の現状をぜひこの目で確かめておきたい。そう考えなおし、朝になって出発を決めたのだ。

車中はずっと眠っていた。バーミヤンに到着したのは夕方。二〇〇キロほどの道のりに八時間かかったことになる。バスターミナルのすぐ近くにあった安宿に駆け込むと、そのまま朝までまた眠りについた。

翌朝だいぶ回復したので、さっそく歩いて大仏を見に行くことにする。バーミヤンの街は歩いてまわれる大きさのため、場所はすぐにわかった。遠望できる断崖にくっきりと大きな穴が穿《うが》たれているのが見えたからだ。

バーミヤンの街はまわりをぐるりと褐色の山なみに囲まれ、その奥に連なる五〇〇〇メートル級の山脈は五月だというのに雪をかぶっている。パキスタン国境のヒンドゥークシュ山脈がこのバーミヤンの北側にまで延びているのである。

街中にはチナールと呼ばれる幹が白いポプラのような木があちこちに植林されており、海抜二五〇〇メートルあることも相まって、埃っぽいカーブルからやってくると空気が冷たく澄んでさわやかだった。

よく手入れされた畑には、ジャガイモや小麦が栽培されている。このバーミヤンのジャガイモは味が濃くておいしいことで有名だ。周囲の山々からの雪解け水が伏流水となって、バーミヤンの渓谷へ注がれるのである。緑が多いため、羊や牛の姿もよく見かけた。

大仏はそこにはなかった。すでに二〇〇一年三月に当時のタリバン政権によって破壊されたからだ。そのことを知っていたからこそ今こうして足を運んだのだが、崩れ落ちて岩屑になった大仏の姿を確認するのはやはり悲しいものである。

バーミヤン大仏は垂直に切り立った断崖絶壁をくり抜いて彫った摩崖仏で、高さが五五メートルの西大仏と三八メートルの東大仏の二体がかつては存在していた。研究者が残存する木片などを放射性炭素年代測定法によって調べた結果、これらの大仏は六世紀前半に建立されたことが明らかになっている。

六三〇年にこの地を訪れた僧玄奘（三蔵法師）は著書『大唐西域記』でバーミヤン大仏について触れており、「大仏は美しい装飾で飾り立てられて金色に光り輝き、崖に穿たれた石窟を利用した僧院には数千人の僧侶が起居していた」と述べている。

バーミヤンはかつてのシルクロードの十字路にあたり、西方からのギリシャ・ヘレニズム文明やペルシャ文明、東方のインド文明、そして北方の中央アジアを結ぶ要衝の地であった。そのため仏教センターとして機能していたと考えられ、大仏も各地の古典美術の影響を受けており、文化財としてたいへん貴重なものであった。

一九七〇年代の、この地がまだ平和であった時代に旅した人の記録では、石窟をくぐって西大仏の頭の上まで登る階段がそのころにはあったらしい。また大仏が彫られている断崖を見渡すと無数の穴が穿たれており、玄奘の記録からもうかがえるように穴はそれぞれ通路で結ばれており、往来することができるようになっていたと思われる。

紀元一世紀ごろから、バーミヤンには石窟仏教寺院が一〇〇〇以上もつくられていたと考えられており、その内部には彩色が美しい仏教画が描かれていた。大仏を覆う壁面にもそうした仏教壁画が残されていたが、今となってはその痕跡さえ見ることができない。

タリバン政権が公式に仏像の破壊命令を出した直後から、国連はもとより世界中の国々や国際機関からそのような蛮行を思い留めるよう要請が申し入れられたが、彼らは聞く耳を持たなかった。日本も非公式に政権側と交渉を持ち、せめて国外へ移設させてほしいと要請したと聞く。タリバンを支持していた隣国パキスタン政府さえ破壊を思い留めるよう説得していた。

それでもこのような歴史に残る蛮行が強行されたのは、タリバン政権の言葉をそのまま借りれば「国際社会がわれわれに制裁を続けることへの報復である」という理由からだった。9・11が起きる前からウサマ・ビンラディンが率いるアル・カーイダの台頭をアメリカは怖れており、彼らを匿っているタリバン政権への圧力を強めていた。そして国連を動かし、国際社会によるアフガニスタンへの経済制裁が実行に移されていたのである。

イスラム教は偶像崇拝を禁じている。たとえば礼拝所であるモスクを訪れてみればわかるが、内部にはがらんどうな空間が広がっているだけで、彼らが祈りや崇拝の対象としている全能の神「アッラー」を表すような偶像はいっさいない。アッラーというのは偶像化することができないもっと抽象的な概念に近いものだからだ。

厳格なイスラム原理主義を標榜するタリバンは、国民に対して服装や髭にまで「らしさ」を要求し、音楽や映画、娯楽を禁じ、女性は公的な場所に出てはならない、女子教育も禁止するなど、極端な政策をとっていた。それは外国人に対しても適用され、国連職員に対しても女性にはヴィザを出さなかったほどである。

タリバンの主な構成員は正義を重んじるパシュトゥーン人である。絶対的な正義などというものは存在しない。彼らにとってみればイスラム原理主義こそが正義なのであり、その正義に乗っ取って行動するのは当たり前という意識なのだろう。

先にも書いたが、パシュトゥーン・ワリという彼らの正義を支える部族の掟には、客人接待や弱者を助けるという思想と行動が含まれている。そういう彼らの行動規範からしてみれば、アメリカから追われているアル・カーイダを客人として匿うのは当然のことなのだ。

経済制裁が実行されてから、アフガニスタン国内では数年来の旱魃の影響もあり、餓死者も出るようになっていた。タリバンにとってみればそうした人道上の問題を棚上げしたまま、制裁に同意する世界に対して我慢ができなかったのだろう。大仏破壊はそうした国際社会の偽善に対する彼らなりの抗議のデモンストレーションだった。

ところで国際社会から目の敵にされたタリバンだが、空爆されるほんの数年前まではアメリカとは蜜月の関係にあったことを指摘しておきたい。その理由は石油・天然ガスの利権である。

アフガニスタン北部から中央アジア諸国、カスピ海沿岸にかけては世界有数の天然ガス資源が眠っている地帯だ。しかし内陸部に位置するためその開発がなかなか難しい状況にあった。そこで世界のエネルギーの四分の一を消費するアメリカはアフガニスタン国内にパイプラインを敷設することにより、これら中央アジアの天然ガスを友好国パキスタンまで運び、アラビア海から船舶で運び出す計画を立てた。

その計画を推進するためにアメリカとアフガニスタンを結ぶ窓口になったのが、タリバン政権崩壊後に大統領に選出されたハミード・カルザイである。もともとアフガニスタンの王族と近い血筋にあるカルザイは、このパイプライン計画を推進する米石油大手ユノカル社の取締役でもあったといわれている。

その後、タリバンが外国のイスラム勢力の影響を受けて急進化していったため、この地域が政治的に不安定になり、パイプライン計画は頓挫することになってしまった。再び計画を推進するためにはタリバンという存在を抹殺し、アメリカにとって従順な政権を樹立する必要があった。

わたしが冒頭で、戦争の本質というものは終結後にそこで何が行われているかを見なければけっしてわからないものだとか、戦後はまるで利権の分捕り合戦のようだ、と述べたのはそういうことなのである。イラクもそうであるが、アフガニスタンもまた戦争の本当の原因はエネルギー権益を巡るものであった可能性は高い。

話を大仏に戻そう。後にタリバンの関係者は「破壊には三週間かかった」と証言している。破壊にはダイナマイトが使われ、三八メートルの東大仏には三回、五五メートルの西大仏には六回の爆破が必要だったという。

大仏の爆破はあまりにもセンセーショナルだったため、その陰に隠れてあまり知られていないが、国立カーブル博物館に収蔵されていた貴重な文化財「カニシカ王像」などもこのとき破壊されてしまった。カニシカ王とはガンダーラ時代に仏教を篤く保護した王である。ただしカーブル博物館の文化財はソ連侵攻時以来の戦乱でたびたび破壊と略奪が繰り返され、タリバン政権誕生時にはすでに収蔵物の九割が失われていたともいわれている。

怒りとも悲しみともとれない何かもやもやした気持ちのまま破壊された大仏周辺を歩きまわっていると、「昨日は同じバスでしたね」と突然日本語で声を掛けられた。振り返ると日本人によく似た風貌の若い男が立っている。

「あなたが日本人だとすぐにわかったのですが、ずっとバスで寝ていたでしょ。それで話しかけられなかったのですよ」

アブドゥラと名乗った彼は七年間大阪に住んでいたということで、日本語もなかなか流暢だ。日本人によく似ているのはハザーラという民族であるからである。

「わたしはタカラモノヤサンです」と、自己紹介した。

タカラモノヤサン？　何のことかと思ったら、「宝物屋」と書くらしい。さらに詳しく話を聞くと、遺跡などを発掘して出土したものを売買する仕事をしているらしい。彼自身が発掘するわけではなく、村人などから買い取った文化財などをペシャワールあたりへ持っていって骨董屋に売るのだという。

一〇〇〇ヶ所以上も石窟寺院があったといわれるバーミヤンだが、おそらく戦乱が続いたためにまだ十分な発掘調査などは行われていないと想像される。村人が小遣い稼ぎのために盗掘していることもけっこうあるのではないだろうか。

アブドゥラの話によれば、バーミヤンには地下に全長一〇〇メートルを超す涅槃《ねはん》像が埋もれたままになっている場所があるという。本当だろうか。もしその話が本当だとすれば大スクープである。彼によれば、二体の大仏跡のある切り立った崖の対岸にある小高い丘がその場所だそうで、「シャハリ・ゴルゴラ（ゴルゴラの丘）」と呼ばれている。

シャハリ・ゴルゴラは丘の上に古い城塞跡があり、それらはイスラム教徒がこのバーミヤンの地に侵入後に建造されたものだ。一二世紀にチンギス・ハーン率いる蒙古軍がやってきたとき、ここにあったイスラム教徒の城塞は破壊され、住民は皆殺しにされたという。

巨大涅槃像の話はわたしもまったく初耳だったが、かといってアブドゥラが本気で信じているようすをみると、案外に根も葉もない話だと片付けられないものなのかもしれない。なんといっても彼は「タカラモノヤ」さんだ。ある意味でその道のプロには違いないのだから……。

わたしが訪れたときは内戦時代の地雷がたくさん埋まっているとのことで丘には登ることができなかったが、その後日本の援助で地雷は撤去されたと聞いた。だれか発掘調査してアブドゥラの話を確かめてはくれないだろうか。

ハザーラ人は五〇万人ほどのバーミヤンの人口のうち九割を占めている。アフガニスタン全体でも、パシュトゥーン人、タジク人に次いで一二パーセントの人口規模を持つ民族だ。チンギス・ハーンの末裔であると自称する人も少なくない。

容貌は日本人によく似ているものの、モンゴロイド系に少しコーカサイド系が混じっているような感じだ。このハザーラはアフガニスタンにおいて長年、民族差別や迫害を受けてきた。イスラム教のなかでも彼らはシーア派に属しているため、主流派であるスンニー派の政権とは常に対立してしまうからである。

「ぼくは日本にいる間、実は難民申請をしていました。ハザーラなのでタリバン政権から迫害を受けているという理由で。却下されてしまいましたけど」

と、アブドゥラは打ち明けてくれた。

日本が先進国の中でもダントツで難民に対しては冷たい国であることをわたしは知っているの

アヘンを採取するために栽培されていたケシ。道路から丸見えのところでの栽培だったから半ば大っぴらに行われていると言ってよいだろう

で、べつだん驚くことはなかったが、それでも当事者からこうして生の声を聞くと申し訳ない気持ちになった。

ハザーラに対する差別はとても根が深いもので、それは単に宗派の違いという理由だけではないようである。一九世紀末にアフガニスタンを治めた王アブドゥッラフマーン・ハーンは国内で中央集権化を進めるために徹底的に反対派を虐殺するなどの恐怖政治を敷いた。そしてハザーラ人を捕まえ奴隷として売るなどの暴虐を尽くした。そのため、そのときの双方の民族感情がいまだにしこりとなって残っているのである。

急進化したタリバン政権は支配地域を拡大する途上において、バーミヤンにおいてもハザーラ人と戦火を交え、結果たくさんの人たちが亡くなった。

「タリバンはバーミヤンに入城したとき、こう叫んでいた。タジク人はタジキスタンへ帰れ。ウズベク人はウズベキスタンへ帰れ。ハザーラは帰るところがないから墓場へ行け、とね」

アブドゥラはタリバンの主体となっているパシュトゥーン人を心から憎んでいるようすだった。実際、わたしはその後アブドゥラたちハザーラ人とバスをチャーターしてカーブルへ戻ってきたのだったが、途中でパシュトゥーン人と一触即発の状況になったことがあった。

沿道にケシ畑が見えたので、車を止めてもらって撮影していたときのことだ。わたしたちのようすを遠くから発見したパシュトゥーン人が駆け寄ってきて、カメラを手にしているわたしに詰め寄り大声で何か怒鳴っている。ケシ栽培は当然違法である。相手はわたしがその証拠写真を撮りに来たと思ったに違いない。わたしはまずいことになったと青くなった。

よく知られているように、ケシの実をナイフで傷つけると白い乳液がにじみ出てくる。それを精製したものが薬物のアヘンやヘロインとなる。ケシの栽培は簡単なので、手っ取り早く現金収入が欲しい地方に住む農民にとっては、高値で取引されるケシ栽培はとても魅力的なのである。

アフガニスタンでは昔からこのケシ栽培が盛んで、特にパキスタン国境沿いの三ヶ月型のエリアで盛んなことから、「黄金の三ヶ月地帯」と呼ばれている。東南アジアの「黄金の三角地帯」と並ぶ世界最大の生産地になっており、二〇一七年の国連薬物犯罪事務所（ＵＮＯＤＣ）の統計によるとアフガニスタンでは年間九〇〇〇トンが生産され、これは世界におけるシェアの約八割を占めている。

タリバンが政権を担っていた時代は、ケシ栽培は禁止されていた。しかし下野してからは農民に栽培させることによって徴税し、それを活動資金にしているとの報告もある。UNODCの統計では、栽培面積は二〇〇〇年からの一七年間で、実に四倍に膨れ上がった。

アブドゥラたちが一生懸命に取り直してくれたおかげで、その場は何事もなく収まったが、わたしひとりだったらただでは済まなかっただろう。わたしが勝手な真似をしたことを詫びると、

「いや、逆に日本人である船尾さんがいたから、あれで済んだのです。もしハザーラのぼくたちだけだったら、もっとひどいことになっていたでしょう」

と、アブドゥラは顔を真っ赤にしていた。

対向車と離合する際も、こちらが全員ハザーラ人だとわかると（わたしも同じ顔をしているから）、相手のパシュトゥーン人は絶対に自分から車を寄せようとはしなかったし、沿道に住むパシュトゥーン人の子どもらは石つぶてを投げてきたりした。そのたびにアブドゥラたちは顔を真っ赤にして怒るのだった。

そういう光景に遭遇すると、ＪＩＦＦのアクバルさんが話してくれた「民族別に支持政党が違うので、いつもこの国は争っているのです」という言葉がリアルに思い出された。そしてアフガニスタンの真の和平はまだまだ遠いのだなと思った。

第9章——神々との饗宴に彩られたカラーシャの暮らす谷

ヒンドゥークシュ山脈の懐、チトラールの街

パキスタンの北西辺境州に位置するチトラールの街へ、ペシャワールから三台の車を乗り継いでやってきた（二〇一〇年に北西辺境州はカイバル・パクトゥンクワ州に名称が変更された）。街の中心に位置する「王のモスク」の別名を持つシャーヒ・マスジッドは巨大な玉ねぎのような形の丸屋根を載せており、一度見たら忘れることができない建物だ。

この街にやってきたのは実に一八年ぶりのこと。一九九一年に日本山岳会京都支部が計画したヒンドゥークシュ山脈最高峰のティリッチミール峰（七七〇八メートル）を登るパキスタンとの合同登山隊に参加するために訪れて以来である。

あのときと同様、シャーヒ・マスジッドの背後には氷河を頂いたティリッチミール峰がよく見渡せた。宙に浮かぶようにくっきりとその姿を見せている独立峰を眺めていると、当時の登山隊での記憶が次々とよみがえってきた。

せっかく第一次アタック隊のメンバーに選ばれながらも、頂上付近の複雑な地形のためにルートを拓くことができず、泣く泣く登頂をあきらめて下山したこと。最終キャンプ付近でパキスタン人隊員が約三〇〇メートル滑落しながらも奇跡的に命は助かったこと。日本側隊員のひとりが重篤な高山病に罹ったため、隊の総力を挙げてレスキューしたこと……。

登山隊はその後ふたりの登頂者を出して成功裏に終わったが、わたし自身は登頂できなかったこともあり、どちらかというと挫折感のほうが大きかった。しかし山麓に暮らす実に素朴な表情の村人たちの姿や、色とりどりに咲き乱れる名も知らぬ高山植物の群落、幾重もの段々畑に囲まれた集落のたたずまいなど、もしこの世に楽園というものがあるならば、それはこの地域をおいて他にはないだろうとまで思わせる、強烈な印象を残した。

後にわたしがパキスタン北部のまだあまり知られていない山域を求めて、カラコルム山脈はいうにおよばず、バルティスタン、フンザ、ゴジャール、シムシャール渓谷、デオサイ高原などへ入るようになったのは、おそらくこのときの原体験がおおいに影響しているからだと思う。

今回再びチトラールへやってきたのは、カラーシャの人たちを訪ねるためである。パキスタンは国の正式名称を、パキスタン・イスラム共和国という。その名称が示すようにイスラム教徒が国民の約九七パーセントを占めている。残りはヒンドゥー教徒とキリスト教徒でほとんどを占めるが、そこに分類されない少数民族がカラーシャである。

人口わずか三〇〇〇人とも四〇〇〇人ともいわれており、アニミズム的な多神教を信仰している。

そのため周辺のイスラム教徒からは「カフィール（異教徒）」と呼ばれていた。彼らはチトラールから数十キロのところに位置するルンブール谷、ブンブレット谷、ビリール谷の三つの谷のみに暮らしている。

チトラールの警察署に出向いて外国人登録を済ます。次に、カラーシャが暮らす地域への入域許可証を取得するために、デプティ・コミッショナー（中央政府の地方行政官）を訪ねる。しかし許可証は不要になったとのこと（注＝政治的・軍事的な理由で許可証に関しては基準がよく変わる）。

用事が済んだので、足は自然にバザールのほうへ向く。パキスタンの地方ではこのバザール歩きが一番楽しい。チトラールはゆっくり歩いても一時間もあれば街をひととおりまわれるほどの大きさだ。散歩の途中で思い出深いティリッチミールを遠望することができるため、それが街歩きに適当なアクセントをつけてくれる。

この「山がちらちら見える」あるいは「周囲を山に囲まれている」という地形を持つ街は、どこか安心感を与えてくれる。わたしが旅をしていてしばらく暮らしてみたいなあと思う街はそのようなところが多い。逆にあまりにも平坦で起伏に乏しい街はあまり魅力を感じないし、住みたいとも思わない。

個人商店が立ち並ぶバザールの一角に、入り口が他の店よりも一段高くなっている雑貨屋があり、五、六人のおじさんたちが床にあぐらをかいて談笑していた。手招きされたので店に入ると、みんな少しずつ詰めてわたしが腰を下ろすスペースをあけてくれた。遅い昼食をとっているようだった。

「ジャパニか？　一緒に食べていきなさい」

立派な顎髭をもつ男が勧めてくれた。この人が雑貨屋の主人のようである。チトラールにもときどき旅行者がやってくるが、日本人はたいていひとりでふらふら歩いているのですぐに見分けがつくのだという。

床には籐を編んだ大皿に焼き立てのナンが山盛りになっており、男たちはそれをちぎってはジャガイモとグリーンピースの野菜カレー、それにダール（豆）のスープにつけて口に運んでいる。インドやパキスタンのカレーは一般的に辛いことが多いが、北部の山岳地帯では唐辛子の使用量は少なめのようである。

モハメッドと名乗った店の主人は一三歳のときに両親に連れられてアフガニスタンから移住してきた。長らく政治的に不安定な時代が続いたアフガニスタンでは数百万人単位でパキスタンやイランへ難民が流出したが、おそらく彼も同様な境遇だったのだろう。

その場に集まっている人たちの多くも各地から移住してきたという。チトラールではコワール語（チトラリ語ともいう）という言語が話されているが、ほとんどの人たちは他のいくつもの言語を操ることができる。バイリンガル、トリリンガルどころではなく、五つ、六つの言語を話すことができる人も少なくない。

パキスタンやインドの北部山岳地帯というのは意外なほど古くから人々の往来や移住の動きがあり、また民族間の交易も盛んであった。こうした地域に暮らす住民は子どものときから異なる民族と触れ合う機会が多く、また言語同士はかなり相関性も高いので、自然と多言語を操ることができるようになるのである。

「俺はつくづくショップキーパーという この仕事に就いてよかったなあと思っているのですよ」

ショップキーパーというのは要するに店番のことだ。主人の隣に座っている男がそう何気なく述懐したのだが、その理由がなんともふるっていた。

「いろいろな人が店にやってくるから、たくさんの人と毎日話をすることができるのさ。ときにはあんたのような遠い国からやってきた珍客にも会うことができる。これって最高の仕事だと思わないかい?」

彼はチトラール生まれであり、この近所でやはり雑貨屋を開いている。なんでも祖父がやはりアフガニスタンからの移民で、それ以来一族は代々バザールで雑貨屋を経営してきたのだという。

日本では大型チェーン店が進出すると、それまで商っていた小さな店が軒並みつぶれてしまうといわれ、事実その通りになっている。地方が衰退する原因のひとつでもある。

しかし目の前の男の笑顔を見ていると、日本の地方で小売店が潰れシャッター商店街になってしまったのは、大型店の進出だけが原因ではないような気がした。見知らぬ人との会話ややり取りをチトラールの人のように一期一会と捉えて楽しむ余裕を失い、むしろ他人との関わりを億劫がるようになってしまった日本人の心の問題にこそ原因があるのではないだろうか。

バザールの店先で近所の人たちが集まってのんびり食事と会話を楽しみ、ショップキーパーとしての自分の仕事に誇りを持っている彼らの姿を見ていると、日本人が追い求めてきた幸せというものがいかに薄っぺらいものか思い知らされている気がした。

カラーシャの村があるルンブール谷へ向かう

翌日、街はずれにある乗り合いのジープ乗り場に向かった。カラーシャの暮らす村へはここから一日に数本のジープの便がある。わたしはルンブール谷へ向かうつもりだったが、ブンブレット谷行きがすぐ出発するというのでそれに乗った。

一時間ほど走ると、「ルンブールへはそちらの道を行きなさい」と分岐点で降ろされた。分岐にはフロンティア・ポリス（国境警察）と書かれた小さな小屋があり、若い警察官がひとり詰めていた。チトラールの警察で取得してきた外国人登録証を見せ、入域料として二〇〇ルピーを払う。そこでルンブール谷へ入る車をしばらく待つが、来そうにないため歩くことにする。ルンブール谷の一番奥にあるバラングル村には旧知のわだ晶子さんが暮らしているので、まずは彼女を訪ねようと思っていた。

佐賀出身のわださんはアジア全域をバックパッカーとしてまわった後、カラーシャの文化と出会った。現地の方と結婚後は一九八〇年代後半からルンブール谷を拠点としてNPO「ルンブール福祉文化開発組合」を組織し、カラーシャの生活向上に尽力されてきた方である。いっぽうで写真家としての顔も持っており、カラーシャの民俗文化を紹介した写真集などの著書も出されている。

二時間ほど歩くとバラングル村が見えてきた。村人にわださんの家に連れて行ってもらう。事前に連絡も取れなかったため、突然の訪問である。わださんは最初、わたしのことがわからなかったが無理もない。二〇年ほど前に東京で一度会ったきりだったからだ。しかし話をするうちにすぐに思い出してくれた。

わださんの家の一階部分は大きなホールになっており、ここは組合の多目的室として使用されているとのことで、美しい民族衣装をまとった数人の女性が布に刺繍をしていた。わださん自身もカラーシャの衣装を着けている。

カラーシャの女性は子どもから老人まで、黒地の布の貫頭衣に、胸や襟元などに色とりどりの刺繍を施した民族衣装をふだんから身に着け、子安貝やビーズ玉、古いコインなどを縫い付けた独特の美しい帽子をかぶっている。子安貝は光沢のある数センチの小さな巻貝で、アジアからアフリカにかけてかつて貨幣の代わりに広く流通していたものである。

イスラムの女性のようにスカーフを巻いたり、顔を隠したりすることはない。みんな目鼻立ちの整ったアーリア系の顔立ちで、わたしのような見知らぬ外国人に対しても軽く会釈してくれる。美人が多く、金髪、碧眼の人も少なくない。

これに対して男性は、パキスタン各地の男性が着用しているのと同じシャルワール・カミュース姿だ。シャルワール・カミュースというのは、木綿生地のだぶだぶのズボンの上に、裾が膝ほどもある長袖シャツを垂らした格好のいってみればパキスタンの国民服である。

わださんはヤシールという若者を紹介してくれた。彼の一家はゲストハウスを経営しているうえ、ヤシールの父親であるサイフラー・ジャンは村の指導的立場にある人なので、いろいろ便宜を計ってもらえるだろうという。結果的にそれはすごくありがたかった。

というのは、ヤシールは小学校の教員をしているため、若いにもかかわらず村人の信奉が非常に篤かったからである。わたしが今回カラーシャの村を訪れてみたいと思ったのは、彼らが独自の多神教的な信仰を持っているという点に惹かれたためだ。

アニミズム的な信仰というのはたいてい部外者を拒む聖域を持っていることがふつうである。そういう場所へはなかなか外国人は入りにくいし、場所も教えてもらえない。ヤシールは午前中は教員の仕事に就いているが、午後は比較的自由に動けるため、わたしはさまざまな聖域に案内してもらえることになったのである。

ヤシール一家のゲストハウスには看板が出ていなかったが、中へ入るとベッドが置かれただけのシンプルだが小ぎれいな部屋がいくつかあった。看板を出していないのには理由があった。

「パンジャービの連中を泊めたくないのですよ」

ヤシールは眉をひそめながら言った。

「なぜかって？　彼らはいつも五、六人で連れ立ってやってくるんだけど、きまって酒を飲んでは深夜まで大騒ぎさ。そして酔っぱらった挙句に、女はどこだ、女を連れて来いだよ。始末に負えないよ、まったく」

ヤシールは心からそういう輩を軽蔑するような顔をした。

彼がいうパンジャービの連中というのは、パキスタン人旅行者のことを指す。イスラム教徒である彼らがわざわざこの辺鄙なところにあるカラーシャの村へやってくるのはなぜなのか。もちろん全員がそうであるとは思わないが、カラーシャの村へ行けば酒も女も買うことができるという噂が彼らの間で信じられ半ば都市伝説のようになってしまっているからである。

実際、酒に関していえば、彼らは主にブドウを自然発酵させてワインをつくり飲んでいる。ただし一年中あるわけではなく、ブドウが収穫できる秋口の頃に限られる。カラーシャは飲酒が戒められているイスラム教徒ではないため、自分たちでつくったワインは伝統的に飲む習慣があるが、しかし村へ行けばビールやリキール類がいつでも手に入るというわけではない。

女性に関しては、誤解も甚だしい。よく知られているように、イスラム教の女性はひとりで出歩いたり、肌が露出した衣服を着たり、男性と話をしたりするようなことに対して、世間の目はたいへん厳しい。

それは男女間の関係についても同様で、自由な恋愛は一部の開明的な若者以外はまったくのタブーであり、夫婦であっても家の外を一緒に連れ立って手をつないで歩くことなどなかなかできない。

家の内側と外側の間には目に見えない厳密な境界線みたいなものが存在し、外側の世界では女性は文字どおりヴェールで覆い隠されており、「存在しない」というような扱いを受ける。ただし誤解がないように念を押しておきたいのは、それは必ずしも女性が蔑視され人権が奪われていることを意味するものではない。あくまでも家の内側と外側で、男女の役割が厳密に区別されているということだ。

しかし現実に、イスラムの未婚の男性や性に目覚める年ごろの男の子にとっては、女性の存在は非常に大きなストレスになっていると想像できる。特に最近では、隣国インドの華やかな恋愛映画や、国境を越えていくらでもアクセスできるネット動画などで、イスラム教以外の国の若者たちが自由に恋愛したり、気ままにデートしたりすることを知っているからなおさらである。

だからそのような若者たちがイスラム圏でない場所に旅行に来たとき、ふだんは戒律によって飲むことができない酒に酔って酩酊すれば、旅の恥はかき捨てという精神状態になるのもわかる気がする。ただでさえ顔をヴェールで隠していないカラーシャの女性は美しい顔立ちをしており、気軽にあいさつを交わし握手さえしてくれるのだから。

話が少し飛んでしまった。バラングル村には全部で五五軒、ルンブール谷全体では一二五軒の家があるという。谷間に沿って村が拓かれているので、どの家もうまく斜面を利用して石と材木を組み合わせて建てられている。たいてい二階建てである。一階部分には家畜を入れ、二階部分が居住空間になっているところが多い。

わたしが訪れたのは夏の終わりの時期だったが、夏の間は飼育している山羊は少し標高の高い山の斜面に放牧してやわらかい草を食べさせているそうで、村では家畜の姿はあまり見かけることがなかった。

家を新たに建てるときは村の男たちが協力するそうだが、おもしろいのは寸法のはかり方。肘から指先までの長さを一単位として、材木の寸法を取るのだという。だいたい四〇から五〇センチぐらいが一単位となるだろうか。

そしてひとつの部屋の寸法を計測する際は、一辺がこの「肘メジャー」で必ず一一単位と決まっているそうだ。腕の長さは人それぞれなので当然この一単位の長さは家ごとに微妙に異なってくる。なぜ一一単位という半端な数字なのかについては、ヤシール自身考えてみたこともなかったそうで、「はて？　どうしてだろうか？」と首を傾げていた。

家族が多くの時間を共有して過ごす居間は土間であり、中央には石を三個並べて炉がつくられている。壁に沿って簡易ベッドが置かれている。部屋の一番奥は仕切られて穀物やバターの貯蔵庫になっている。もちろん各家庭で小さな違いはあるが、だいたいがこの基本形である。

ミツバチを飼っている家も少なくない。家の外壁に内部がくり抜かれた太い木の幹が半ば埋め込まれるように設置されており、その表面には泥土が塗り固めてあった。木の幹には一ヶ所だけ蜂が出入りできる小さな穴が開けられている。

おもしろいのはミツバチの誘引の仕方である。春先にある特定の種類のハーブ草を採取してきて、それを擦りつぶして木の幹の内部によくなすりつけておく。するとハーブ草からの特殊な匂い（フェロモン）につられたミツバチが集まってきて、そこに巣をつくるのだという。

その話を初めて聞いたときには、へぇーと感心したものだったが、その後わたしはずいぶん年月が経ってから我が家でニホンミツバチの養蜂を行うようになった。それでいろいろ調べていたら、まったく同じ方法が日本でも行われていることを知った。

巣箱を設置してもニホンミツバチはなかなか営巣してくれない。ニホンミツバチはセイヨウミツバチに比べてかなり神経質で、よほど気に入った場所でないと定住してくれないのである。そのため養蜂家は、分封した群れを捕獲して巣箱に入れるか、あるいは誘因性のある植物を使っておびき寄せるかの方法をとる。

わたしは前者の方法で捕獲するが、後者の方法を採用する養蜂家はキンリョウヘンというランの仲間の植木鉢を巣箱の近くに置くのである。すると植物が出す匂いにつられてニホンミツバチが引き寄せられ、巣箱に営巣する可能性がぐんと高くなる。

ニホンミツバチは日本の固有種なので、カラーシャの谷に棲息しているのはおそらくニホンミツバチと近似種に分類されるトウヨウミツバチの一種だろう。ヤシールが教えてくれたハーブ草の一種とは何だったのだろう。やはりキンリョウソウの仲間なのだろうか。

蜂蜜を採集するときは、巣の半分だけを人間がいただくようにし、あとの半分はミツバチのために残してあげる。この採集方法もニホンミツバチとまったく同じだ。わたしは日本へ帰国後にそのことを知って、カラーシャにますますの親近感を抱いたものである。

たくさんの神々に護られたカラーシャの暮らし

ヒンドゥークシュ山脈で隔てられたアフガニスタン国境まで十数キロという場所なので、交通の便は悪く、そのため昔も今も自給自足的な暮らしが基本である。小麦やトウモロコシを育て、谷の背後に広がる山へ山羊を放牧するという生活だ。こうした暮らしはパキスタンの北西部から北部にかけての山地民と特に変わることはない。

わたしがカラーシャの暮らしのなかで最も惹かれるのは、彼らが実にたくさんの神々に囲まれ、日常的に祈り、祀っているという、そうした精神文化や信仰に関する部分である。イスラム教という一神教を信仰する人たちと絶え間なく接触しながらも、古からの教えをいまも捨て去ることなく継承しているカラーシャのことをもっと知りたいと思っている。

チャパティと野菜カレーの昼食を済ませると、ヤシールはさっそくバラングル村随一の聖地へ案内してくれるという。村はずれにはブナ科のナラ・カシ類の林が広がっており、いくつかの人が踏み固めてできた小道が続いている。彼のあとをついて歩いているうちに、開けた場所に出た。そこが聖地「サジゴール」であった。

サジゴールはルンブール谷全体を護る最も効験力の強い神様の名前で、この場所には石が組まれ、二メートル四方、高さ一メートルほどの直方体の祭壇がしつらえてあった。その祭壇の前には何かの幾何学模様が刻まれた四本の木彫りが立てられている。朽ちかけているので判然としないが、御神体を表しているのだろう。傍らにはナラの大木があり、これが御神木だという。

聖域であるジェスタック・ハーン内で山羊を解体して調理する男たち

カラーシャは古い時代の日本と同様に多神教を信仰しているため、あちこちにたくさんの神様がおられる。ルンブール谷のなかでは、そのなかでもサジゴールが最も霊験が強いと信じられている。最も霊験の強い神様はそれぞれの谷によって異なり、ブンブレット谷では「ラムン」、ビリール谷では「ワリン」と呼ばれている。

その霊験あらたかな神様のおられる場所では、村をあげての季節ごとの祭礼行事の他に、ときどき村人によってお願いごとなどの際に儀礼が行われるという。せっかく滞在するのだからうまくそのような祭礼の日に当たらないかな、とわたしは都合のよいことを考えていたのだが、儀礼を目にするチャンスは意外にも滞在数日目にして早くも訪れることになったのである。

ヤシールは午前中、この村に唯一ある小学校で教えているのだが、毎日のようにカジという名の老人がふらりと現れては、子どもたちが授業を受ける様子を見守っていた。彼は村のしきたりや祭礼行事について熟知しているため、ときおり学校に来ては子どもたちに民族の伝統を教えるのだそうだ。

ある日のこと、カジがいつもと違うようすで足早に現れた。そしてヤシールに何事か話している。しばらく話を聞いていたヤシールはおもむろに立ち上がると授業を中断してどこかへ行ってしまった。

「今日、午後からサジゴールで儀式を執り行うことになりました。一緒に行きましょう」

戻ってきたヤシールは唐突にわたしに告げた。

なんでもカジが昨夜、夢でお告げを聞いたらしい。最近ルンブール谷からブンブレット谷へ嫁に行った女性がなんらかのトラブルに遭うか、あるいはすでにトラブルに遭っているらしく、すぐに神様のところへ行って儀礼をおこなう必要があるのだという。

先にサジゴールへ行って待つことにする。しばらく待っていると、トラブルに遭っている女性の兄弟がふたり山羊を連れてサジゴールへ現れた。彼らが到着するとすぐに儀礼が始まった。

集まっているのは十数名で、すべて男性である。ひとりが近くを流れる小川へ行って手とナイフを水で清めた。そしてナラの落ち葉を集めて石を組んだ祭壇の前に盛る。マッチで火をつけると葉っぱの山からはもうもうと煙が立ち上った。

そして煙の中に常緑樹の枝葉をくべ、連れてきた山羊の前で何事かを祈るようなしぐさをすると、その枝葉を左右に振った。「あっ、日本と同じだ」

わたしはとっさに神社で執り行われる神事を連想した。神殿で正座して首を垂れている参拝者の前で、宮司が榊を束ねた御幣をシャッ、シャッと左右に振って穢れを祓うあの行為である。

ひとりがナイフで一気に山羊の喉を掻き切った。ほとばしる鮮血を手の平ですくうと、煙が立ち上る火のなかへかけた。さらに再びすくった鮮血を、今度は祭壇に振りかけた。その儀式の間、カジはずっと何かひとりごとのようにぶつぶつつぶやいていた。

若者ふたりがかりで首を切り落とされた山羊を抱えて村へ戻る。学校からも近いバラングル村の中心部には一〇メートル四方ぐらいの石組みの小屋があり、「ジェスタック・ハーン」と呼ばれていた。ここも聖域のひとつであるが、葬られた山羊はそこへ持ち込まれた。

ジェスタックも神様の名前である。この神様は人間が生きる上で節目となるできごとに関わる儀式……たとえば誕生、結婚式、葬式といったことなどをつかさどるのだという。小屋の内部には神棚のような場所があり、そこには四体の馬の顔が刻まれた木彫りの像が祀られていた。ヤシールの説明によると、四体の木彫り像は四つの氏神をあらわしており、それはそのまま祖霊なのだという。

葬られた山羊はジェスタック・ハーンの近くの木の枝にぶら下げられて、手際よく解体が行われる。他の男たちは山羊肉を煮るための大鍋を運んできたり、ジェスタック・ハーンの内部で火をおこしたり、水を汲んできたりと仕事を分担して動きまわっている。

解体された肉は大きな塊のまま鍋に放り込まれ、水煮にされる。煮えたら肉塊を取り出してナイフで細かく刻み、皿に盛り付ける。そして儀式に参加した男たち十数名だけで食べる。塩やマサラなどの調味料は特に使わないようだった。

肉塊を取り出した後のスープには、胃や腸などの内臓をよく洗って細かく刻んだものを投入して再び火にかけ、そこへ小麦粉を少しずつ加えていく。やがてとろみのある一見するとクリームシチューのようなものができあがり、焼いたチャパティをそのソースにつけながら食べる。

結局、昼過ぎに儀式を行ってから、あとは延々と夕方になるまでジェスタック・ハーンに座り込んで料理しながらずっと口を動かしていたことになる。こうした儀式で葬られた山羊肉は男だけで饗宴をひらいて消費し、女はいっさい口をつけないという。その理由は彼らの「不浄」という観念のためである。

わが国でも近代化する以前の社会では似たような観念を持っていた。死を「黒不浄」、生理（月経）を「赤不浄」、出産を「白不浄」と呼び、こうした状態にある人を「穢れている」として禁忌してきた歴史がある。こうした習俗がすでに廃れてしまったかというと、そんなことはなく、現にわたしが暮らす集落では現在においても、身内に死者が出た年は神社へ参ることはせず、祭りに参加することも控える黒不浄の習慣が残っている。

何年か前に宮崎県の椎葉村へ夜神楽の取材に出向いたときにも、その数日前に集落のどなたかがお亡くなりになったということで、毎年恒例の神楽が急遽取り止めになったことがあった。亡くなった家族だけが喪に服して祭りに参加しないのではなく、死を忌むために集落全体が儀礼を中止したのである。これなどは黒不浄という禁忌が現代でもかなり濃く残存している例であろう。

ルンブール谷のカラーシャは死後、魂は谷の最深部に位置する岩がゴツゴツした山「パラール」へ還っていくと信じている。滞在中に葬式があったわけではないので詳しいことはわからないが、彼らにも黒不浄と似た想念があることから、おそらく人の死に対してなんらかの禁忌が存在すると思われる。

カラーシャは身近に存在するものを「聖（浄）」と「不浄」に分けて考える。聖の例としては男、水、ネズの木、ワイン、小麦、山羊、蜂蜜などがあり、不浄としては女、イスラム教、ニワトリ、女性の生理、出産、墓地などが挙げられる。カラーシャ語では聖がオジェンタ、不浄がプラガタである。

不浄という言葉は穢れたり汚れたりしている状態を指すので、女が不浄とは何事か、ケシカランではないかとお怒りになる方もいらっしゃるかもしれない。しかし実際にカラーシャの谷にしばらく滞在してみればわかることだが、女性はけっして卑下されているわけでも、穢れたものとして扱われているわけでもない。むしろ彼女たちは美しい民族衣装を優雅に着こなし、わたしのような外来者にも微笑む余裕を持ちながら暮らしている。

これは「プラガタ」を不浄と訳すこと自体に少々無理があるためで、「神様と関わることができない存在」としたほうがより正確かもしれない。そうすると「オジェンタ」は「神様と関わることができる存在」ということになる。神事を執り行うのは男である。その男が祭壇に山羊や小麦などを備えるので、これらもオジェンタということになる。

ところでプラガタのなかには生理と出産も含まれている。村の外れには「バシャリ」と呼ばれる産屋があり、女は生理期間中の五日間程度と出産の一〇日間程度はその産屋に籠らなければならない。これは出血を伴うために穢れているから隔離するというよりは、生理・出産期間中、女性は体力的にも精神的にも霊的にも不安定な時期にあると考えられるため、ひとりで静かに過ごさせるという解釈がより正確かもしれない。

というのは、日本でもかつて同様の習俗があり、やはり生理・出産の期間中は女性は「忌み小屋」に籠る習慣があったのだが、その理由は「気が枯れている」からだというものであり、できるだけ体力や精神的な負担を少なくしてあげるための配慮であったという。

バシャリで生まれた赤ん坊は数週間後、両親に抱きかかえられてジャスタック・ハーンへやってくる。赤ん坊の右手には泥玉を突き刺した木串を持たせ（矢の代わり）、左手には弓を持たせる。そして頭にはチャパティをかぶせて祈りを捧げた後、頭髪の一部を切り取ってチャパティと共に祭壇にお供えする。

そういった祭礼行事は数え上げればきりがないだろう。滞在期間が限られているわたしはせめて目に見える場所だけでも訪問しようと、ヤシールにねだって他の聖域にも連れて行ってもらった。

村の背後に連なる山の斜面を登っていくと、カシの樹林があり、大きな木の傍らにやはり古い木彫りの像が立てられていた。「ダァーッチ」と呼ばれる神様であり、村外れにある産屋バシャリをよく見下ろせる場所にある。

その位置からして、産屋を守る役割があるのだろう。産屋で出産した女性が外へ用足しに出るときに、このダァーッチを見上げてはならないというしきたりがある。もし見てしまうと、赤ん坊が泣き止まなくなってしまう。そうなってしまったら女性の家族はこの場所まで登ってきてお祓いする必要があるのだという。

ダァーッチから山肌を巻くように登ったところには岩があり、その窪みに小さなコケシ型の石が安置されていた。「クシューマイン」と呼ばれる神様で、形状から見てヒンドゥー教で男根と女陰を意味するリンガとヨニを意味するのではないかと思われる。

「ダァーッチもクシューマインも女の神様だから、男しかここへは上がってこられないのですよ。だから祈りを捧げるのも常に男です」

と、ヤシールはいう。

「女の神様だから男が仕えるということか。そうだな、誰だって同性より異性にかしずかれて奉仕されたほうがうれしいに決まっているしなあ」

わたしがそう冗談を返すと、ヤシールも我が意を得たり、と思ったのか笑顔で大きくうなずいた。日本でも天照大神は女性神であると考えられており、神社での神事をつかさどるのは男性である。この点はカラーシャも日本も同じであるが、女の神様はやはり男性に奉仕される方を好むものらしい。

バラングル村よりも下流にあるグロム村には、サジゴールに次ぐ験力を持つといわれる聖域「マハンデオ」がある。ここにもやはり四体の馬頭の木彫り像が立てられており、村を見下ろしている。

ヤシールは馬頭を「氏神、つまり祖霊を表す」と説明していたが、それにしてもなぜ馬の頭なのだろう。日本でも寺院などで馬頭観音というものが祀られていることがあるが、その意味は仏様を守る菩薩（明王）のひとりとして存在している。その馬頭観音はもともとヒンドゥー教において、宇宙の維持をつかさどる太陽神であるヴィシュヌ神が起源だと考えられている。

ヴィシュヌ神は梵名（サンスクリット語）で「ハヤグリーヴァ」と呼ばれ、「馬の首」という意味である。伝承では馬が太陽を運んできたとされている。日本では家畜を守ってくれる神様として信仰を集めてきたが、それと同様にカラーシャの暮らしにおいても重要な位置を占めている山羊などの家畜を守る神様を馬頭という形で最上位に置いたのではないだろうか。

カラーシャ最大の祭りは一二月に催行される「チョウモス」で、約二週間にわたり歌や踊りを交え延々と繰り広げられる。ふだんは「チアム」という場所に住んでいる神様「バリマイン」がある日の早朝にサジゴールへ降臨し、翌日の夕方には「ラチオワ山」へ移動される。そのときルンブール谷の人々は総出で集い大きな火柱を焚いて祈るのだという。

チョウモス祭についてはその概要をわだ晶子さんとヤシールから聞いただけで、わたしはまだ実際に目にしたことがない。機会があればその時期にぜひ再訪してみたいと願っている。

それにしても神々の饗宴と共に暮らすカラーシャはいったいどこから来た人たちなのだろうか。パキスタン国内には彼らと同じ文化を持つ民族は存在しないし、すぐ西側に隣接するアフガニスタンもイスラム教の国である。独自の言語を持ち、独自の民族衣装をまとい、アニミズム的なたくさんの神々に囲まれたカラーシャの人たち。

アレキサンダー大王（アレクサンドロス三世）がインドへ向けて東征中に遺した軍隊の末裔がカラーシャの先祖なのではないかという説もある（フンザ人もそういわれることがある）。しかし民俗学的調査などからその可能性は少なく、実際にはさらに時代が下がった今から一五〇〇年ほど前に西方にいた原アーリア人たちが何らかの理由でヒンドゥークシュ山脈周辺に定着したという説が有力となっている。

その民族集団は周辺のイスラム教徒たちから「カフィール（異教徒）」と呼ばれ、彼らが住む地域は「カフィリスターン（不信仰者の地）」とされていた。当時そのアニミズム的な神々を信仰する集団は六万人を数えていたと推定されている。

ところがその後、山脈の西側に位置するアフガニスタンでは、アブドゥッラマン・ハーン国王が国土を統一する過程でこの地を征服し、一八九六年に武力で住民をイスラム教に強制改宗させたことがわかっている。

そのいっぽうで、山脈の東側はゆるやかな統治形態をとる大英帝国インド領のチトラール県に属していたため、強制的な改宗などは行われず、結果的に一〇〇年以上たった現在でも昔からの伝統的なアニミズム的な信仰が守られることになったと考えられる。

そういう意味では、カラーシャの人たちはイスラム教に席巻される以前の原アーリア人の信仰や文化をそのまま受け継いでいると考えられ、民俗学的にも非常に貴重な存在であると思われる。アレキサンダー大王を生んだギリシャではしかし、現在も「アレキサンダー大王の末裔」伝説が一人歩きしており、カラーシャに対して金銭的支援を行うNGOなどが活動しているという。この結果、たくさんの若いカラーシャの男性がギリシャへ出稼ぎに行ったりしている。

ＥＵに加盟している先進国の人間からしてみれば、カラーシャはアニミズムなどという遅れた信仰を持つ貧乏な暮らしを強いられているかわいそうな人たちと映るのかもしれない。

小さな谷という閉じられた空間のなかで循環し完結していたカラーシャの伝統的・自給自足的な暮らしは、こうした西欧的な価値観と、周囲を取り巻くイスラム教世界の価値観の狭間で、おそらく今後急速に変貌していくことを余儀なくされるだろう。

◀古都ムルターンの路上でポスターが売られていた。絵柄が華やかで美しい女性たちはインド映画の女優たち。インドとは何かと対立するパキスタンだが、実は多くのパキスタン人は大のインド映画好き

インドとパキスタンとのワガ国境で毎日繰り広げられる国旗掲揚セレモニーに陣取ったパキスタン人女性たち。イスラム教なので家族であっても男女別々の席になる

最前列にしつらえられたＶＩＰ席からは、柵の向こう側で凛々しく立っているインドの国境警備隊の面々や観客らの姿がよく見える。インド側の観客席は男女が一緒なのでいくぶん華やかな感じがする

パキスタンのデコトラやデコバスは日本のトラック野郎も真っ青になるレベル。おそらくオーナーは収入の大半をつぎ込むのではないだろうか。走り始めると車体に取り付けられた鎖がシャリシャリと音を立てる。改造専門の工場が街にはいくつもある

皮革製のサッカーボールを縫製する作業はたいへんな熟練を要すると思われる。メーカーは郊外にある家内工業的な縫製を請け負う業者に外部委託する。サッカーは競技人口が最も多いスポーツだが、それを底辺で支えているのがパキスタンの工場である

ケウラの岩塩鉱の内部は見学することができ、真夏でも涼しいので、パキスタン各地から観光客が訪れる。内部には岩塩でできたブロックを積み上げてライティングした記念撮影ポイントが何ヶ所か用意されている

ダルガー建築の代表格と言われるムルターンのシャー・ルクネ・アーラムの薄暗い内部には聖者の棺が安置されており、ひっきりなしに人々が訪れては廟にすがりついたり膝まずいたりして祈る姿がある

祭りの人々の行進と雑踏に紛れているうちに観衆もみんなムハッラムが放つ熱気に伝染してしまうようだ。歌とともに腕を高々と掲げ、いっせいに振り下ろして自分の胸を思い切り叩く。太鼓を叩いたようなズドンという響きが伝わってくる

◀予言者ムハンマドの孫にあたるフセインが殉教したことを偲ぶために行われるアーシュラーの祭礼（別名をムハッラムという）では、フセインの棺を意味する山車が出て、街じゅうを巡礼する

PAY PHONE
PCO
FONE CENTRE
PCO
PEPSI

ラクダはパキスタンの古い街や旧市街などへ行くと、現在も貨物の運搬用に飼われて実際にその姿を見かけることもある。しかし中産階級が台頭し自家用車が普及するにつれ、こうした姿はいずれ姿を消していく運命にあるだろう

インダス川の下流域にあたるパンジャブ州からシンド州にかけては、インダス川の川幅は広まり、流れもゆったりしたものとなる。沿岸に住む人たちが水牛を飼っている姿もよく見られるようになる

水上生活者であるモハナの人たちは船首が反り
返った形状の家舟を操る。川岸に簡単な小屋を
建てて暮らすこともあるらしい。伝統的な漁労
や水牛の飼育という仕事を離れて、船での運搬
や農業などに従事する人も増えているらしい

ペリカンを飼いながら路上に店を出していたモハナと思われる男性。というのは、かつてモハナはペリカンなどの水鳥を使って漁を行っていたからだ。おそらく蜂蜜と思われる何かの液体を小瓶に詰めて販売していた

モエンジョダロの遺跡を案内してくれたシャナワーズと、警備の警官と一緒に記念撮影。パキスタンのこうした遺跡はとても暑いので、訪れる時期を選ばないととても観光することなどできない

インドにせよパキスタンにせよ旅をしていて一番おもしろいのはバザールなどでいろいろな珍しいものの発見や出会いがあることかもしれない。そして画一性を求める機械などよりも人間の手作業や能力が重視され尊重されている社会から学ぶ点は多いと思う

第10章——肥沃な大地に根付くパンジャーブの歴史と文化

サッカーボールと児童労働問題

その年、二〇〇六年のＦＩＦＡワールドカップはドイツで開催されることになっていた。大のサッカーファンであるわたしはワールドカップ期間中は毎回、日本代表戦だけでなく各国の試合をテレビ観戦することをとても楽しみにしている。

ここ何年も通い詰めているパキスタンではサッカー熱はそれほどでもない。四年に一度のワールドカップが迫っているというのに人々の話題に上ることはほぼない。

パキスタンで一番人気のスポーツといえばクリケットだ。このイギリス発祥で野球の原型ともいわれるクリケットは試合時間が異常に長く、数日間にわたって行われるのがふつうである。さらに得点の数え方やルールがちょっと複雑なため、パキスタン人の友人と一緒に観戦していてもわたしなどはすぐに飽きてしまい、どこがおもしろいのかと思ってしまう。

しかし、クリケットの代表チームからはパキスタン国民の英雄まで生まれている。現首相のイムラン・カーンである（その後、二〇二二年に退陣してしまった）。パンジャーブ州の州都ラホール生まれの彼は約二〇年間にわたってクリケットのパキスタン代表に選出され続け、一九九二年に行われたワールドカップではキャプテンとしてパキスタンを初の優勝に導いた。

引退してからは政界に転じ、パキスタン正義運動という政党を創設。一九九六年の選挙ではイムランのみが当選し、下院議員を務めた。反汚職や福祉国家建設を綱領に掲げる中道というよりはどちらかというと反体制的な政党だが、血縁主義の汚職がはびこる政界に嫌気がさしている国民の支持を集め、二〇一八年の総選挙では第一党に躍進。イムランが首相に選出された。

わたしは彼が首相に選出される以前に、国民に対して納税拒否を呼びかけている映像をテレビで観たことがある。汚職が絶えない政権への抗議の行動であったのだが、日本でなら現職の国会議員が納税拒否を呼び掛けるなどありえないわけで、非常に驚いたことをよく覚えている。

サッカーに話を戻そう。九〇年代後半からパキスタンにおいて児童労働が問題になっていることは知っていた。なんでもサッカーボールの製造に子どもが関わり、低賃金で奴隷のように働かされているとのことだった。しかしわたしが取材に通っている地域ではそのような話は一度も耳にしたことがなく、そのまま忘れてしまっていた。

ところがワールドカップ・ドイツ大会が近づき、さまざまな角度からサッカーの話題が報じられるなかで、全世界で製造されるサッカーボールの実に七割がパキスタン製であることを初めて知ったのである。

それで春先にパキスタンへ入る前にいろいろ調べた結果、サッカーボール製造工場のほとんどはシアールコットという街に集中していることがわかった。シアールコットはラホールの北一〇〇キロほどに位置するインドとの国境からもほど近い街である。

たまたまラワルピンディに住む友人がシアールコットでサッカーボールの製造工場を経営している人を知っているという。それでさっそく紹介してもらい、その未知の街へ向かうことにした。後で述べることになるが、このとき紹介してもらうことができたのは本当に幸運だったと思う。

ビル・サム社のナジール・アハマッド社長はサッカーボール業界に参入して七年目。従業員は約五〇名で、一日に四〇〇〇個のボールを製造するという。ただしこの工場ではサッカーボールだけでなくバレーボールや野球の硬式球もつくっている。

「以前は服飾の縫製工場を経営していました。でもサッカーボールのほうが儲かると聞いて、そちらにシフトしたのです」

ナジール社長は自ら工場を案内しながら、ボール製造の行程を説明してくれた。

「皮革はラホールの業者から仕入れています。それを五角形や六角形に裁断して、色付けや文字入れを行います。うちでやるのはここまで。あとは外注に出すんですよ」

外注に出す先は縫製センターと呼ばれる家内工業のような小規模な事業者だ。そこでボールの形に縫い合わせるのである。この部分は完全な手作業になるらしい。そして縫製されたボールは工場に再び回収され、不良品がないか徹底的にチェックされる。そして合格品は空気を抜いて箱詰めされ、海外へ輸出される。この会社の主な取引先は、ポーランドやドイツ、メキシコあたりとのこと。

「どこの工場でもだいたい工程は同じですよ。シアールコットにはうちのような工場は四五〇ぐらいあるかな。でもＦＩＦＡの公認を受けているのは十ヶ所ぐらい。うちもまあ将来的には公認を受けたいと思っています。信用が違いますから」

ナジール社長によると、人口三〇〇万人を抱えるシアールコットでは四〇万人ぐらいが何らかの形でサッカーボールの製造に関係しているのではないかという。まさにサッカー企業の城下町である。

ＦＩＦＡ（国際サッカー連盟）の公認を受けると公式球としての使用が許可される。公式球として使用が認められるということはそれだけボールが精密につくられ品質が高いという証明になり、もちろんこれは商売上大きなプラスとなる。ただ実際はなかなかハードルが高いらしい。そのためビル・サム社でつくられるボールはすべて練習用あるいは子どもの遊び用であり、業者への納入価格はどうしても安くなる。

この業界では、ボールの実際の縫製作業はほとんどすべて縫製センターと呼ばれる郊外の業者に委託することになっている。その理由はただひとつ。安いからだ。郊外の農村では現金収入に結び付く仕事は慢性的に不足している。需要と供給の関係から都市部に比べると農村では賃金は安くなる。これは日本でもどこでも事情は同じだ。

外注される縫製作業を業者が請け負い、工場から提供された皮革の材料を農村の「センター」に持ち込んで内職のような形でボールを一個ずつ手作業で縫製させる。華やかなスポーツの祭典であるワールドカップだが、一皮めくってみれば、そこで使用されるボールは途上国の農村において低賃金でつくられている可能性がある。

この、ふだんならけっして表には出てこない日陰の存在である縫製職人の存在が、九〇年代に問題視されることになった。外注先で家内工業よろしく細々と行われる縫製作業は人目に付きにくいブラックボックスといえる。そこでは実際にどのような形で作業が行われているのか、外部の者にはなかなか可視化されにくい。

パキスタンでは子どもたちを学校にも行かせないでサッカーボールの縫製の仕事をタダ同然でさせているらしい。そのような話がアメリカのマスメディアで取り上げられた結果、この児童労働の問題は大炎上することになったのである。大手スポーツメーカーのナイキ社前で児童労働反対のデモが行われるまでになった。

これは後に別の工場主が話してくれたことだが、騒動の発端となったのは、当時のブット首相が訪米した際に持参したあるビデオの映像なのだという。ブット首相は企業誘致を進めるためにパキスタンの工業力を誇示するためのビデオ映像を紹介したが、そのなかにサッカーボール縫製作業のようすがあり、子どもが縫製する映像が含まれていた。

わたしはナジール社長に外注先の縫製センターの現場を見せてくれるように頼んだ。しかし、「センターの人が外部の人間は連れてきてほしくないといっている」との理由でやんわり断られた。彼の表情から、この児童労働の問題を再燃させてほしくないという困惑をわたしは読み取った。

他の事業者もいくつか取材しようと考えていたが、ある程度は予想していたもののこれがなかなか簡単ではなかった。ツテがないためアポなしで大手の会社をいくつか訪問してみたのだが、たいていは門前払いされた。何社かは取締役や工場長が応対してくれたものの、インタビューを早く切り上げてくれといわんばかりのあからさまな態度であった。

児童労働問題が降りかかったとき、彼らがさも子どもたちを搾取しているかのようないろいろ不愉快な報道をされたであろうことは想像に難くなく、それも致し方ないことかもしれない。

しかし正面からわたしの取材を受けてくれた会社もある。一九六五年創業の大手メーカーＦＩＲＣＯＳ社では、ディレクターのラジャ氏が予定時間を大幅に超えてこの業界について話してくれた。

「わが社ではサッカーボールだけでなく皮革製のシューズの製造にも力を入れています。はい、他社と同様に縫製については外部の四八ヶ所のセンターへ委託しています」

従業員約三〇〇人を抱えるＦＩＲＣＯＳ社で製造しているサッカーボールは主に公式球として使用されるレベルのものばかりで、練習や遊びのための精度の低いものは扱っていない。ちなみに外注先のセンターでは二〇〇〇人ほどが働いているという。

「縫製センターにはわたしの知るかぎり子どもはひとりも働いていません。考えてもみてください、経験のない子どもに材料をポンと渡して精度の高いボールが縫えますか？」

ラジャ氏が堂々と受け答えをする背景には、この会社で扱っている製品のクオリティが高いため、児童労働が存在する余地などまったくないという自負があるためだろう。

「しかし現実問題として、地方のセンターで働く人たちは経済的に豊かとはいえません。だから親の縫製の仕事を子どもが手伝っている可能性は否定しません。むしろ、あるといったほうがよいでしょう。でもそれは水汲みを手伝うとか、家事を手伝うといったことの延長にある種類のものなんじゃないですかね?」

ラジャ氏は暗に、パキスタンの田舎が置かれている経済的状況や家族のあり方は日本などの先進国とは異なるということをほのめかしていた。

このサッカーボールを巡る児童労働の問題はその後、急速に収束していくことになる。というのは二〇〇二年の日韓共催ワールドカップまでは公式球は皮革製ボールが使用されていたのだが、二〇〇六年からは合成皮革のものに取って代わられたからだ。

皮革製のものは手縫いでないとうまく強度が保てなかったが、この合成皮革はサーマルボンディング法といってパネル同士を特殊な接着剤と熱で接着していく方法がとられる。この方法でつくられるボールは表面に凹凸ができないため、選手は正確なボールコントロールができるようになるといわれていた。

「この技術革新はパキスタンの業界に大きなダメージを与えました。それまでサッカーボール生産のパキスタンのシェアは七割を超えていましたが、現在は五割ぐらいでしょうか。皮革製品に関してはパキスタンが他の追随を許さないほどしっかりした技術があるのですが。これも時代の流れなのでしょう」

そのためにFIRCOS社では皮革製品のバイクブーツ生産などに軸足を移しつつ、合成皮革を使ったサッカーボール生産の新しい技術を導入中だという。

イスラム神秘主義者とムルターン

パンジャーブ州のちょうど真ん中あたりに位置する古都ムルターンを表現する引用符として、昔から「四つのギフトが贈られた街」と言いあらわされてきた。その四つとは、灼熱、埃、乞食、そして墓地である。

まあ軽いジョークではあるのだが、わたしは初めてこの街を訪れたとき、昔の人はなんてドンピシャな言い方をしたのだろうかと感心してしまった。というのは、その四つの言いまわしに偽りはなかったからである。

この四つの言葉はどちらかというとネガティブな意味を含むが、土地の人は逆にそのことを誇りにしているという。というのは、ムルターンは南アジアの街のなかでも最古の歴史を誇り、四つの言葉は暗にそれをほのめかしているからだ。

実際、この街は、インダス文明が栄えたモエンジョ・ダロやハラッパーといった都市遺跡と同年代に基礎がつくられたことがわかっている。地図を見るとムルターンが面するチェナーブ川はすぐ下流でインダス川に合流しており、周辺は川の氾濫原であり肥沃な土地であることがわかる。

三〇〇〇年以上前に編纂された古代インドの聖典リグ・ヴェーダはここムルターンで執筆されたという説もある。七一二年にイスラム勢力によりこの街は支配され、以降、政治と学問の中心としてムルターンは発展してきた。

その中世の時代に隆盛したのが、イスラム神秘主義といわれるスーフィズムである。スーフィーと呼ばれる人たちが独自にイスラム教を解釈し、実践を行った。スーフィーとは、神と人間との神秘的な合一を目指す求道者のことである。

修行により自我の欲や意識を抑え込み、神という存在に近づく。その行為によってイスラム教を理解しようとする。こうした禁欲的な苦行を自ら実践する人たちは徳が高い人として民衆からは尊敬される。この時代に南アジアでイスラム教が急速に浸透していったのは、ひとえにこうしたスーフィーたちの存在が大きかったためだといわれている。

話は飛ぶが、日本には古代から修験道というものがある。山伏と呼ばれる修験者は険しい山中を駆けるという困難な修行を通じて神通力を手にいれ、その験力によって村人や信者を苦しみから解放し、より深い信仰へと導く。そういう意味では修験者はスーフィーとよく似た存在なのではないかと思う。

人々の尊敬を受けたスーフィーが死去すると、墓がつくられるのだが、その墓はやがて崇敬者らの手によって整備されて聖廟となる。聖廟はダルガーと呼ばれ、墓石を中心とした一種の聖域となり、ドーム型の丸屋根がつくられることが多い。

ダルガーはその後、熱心な信者たちによる参詣の場となる。徳の高かったスーフィーのダルガーほど神通力が大きいと考えられ、参詣者は子どもが授かりますようにとか病気が治癒しますようにとかいったいわゆる現世利益を求めて祈願するのである。

おもしろいのは、イスラム教で唯一の神と考えられているアッラーとの整合性だ。スーフィーは徳の高い人間ではあっても、神ではない。だからそのスーフィーの霊に直接祈願することはできない。神はアッラーひとりだからだ。

人々はダルガーを参詣するとき、祈りはアッラーに捧げる。アッラーに聞き入れてもらった祈りはダルガーに祀られているスーフィーの霊に伝達され、その験力を参詣者はもらい受けるという三角構造になっている。

この現世利益の祈願や、複数の神（あるいは神に近い存在）への信仰の形は、神仏習合という文化を持つ日本人とどこかで通じる部分があり、人間ってどこで生まれ育っても考えることはみな同じなのだと、ダルガーの存在を初めて知ったときわたしは思わずうれしくなったものである。

わたしはパキスタン以外のイスラム教国でこうしたダルガーのような存在がどれぐらいあるのかよく知らないのだが、その後パキスタン各地を旅する際に注意深く観察すると、ダルガーは意外なほどたくさんあることに気づいた。

そのなかでもムルターンにはスーフィズムが興った古い時代につくられたダルガーが数多く残っているといわれている。冒頭で挙げたムルターンをあらわす引用句のなかに「墓地」が含まれているのはそういうことである。正確には「聖廟の街」あるいは「墓廟の街」と呼ぶべきであろうが。

ムルターンの中心部、旧市街は狭い通路が密集するバザールとなっている。朝から晩まで行き交う男たちでにぎわい、通り抜けようと思ったら押しくらまんじゅうのような状態になる。この旧市街の周辺にダルガーが並んでいることから、このバザールも中世からそのまま変わらずにあるのだろう。

人に押されながら歩いているうちにいつのまにかまた同じ場所に出る。これを繰り返さないとバザールの全貌はわからない。疲れたら、そのあたりにたくさんあるチャイハネで一休みし、甘ったるいチャイをちびちび舐めながら通りの人混みを眺める。こういう時間が旅では一番楽しい。

客を観察していると、ティーカップになみなみと注がれたチャイを受け皿にわざわざこぼして、それを啜っている人が多いことに気づく。猫舌で熱いチャイを啜ることができないのだろうか、それともイスラム社会では日本人のように音を立てて啜ることがよくないマナーであるから茶を冷ますためにこうしているのだろうか。

これらバザールを見下ろすちょっとした高台に、アユブ門というゲートがあり、ダルガーへの入り口になっている。この門の両脇には乞食たちが一列になって座り込み、参詣者からの喜捨を待ち構えている。

喜捨はイスラム教ではザカート、あるいはサダカと呼ばれ、貧者や弱者を救済するために自分の財産である金品を分け与えることである。本来は自由な信仰心によって行うものだが、イスラム社会ではなかば義務化されているといっても差し支えないだろう。

仏教やヒンドゥー教でも同様の喜捨は行われるが、その対象は主に僧侶や修行者などであり、どちらかというと自分の代わりに祈りを捧げていることへの感謝のしるしとしてのものだ。

イスラム教におけるザカートは、富める者が貧者に施すという性格が強いかもしれない。その結果として、イスラム社会という共同体を安定的に維持することに役立っている。男は外の社会、女は家の中、と役割分担がはっきりしているイスラム社会では、たとえば夫を亡くした妻はたちまち経済的に立ち行かなくなってしまう。そういった人を救済するという意味も強いだろう。

パキスタンにかぎらずイスラム教の国を旅したことのある人が一様に驚くのが、街で乞食を見かけることがあまりないことである。ただ最近では都市部において、乳飲み子を抱いた母親と思われる物乞いをよく見かけるようになってきたが。

だからアユブ門の両脇で待ち構える数十人の乞食を見たときはかなり身構えてしまった。しかし地面に座り込んだ彼らは手を出して催促するものの、インドの乞食のように足にすがりついたりして無理強いするような人は皆無で、総じて静かであり、安堵した。

この門から、神々しいまでに均整がとれた巨大な美しいドーム型の建築が見える。パキスタンのダルガー建築の代表格といわれるシャー・ルクネ・アーラムである。

高さ三三メートル。八角形の基壇の上にもうひとつ八角形が載り、その上にドームがある三段構造だ。全体に赤レンガを積み上げて建てられているが、表面には透き通るようなネイビーブルーと白色のタイルで幾何学模様が描かれている。別名「世界の柱」と呼ばれるのもなんとなく納得してしまう別格の美しさだ。

一四世紀に生きたシャー・ルクヌッディーンという聖者の墓がこのドームの内部にあり、参詣者が次々にやってきては床に頭をこすりつけたりして何事かを祈願している。袋菓子を大量に持参してきている人もおり、周囲の参詣者に配っている。これも喜捨の一種なのだろう、わたしもありがたくいただいた。

いくつかのダルガーを見学しているうちに夕刻となり、バザール近くに取った宿に向かう。通りのそこかしこで凧揚げをする人たちがいる。三角形の凧で、黄色や白色のものが多い。全員が男だが、若者だけでなく、髭面のいい年をしたおじさんもけっこう混じっている。よく見ると、ビルや家屋の屋上にも人影があり、やはりそこからも凧を揚げている。

ムルターンで随一の見どころであるシャー・ルクネ・アーラムはパキスタンを代表するダルガーのひとつである

近くの人に尋ねると、凧揚げはバサントというらしい。二月下旬、パンジャーブ州南部では菜種の種子が黄色に色づき、あたり一面がみずみずしい風景となる。その新しい年の春の訪れを喜び合うために、黄色く塗った凧を天に向けて揚げるのだという。

大の大人たちが熱中してうれしそうに凧揚げをする姿を眺めながら、ムルターンに暮らす人たちは幸せに生きるという意味を言葉に出さなくてもきっと知っているのだろうな、となぜだか思った。

ピンク色の岩塩でできた大山脈

ラワルピンディとラホールのちょうど中間あたりにジェルム川が流れている。このジェルム川はインド領カシミールのスリナガル付近から流れてきており、やがてインダス川に合流する。

このジェルム川の岸辺へ紀元前三二六年、はるか西方の古代ギリシャから巨大な軍隊が姿を現した。アレクサンドロス三世（アレキサンダー大王）の軍隊である。

総勢四万人を超える騎兵と戦車、さらには闘いのためのゾウも連れた一団だったという（一三万人の騎兵を抱えていたとする資料もある）。ジェルム川の対岸には、アレクサンドロス三世の軍隊の侵入を阻止するために、このあたりのパンジャーブ地域を治めていた領主ポロスの軍隊が待ち構えていた。

数キロの川幅を渡渉するためには当然ながら船が必要である。アレクサンドロス三世は先のインダス川を越えてタクシラへ入った際に使用した船をすべて分解させて運ばせた。そしてここジェルム川で組み立て、あとは決戦の火ぶたが切って落とされるだけになっていた。

五月、モンスーンが始まった。連日のように降り注ぐ雨。アレクサンドロス三世はその悪天候を利用し、わざわざ雷雨のなかを出発した。というのは、激しい雨によって相手が自分たちの姿を見つけにくくなるからである。

そして上陸した東征軍はポロス軍と真っ向から向かい合う。戦いに勝利したのはやはりここまで無敵のアレクサンドロス三世の軍隊であった。この戦争は、当時呼ばれていた川の名前を取って、「ヒュダスペス河畔の闘い」という。

と、戦闘の模様をまるで見てきたかのように描いたが、これはわたしの創作というわけではなく、二世紀にギリシャの歴史家であるアッリアノスが著した著作『アレクサンドロス東征記』に記されていることである。

この戦いでは両軍ともに損害が甚大で、戦力が相当ダメージを受けたらしく、アレクサンドロス三世はこのジェルム川で東征の終止符を打ち、ギリシャへ引き返すことになった。灼熱の時期だったこともあり、相当疲れもたまってホームシックにもなっていたことだろう。

そのときに川べりで休ませていた馬がしきりにある種の土を舐めることに兵士が気付いた。自分も舐めてみると塩辛かった。こうしてジェルム川の近くに大量の塩が埋蔵されていることが発見されたといわれている。

現在の地図を見ると、ジェルム川の西岸に細長く山脈が伸びているのが確認できる。「ソルト・

レンジ（塩の山脈）」と記されている。全長は二〇〇キロを超え、幅も数十キロある。六億年前に形成されたといわれるこの山脈には、呼び名のとおり巨大な岩塩の層が眠っているのである。

かつて海の底だったパンジャーブ平原が地殻変動によって隆起する過程で、海中の塩分が少しずつ固まり、それが気の遠くなるほどの時間をかけて堆積し、岩塩になったのだろう。

山脈の一角にあるケウラという小さな街には、ＰＭＤＣ（パキスタン鉱山開発会社）が運営する岩塩抗があり、内部が一般に公開されている。鉄道の支線がケウラまで引かれており、駅前にはピンク色の岩塩の塊が無造作に積まれていた。何人かの労働者がいたので声を掛けると、「欲しかったらいくらでも持って行っていいぞ」といわれる。

いくらでも、といわれても、塊ひとつが何キロもある。日本だとこの岩塩の塊を細かく砕いて、「ヒマラヤの塩」とか「ピンクソルト」と表示されたおしゃれな袋に詰めて売られているのをときどき見かける。わりと値段も高いので、タダであげるといわれればついつい欲が出てしまうが、そんなにたくさん持ち運べるものではない。

ゲートでチケットを買い入場する。別料金を払うと、採掘用のトロッコに乗車して入坑することができる。しかし徒歩のほうが自分のペースでいろいろ見てまわれるのでお勧めだ。坑内に入るとひんやりとした空気が流れてきて気持ちがいい。

坑道に面している壁面はすでにすべて岩塩である。試しに舐めてみると塩辛い。内部は鍾乳洞のようになっており、あちこちに試掘された跡や、地下水が貯まって池になっているところもある。

会議場と呼ばれている空間は天井までの高さが七五メートルもあるという。

岩塩をレンガ状に切り出してそれを組み上げてモスクをかたどった巨大な影像にスポットライトが当てられ、まるで氷の彫刻のように岩塩の結晶がきらきら光を反射して幻想的な雰囲気だ。ここは最大の記念撮影スポットになっているようで、パキスタン人観光客らがしきりに写真を撮っている。

ガイドの人が、「このケウラの岩塩抗は世界で二番目の規模だ」と何度も自慢している。一番目はどこかと聞くと、ポーランドにある岩塩抗だとの返事だった。

坑道の外にある土産物屋で、岩塩をくりぬいて作ったランプを購入した。スイッチを入れると、岩塩を透けた光がほのかに怪しいピンク色に染まるのが気に入ったからである。しかし日本へ持ち帰ってみて後悔した。書斎に置いていたら溶けだして、表面がべとべとになってしまったからである。湿度が高い日本には向いていなかったようである。

ワガ国境での印パ愛国心鼓舞合戦

インドとパキスタンはかつてのイギリス領時代にはひとつの国だったが、戦後独立してからはカシミールの領有をめぐる国境問題が続いているため、国境の総延長は三三〇〇キロを超えるというのに、陸路で往来できる箇所はただ一ヶ所しかない（他に鉄道で往来できる箇所が一ヶ所ある）。

パキスタン側のワガとインド側のアタリを結ぶ国境がそれで、双方を結ぶバスも運行されている。

ている。この国境のユニークな点は、他国ではけっして見ることのできない奇妙なセレモニーが毎日行われていることだ。

フラッグ・ロワリング・セレモニーと人々は呼ぶ。降旗式である。

夕刻、ラホールから次々と見物客が集まりはじまる。セレモニーに合わせて臨時のバスや乗り合いタクシーが多数出るらしい。自家用車で来た人たちは指定の駐車場に収まらないため路上駐車の列ができている。

友人同士や家族連れでやってきた見物客たちは、これから始まるセレモニーを前に饒舌でどこかそわそわしている。男同士で肩を組み、手をつなぎながら歩く者も少なくない。ただ念のために書き添えておくと、彼らはゲイでも同性愛者でもない（なかにはいるかもしれないが）。

パキスタンの男性は親愛や友情を感じるときに手をつなぐことはわりとふつうの行為である。ただ、自分たちの文化にはないものだから、わたしも旅の途中に知り合った男に初めて手をつながれたときは正直困惑したものだったが。

国境ゲートには大きな文字で「ロング・リブ・パキスタン（パキスタンは永遠に）」という標語が書かれており、その脇にチケット売り場がある。聞いた話では、インド側には「アワ・グレート・インディア（われわれの偉大なるインド）」と書かれているとのことだ。さらにインド側では入場は無料らしい。

ゲートをくぐって入場すると、男女別の観覧席がある。外国人の場合は最前列のＶＩＰ席に案内されることもある。観覧席からは国境の鉄の門を見下ろせるようになっている。鉄の門の向こう側にはインド人たちがやはり同じように観覧席に座っているのがよく見える。

ざっと数えてみたところ、双方とも数千人ずつの観客といったところだろうか。休日や何かの記念日には一万人を超える人たちが集まることもあるらしい。

鉄柵のこちら側には黒色の制服に黒い羽根飾りのような派手な帽子をかぶった男たちが表情ひとつ変えずに整列している。インド側ではベージュ色の制服に赤い羽根飾り姿の男たちがやはり同じように整列している。どちらもみな上背があり、背筋をきりっと伸ばし、胸にはいくつもの勲章を光らせ、厳めしくも凛々しい表情をしている。イケメンが多いのはやはり観客に見せるというセレモニーの性格上、そういう人を選抜したのだろう。

パキスタン側はパンジャーブ・レインジャーズという国境守備隊、インド側はインド国境警備隊の面々である。

セレモニーは突然始まった。鉄柵があけられ、そこからゲートに向けてレインジャーズたちは一糸乱れぬ動きで行進を始めた。大きく腕を振り上げ、大股で長い足を蹴り上げるようにして力強く歩行すると、観客席から「おぉーっ」という歓声が上がり、手拍子が鳴りやまない。

同じような行進がインド側でも行われ、やはり鉄柵の向こう側からは歓声と大きな拍手が聞こえてくる。パキスタンでは観覧席は男女別になっているが、インドでは男女が混じり合って着席している。そのぶん、全体的にカラフルな感じがする。

ゲートの手前で踵を返し、再び鉄柵に向かって行進する。ときおり相手を威嚇するような動作も混じっており、観客たちのなかにはそれに呼応して立ち上がって声援を送る者がいる。気づくと、あたり一帯は興奮のるつぼに包まれている。

「パキスタン、ジンダーバード（パキスタン、万歳）！」

隊員の威勢のいい声に合わせて、観客席からも「パキスタン、万歳！」という大声援が響き渡る。

「ヒンドゥスタン、ジンダーバード（インド、万歳）！」

という大声援が鉄柵の向こうから返される。

隊員たちと観客はもはや一体化し、その場は異様な高揚感に包まれる。みなの高揚感がわたしにも伝染したのか、応援合戦を聞いているうちに不覚にも目頭が熱くなった。自分でもよく理由がわからないまま感動していた。

これが愛国心というものなのかもしれない……。

ひととおりの応援合戦が終わると、インド・パキスタン双方の隊員の手により、それぞれの国旗が掲揚台からするすると下ろされた。このときにはもう観客は静かになっており、起立したまま下ろされる国旗に黙礼している。隊員の代表が互いに握手すると、鉄柵がガラガラと閉じられた。それで今日のセレモニーは終了である。

観客たちはまた友人同士おしゃべりしながら帰路につく。わたしも心地よい余韻に浸りながら、何度も何度も国境ゲートを振り返りながら歩いた。あのときふいに目頭が熱くなったのはどうしてなのだろう。愛国者であるというのはどういうことなのだろう。

日本に住んでいると、自分が愛国者であるのかどうかなど考えたこともない。いや、ないこともない。大のサッカーファンであるわたしは、ワールドカップに出場する母国の試合で選手が国旗に向かって国歌を斉唱する場面がテレビで放映されると、ときどき涙が滲むことがある。あれは半分が愛国心から、半分が選手を誇りに思う気持ちが昂って、そうなるのだろう。

国境で行われるこの奇妙なセレモニーは一九五九年以降、続けられているという。過去に何度もパキスタンとインドの間では小競り合いが起き、実際に戦争に発展するという危機に見舞われたことがあった。さらにこのワガの国境ではかつて自爆テロが起き、パキスタン側で何十人もの命が失われたこともある。しかしそういうときでも、ほんの数日間中止されただけで、セレモニーはすぐに再開されてきた。

外国人であるわたしから見れば、このようなセレモニーは結果的に双方の対立をさらに煽り、危機を助長するだけなのではないかと思ってしまう。しかし実際にこのセレモニーを目の当たりにすれば、その考えは間違っていることに気づく。

たしかに両国の対立は続いているが、それはあくまでも政治的なものであり、国家と国家の関係だ。しかし国民は違う。パキスタン人とインド人は本来、同じ場所で共存してきた兄弟のようなものだ。戦後、宗教によって国が分かたれることが決まってしまったために、たまたまパキスタンとインドに分かれただけである。

敵同士というよりはむしろライバルといったほうが両国の関係を正確にあらわすような気がする。「パキスタン万歳！」「インド万歳！」という自らを鼓舞する声援を送っても、相手を非難し差別するような掛け声は、国境セレモニーではいっさい耳にすることはなかった。「インドはイスラム教徒への人権侵害をするな！」とか、「パキスタンは武装ゲリラへの支援を止めろ！」といった政治的なヤジが叫ばれることはまったくなかった。

敵対という言葉よりも、このセレモニーでは愛国心という言葉のほうが似合う。国を愛する気持ちというのは、イコール相手を攻撃することではないのだ。わたしたちはついつい愛国心と聞くと反射的に戦争への疑念と警戒心を抱きがちだが、本来は国を愛するという気持ちは別物のはずである。

わたしが不意に胸を突かれ、目頭が熱くなってしまったのは、パキスタン人にしてもインド人にしても自分の国を愛しているということを人前で堂々と発露できる点にうらやましさを感じたことから来ているのかもしれない。彼らがてらいもなく「自分の国が好き」といえる、そのことに感動を覚えたのである。

自分の国を心から愛するとはどういうことなのか。国家と自分はどう折り合いをつけるべきなのか。自分のなかではまだ答えが出ていないが、ワガ国境でのフラッグ・セレモニーが何がしかの示唆を与えてくれたことだけは確かである。

第11章——シンド州でインダス文明の残り香を嗅ぐ

大都会カラチの蛇使い

「飲むかい?」　男が袋から取り出したのはメイド・イン・パキスタンの缶ビール。マリー・ビールであった。

意外に思われるかもしれないが、パキスタンはイスラム教を国教に定めているにもかかわらず、ビールやウイスキーはさほど苦労しなくても入手することができる。マリー・ビールに代表されるように国内で製造されている銘柄もある。

イスラム教徒が人口の九七パーセントを占めるパキスタンだが、では残りの三パーセントがどうなっているかというと、ヒンドゥー教徒、キリスト教徒、ゾロアスター教徒（拝火教徒）などである。そのため酒類の生産や販売はそれら非イスラム教徒のため、ということになっている。表向きは。

わたしのような非イスラム教徒の外国人旅行者も酒を飲むことができる。ただし購入できる場所が限られている。全国に数十ヶ所あるといわれている酒類販売所に出向くか、高級ホテル内でルームサービスを頼むか、あるいは数は少ないが高級ホテル内にある飲酒可能なバーでしか購入することはできない。

いずれの場合もパスポートを提示して書面にサインする必要がある。公の場所やレストラン等では飲むことができない。そのため入手すること自体は可能だが、わたしたちのようにコンビニにちょっと寄り道したら簡単に購入できる国から来た人間にしてみれば、実際はなかなか面倒くさいものだ。

しかし人間というものは、好きなことに対しては手間を惜しまず情熱を傾けることができる生き物である。わたし自身は酒は嫌いではないが下戸《げこ》なので、そこまでして飲もうとは思わないが、これまで酒好きのパキスタン人の友人たちに頼まれて何度も酒類販売所に出向いたことがある。

するとそこでは必ずといってよいほど同好の士たちと鉢合わせした。尋ねるとみなイスラム教徒である。べつにキリスト教徒だと嘘をつくわけでもなく、身分証明書を示すわけでもない。売り子と客は顔なじみのようで、慣れた調子で注文している。顔見知りであることが何よりも優先され、それによって物事が円滑に進む社会だからだ。

しかし酒を持ち帰るときの仕草はちょっと笑える。心のどこかにやましさがあるのだろう。用意してきたバッグにそそくさと詰めたり、シャルワーズ・カミュースをたくし上げてズボンにねじ込んだりして持ち帰る。シャルワーズ・カミュースはふわっとした服なので、酒瓶を何本か隠すぐらいわけないことなのだ。

このアサッドと名乗る男もそうやって手に入れたのだろうか。わたしは男と浜辺に並んで座り、お世辞にもきれいとは言えない灰色の海を眺めながらビールを飲んだ。アサッドは日本で六年間暮らしたというだけあって日本語はペラペラである。たまたま昨日、泊っているホテル近くの食堂で知り合い、カラチを訪れる観光客ならば必ず立ち寄るというクリフトン・ビーチに連れてきてもらっていた。

日本では東京の渋谷に住んでいたという。ジャーナリズム関係の仕事をしていたというが、それはたぶん嘘だ。なぜなら今回わたしはある新聞社系列の週刊誌にルポを一本書く約束をしてきていたためその話をしたのだが、実際のところ彼は日本のジャーナリズムに関してはまったく疎いことが判明したからである。

何か他に目的があって近づいてきたのかもしれないし、あるいは単に懐かしい日本語を話したかっただけかもしれない。パキスタンを旅しているとそういうことはよくあることだ。

マリー・ビールをつくっているブルーワリーは創業が一八六〇年。なんと江戸時代からビールをつくり続けているのである。現在でも当時の製法を守り、ホップとモルツだけを使用しているという。うまいわけだ。

アサッドとはそこで別れ、ほろ酔い気分のままビーチをぶらぶらする。外国人の姿はあまり見かけないが、リッチな感じの家族連れや田舎から出てきたと思われる団体旅行の人たちが、写真を撮り合ったりビーチパラソルの下で商売している土産物屋に群がったり、観光用のラクダに乗ってはしゃいだりしている。

「あなたのカメラを見せてくれないか?」

と、声を掛けてきたのは、このビーチで商売をしている記念写真屋のお兄さん。カメラマンの同類としてわたしのカメラに興味津々だ。

しきりに値段を知りたがる。本当の値段をいうとおそらく驚かれるので、控えめにその何分の一かの金額を答えたが、それでも彼を驚かせるのに十分だったようだ。別れ際に、「これはぼくが撮った夕日の写真です」とキャビネサイズのプリントを恥ずかしそうにプレゼントしてくれた。

パキスタンを旅していつも感じるのは、人と人との距離がとても近いことだ。外国人のわたしを見かけて臆せずに話しかけてくる人の何という多さ。彼らにとって話をすることが何よりの娯楽なのだろう。

「そこのジャパニ、見ていかないかい?」

次に声を掛けてきたのは蛇使いだった。ターバンを巻いた男がふたり木陰に座り込んでいる。男たちの前には何やらいわくありげな円形の籠。まるで絵に描いたような蛇使いのスタイルそのものである。

蛇が大嫌いなわたしは少し距離を置いて砂浜にしゃがんだ。蛇使いが笛を吹くと、円形の籠からコブラが鎌首をもたげた。そして傍らのズタ袋を引き寄せると、なかからマングースを取り出した。コブラの天敵はマングースである。これから決闘を見せようとのことらしい。

蛇使いがマングースを離すと、いきなりコブラの頭に噛みついた。必死で反撃に出て、マングースのからだに巻き付くコブラ。わたしはしゃがんだまま、ずりずりと後ずさりした。マングースがしっかりと歯を食い込ませているコブラの頭からは鮮血がほとばしっている。蛇使いはいったん両者を引き離すが、すぐにまた闘わせる。マングースはまたコブラの頭に歯を立てる。完全に勝負ありだろう。

見世物はそれで終了であった。なんというか、もう少し起承転結とか、気の利いたストーリーの展開というものが欲しいところだ。

「噛まれたコブラは大丈夫なのですか？　もうかなり弱っているように見えるけど」

コブラは出血多量で傷口も深そうだ。次に見物客が来たらこの状態でまた決闘させるのだろうか。

「なーに、ハイデラバードの森へ行けばいくらでもいるのさ。死んでしまったらまた捕りに行けばよい。捕まえるのは簡単だよ」

と、赤いターバンを巻いたほうの蛇使いが答えた。もうひとりは緑色のターバンを巻いている。

蛇使いの男はモラー・バスクと名乗った。カラチの北に位置するハイデラバードの生まれで、推定年齢五〇歳（本人がそう言っていた）。二五年ぐらい蛇使いの仕事をしているという。

モラーさんは懐から大事そうに一枚の紙片を取り出した。そこにはお父さんのロング・バスク氏の名前がタイプされており、なんでも一九六七年にイギリス人研究者が蛇を研究するためにハイデラバードに来た際、ガイドとしてその手伝いをしたことの証明書のようなものらしい。きっと一介の蛇使いにとってみれば、その仕事はよほど名誉なものだったのだろう。

彼はイスラム教徒ではなくヒンドゥー教徒なのだという。そして自分を指しながら何度も「自分はジョーギーだ」と繰り返した。

ジョーギーという言葉が果たして英語なのかヒンドゥー語なのかもわからず、当然意味も不明だ。そのときは何のことを話しているのか理解できなかったのだが、帰国後に調べてみたらジョーギーというのは蛇使いなどの職業を指す言葉であることがわかった。

ヒンドゥー教の世界にはカースト制度が存在することはよく知られたことである。バラモン、クシャトリア、ヴァイシャ、シュードラの四つがヴァルナという階層であり、そこに当てはまらない人はアウトカーストの不可触民と呼ばれる。

そうしたカースト制度とは別に、ヒンドゥー教世界ではジャーティと呼ばれるカースト制度を支える共同体の単位が存在する。それは地縁や血縁に基づいた社会集団の単位のことで、職業や階層がジャーティによって規定されることになるのである。

ジャーティはたとえば、「掃除の仕事」「肉を解体する仕事」「羊を飼う仕事」というように特定の職業集団から成り、そこに「ジョーギー＝蛇使い」という分類も設けられている。婚姻も同じ職業に属する人同士で行うのがふつうらしい。こうしたジャーティの分類は本場インドでは数千も存在するとのことである。

蛇使いの仕事はれっきとした職業だったのだ。ヒンドゥー教の本場インドでは、ジョーギーは数十万人いるらしい。パキスタンにおけるヒンドゥー教徒の人口を考えたとき、おそらく国内に存在するジョーギーは多くて数千人ぐらいの規模だろうと推定される。

蛇使いなどの遊行芸は本来、こうしたストリート・パフォーマンスではなくて、縁日や祝いの席などでの門付けの役目を担っていたと思われる。彼らが演じる「特別の力」が重宝された時代は長かったが、世界が近代化していく過程で「別になくても不都合はない」と切り捨てられていく運命にあるのだろう。

もともと彼らはインド・ラジャスタン地方の砂漠を根拠地とする土地を所有しない漂泊民だったと考えられている。蛇使いの仕事がないときは籠を編んだり、薬草などの生薬を精製して販売したりしていた。日本でいえば昭和初期ぐらいまで存在していたサンカに暮らし方は近いかもしれない。

インドでは自然保護の観点からコブラの捕獲は全面的に禁止されてしまい、その結果、蛇使いは他の仕事を見つけなくてはならなくなったという。パキスタンでも状況は似たようなものかもしれない。サンカがそうであったように、近代化と共にやがて蛇使いも消えてしまう運命にあると思われる。

シーア派の祭典「ムハッラム」

夜半、安宿のベッドの上で目が覚めた。外から拡声器を使った大音響や人々の掛け声が聞こえてくる。窓を開けると通りはぎっしりと人で埋め尽くされており、一方向に向かってゆっくりと歩いているのが見下ろせた。時計を見るとちょうど0時をまわったところである。

レセプションに降りていくと、わたしが尋ねていないのに「ムハッラムだよ」と受付のおじさんが教えてくれた。きっと大音響で起こされたわたしのような宿泊客が次々と外出しているからだろう。

イスラム教の国では太陽暦の他に、ヒジュラ暦と呼ばれる太陰暦を併用するのがふつうである。たとえば断食月であるラマザーンなどもこのヒジュラ暦によって定められる。月の満ち欠けを基準にした暦なので、当然グレゴリオ暦（太陽暦）で基準にする太陽の運行とは誤差が出るため、イスラムの祭典は毎年少しずつずれていく。

ムハッラムはそのヒジュラ暦における一番目の月を指す。ホテルのおじさんが「ムハッラムだよ」と言ったのは、そのムハッラムに関連する祭りの日だよという意味で、正確には今日の騒ぎは「ムハッラム月の一〇日目にあたる祭礼アーシューラー」と言うのが正しいらしい。断食と贖罪の日、という意味だ。

深夜だというのに通りを埋め尽くすのは男ばかりではなく、女も子どももけっこう混じっている。男の多くは鞭のようなものを手にしており、ときおり地面をパシンパシンと叩いている。高さ五メートルほどの山車のようなものがいくつも出て、人々の歩く速度に合わせてゆっくりと通りを進んでいく。

「あの山車はフサインの棺を表しているんだよ」

いつのまにかわたしの横に立っているホテルのおじさんが解説してくれる。この人はどうしてわたしが疑問に思っていることを察することができるのだろう。それに、ホテルの仕事を抜け出して大丈夫なのか？

アーシューラーはイスラム教徒のなかでもシーア派の人たちだけが執り行う祭礼行事だ。この日に預言者モハマッドの孫にあたる三代目イマームのフサインが、現在のイラクのカルバラーの地において殉教したことを偲んで行われるという。

通りでは何百という巨大な釜で何か煮炊きしていた。ビリヤニ（羊肉入りの炊き込みご飯）らしい。ひととおり歩いてまわってから参加者に振舞うのだという。祭礼は明日にかけて続けられるとのことだったので、わたしは部屋に戻って夢の続きを見ることにした。

翌朝、人通りの流れに乗って歩いていくと、カラチの街を東西に結ぶ広い道路に出た。市庁舎なども並ぶジンナー・ロードだ。ジンナー・ロードを東に向かって進めば、パキスタン建国の父と呼ばれるモハマッド・アリー・ジンナーの霊廟、カーイデ・アザーム廟がある。

人々は沿道を埋めつくすように並び、パレードがやってくるのを待ち構えている。と、威勢のいいラッパの音色に合わせて、軍隊や警察の行列が先導して現れた。

その次には、何百人、いや何千人かの若い男たちが続く。黒っぽい服装の人が多いが、上半身裸になっている人も多い。彼らは歌に合わせて自分の胸に平手をかましながら歩いていく。平手を打つたびに、パーン、パーンという高らかな音がビルに反響する。あたかもドラマーのライブ演奏を至近距離で聞くような、地鳴りが腹にズンズンくるあの感覚だ。

「ああやってフサインが殉教したときの痛みを追体験しているのだ。これを続けていると興奮状態になって失神するやつも出てくるよ」

声がする方を見ると、昨夜のホテル受付のおじさんがわたしの横に並んで勝手に解説している。こんなにたくさんの人出なのに、この人はどうやってわたしを見つけることができたのだろう。それともホテルから付けてきたのか？　そもそもホテルの仕事を放りだして構わないのか？

ストーカーされているみたいでちょっと気持ち悪いが、でもたぶん彼は単に外国人のわたしと話をしたかっただけなのだと思う。この国ではよくあることなのだ。

行進する男たちのなかには、平手ではなく、鎖で自分の背中をビシバシ叩いている人もいるではないか。当然ながらその男の背中からは鮮血が滴り落ちている。血で染まった鎖の跡が一文字についている。マゾの嗜好がある人でもここまではやらないだろう。まあその世界のことは知らないけど。

おそらく頭からペンキの入った水を被ったのだろう､頭から真っ赤なペンキをぽたぽた垂らして、顔面が真っ赤に染まった人たちも混ざっている。これもきっとフサインの殉教と痛みを表現してのものなのだろう。

「ほら、あの人、あの顔面を真っ赤に染めた人はもう自分で歩けないようだよ。両側から支えられているだろ。頭をちょっと切りすぎじゃないのか」

ホテルのおじさんの顔は上気して、心なしかうれしそうに見える。もしかして、ちょっと危ないそっち系の人？　彼が指さす方向には、頭から上半身まで真っ赤に染まった男が両脇から抱えられるようにして歩いていた。

「えっ、あれってペンキじゃないのですか？　ホンモノの血？」

驚いたわたしがホテルのおじさんに問うと、彼は今さら何を言っているのかという顔つきになった。そして手刀で自分の頭を切りつけるジェスチャーをした。

もはや完全についていけない世界だ……。

興奮状態に陥った人々が暴徒になり、敵対するスンニー派の人たちとの抗争に発展することもあるらしい。警察と軍隊が先導しているのもそのためだという。ほとんどの商店がシャッターを下ろしているのもそういう理由があったのだ。

話は少しそれるが、一時期、自爆テロという言葉が新聞やテレビをにぎわせていた。懐に爆弾を隠し持ち、空港や学校や軍の施設などに入り込んで爆発させ、多数の人を巻き込むテロ行為のことだ。その行為には、敵の中枢に打撃を与えるという目的よりも、注目を浴びることによって自分の考えや思想を世界中の人たちに知ってほしいという動機が込められているような気がする。あるいは自死によって、信念や名誉を守ることができるという考えが彼らにはあるのかもしれない。

その自爆テロという行為とアーシューラーはどこかでつながっているような気がした。鮮血に染まってふらふらになりながら行進する行為は、正真正銘のシーア派であり、敬虔なイスラム教徒であることを内外に示すことができるうえ、そこに身を置いている自分のことを誇りに思い、また同時にその姿に酔うこともできる。

たいした信念も名誉も持ち合わせていないわたしには、やっぱりついていけないない世界だ。

サッカルの巨大堰堤《えんてい》と水上生活者モハナ

パンジャーブ州からシンド州へ入りインダス川沿いに百キロほど行ったところに古都サッカルはある。街の中心にはマスム・ミナールと呼ばれる高さ二六メートルの尖塔が立ち、どこからもよく目立つ。この地域を一七世紀に支配したムガール王朝によって建造されたものだ。

このレンガ積みの塔は登ることができる。頂上部のバルコニーからは、ぎっしりと隙間なく並んだ建物の向こうにゆったり流れる土色のインダスの流れが見渡せる。そのインダスの流れを堰き止めているのがサッカル・バレージ（堰堤）だ。

大英帝国時代の一九三二年に一〇年の歳月を費やして完成された巨大堰堤で、全長は一六〇〇メートルある。六六の水門があり、この堰堤から左岸に三本、右岸に四本の運河が切削され、シンド州の平野部にインダス川の水を供給しているのである。

シンド州のほとんどは砂漠に近い乾燥気候帯に属しており、一年を通しての暑熱地であるため、本来ならば農業にはあまり向いていない。しかしサッカル堰堤から運河に引き込まれた水はこの地を肥沃に改良し、灌漑によって農業ができる土地へと変えた。

同様に一九五五年に完成したコトリのグラーム・モハマッド堰堤、一九六二年完成のカシュモールのグドゥ堰堤があり、サッカル堰堤を含めた三ヶ所の堰堤が灌漑する土地は三六〇万ヘクタールにも上るという。これはほぼ九州全体の面積に匹敵し、主に小麦や米、綿花、トウモロコシが生産されている。

サッカル堰堤の上は車が走れる橋としての機能も持っている。わたしは三輪のオートリキシャーでここを走ったのだが、警備の警察官が五〇メートルおきぐらいに立っていた。ドライバーは運転しながら後ろに座るわたしのほうに首をねじり、「今日は州政府の誰か偉いさんが来るそうだ」と大声を出した。

あちこちに「撮影禁止」と書かれているため、撮影許可をもらおうと係官と交渉するために事務所へ出向く。しかし係官らはＶＩＰを迎える準備でそれどころではないらしく、けんもほろろに追い返された。警察官に聞いても「ノー、ノー」と大きな手ぶりで拒絶される。パキスタンでは軍事上の理由で、橋や公的な建物の撮影が禁止されていることが多い。

堰堤から川沿いを歩いていると、小舟が停泊していて、白い髭に赤銅色によく焼けた肌のおじさんが手招きしている。岸辺へ下りていくと、舟に乗らないかという。観光に訪れた人を相手に商売しているようである。

舟に乗り込むとおじさんは櫓をこぎ始めた。

「写真を撮りたいのだけど、やっぱりダメですかね？」

ダメもとで一応おじさんに尋ねてみる。

「何を遠慮している。どんどん撮りなさい」

そう言うと、おじさんは櫓をこぐスピードを上げて堰堤のすぐ近くまで舟を寄せてくれた。舟をあまり寄せ過ぎたら不審者扱いを受けて警察官に発砲されそうで気が気ではなかったが、おじさんは「ノー・プロブレム！」を連発していた。

おじさんは自分のことを指して、「モハナ、モハナ」という。あとでわかったのだが、モハナというのは水上生活をしている少数民族であった。ときおり現れるわたしのような物好きな旅行者に声を掛けて、堰堤近くを小舟で遊覧させ、それを現金収入にしているようである。

サッカルの街とインダス川をはさんだ対岸はローリという別の街だ。一〇〇年ほど前に建てられた古い家が多く、路地は曲がりくねって狭い。車社会が到来する以前の街はきっとどこもこんな感じだったのだろう。

川べりを歩いていると、ここでも小舟を操る人に声を掛けられた。先ほどの人と同じような浅黒い肌のおじさんだ。やはりモハナの人で、舟に乗ってそこらへんをぐるりとまわらないかという。

小舟がスーッと川面を滑ると、涼しい風が吹いて気持ちいい。ローリとサッカルの間にはいくつかインダス川の中州があり、そのひとつにおじさんは舟をつけた。古い建物があって、一〇世紀に生きた聖者フワジャ・フィズルの廟だという。いわゆるダルガー（聖廟）のひとつである。

一九六五年に起きた印パ紛争の際、インド空軍機がここまで飛来し、すぐ近くの橋を爆撃しようとしたが命中しなかったそうで、それはこの聖者が守ってくれたおかげだと付近の人々は信じている。イスラム教徒、ヒンドゥー教徒に関わりなく参詣に訪れる人が絶えないらしい。

インダスの川岸にはわりと大型の木造船が停泊している場所もあり、モハナの人々がここに居住し、移動しながら暮らしているという。船は船首と船尾が大きく反り返った独特の形をしている。女性は川で洗濯、男性は船の修理をしている。岸辺から数メートルの小さな橋が川に向けて掛けられているのがトイレだろう。砂浜には数十頭の水牛が重なり合うようにしてうずくまっている。

モハナはインダス川の中州や船上で暮らす人たちで、固有の土地を持たない漂海民のような存在である。漁労を主な生業にしており、もともとの根拠地はサッカルとカラチのちょうど中間あたりに位置するマンチャール湖というインダス川と水路でつながっている湖だ。

漁労以外にも水牛を飼ったりしているが、彼らの生業で最も興味がある点は水鳥をも捕獲するということだ。わたしはそのことを帰国後に知ったのだが、ぜひ見てみたいのが彼らの水鳥の捕獲方法。

ひとりの男性が大型の水鳥の剥製を頭にかぶって川のなかをそろそろと歩き、おとりとして鳥の群れに近づくのだという。この地を再訪する機会があればぜひ実際の猟のようすをこの目で見たいと思っているのだが、まだ果たせていない。

おそらく昔ほど魚が捕れなくなったためだろう、最近は船を売って陸に上がり、農業や道路工事などの仕事に就く人が後を絶たないらしい。またインダス川の河口付近には世界でも珍しいカワイルカが生息していることから、これを地元の観光振興につなげたいＮＧＯなどがカワイルカを舟から見るエコツアーを企画し、そのガイドに就いているモハナもいるとのこと。

伝統的な暮らしが変容していくのはわたしのような外部の人間からしてみれば残念で寂しいことだが、これもインダス文明が滅んだのと同じように環境の変化が原因であり仕方のないことなのだろう。

インダス文明発祥の地モエンジョダロへの道

モエンジョダロ遺跡の起点となる街ラルカナまで、カラチから三本のバスを乗り継いで行った。まずはハイデラバードまでミニバス。トヨタのハイエースを改造したバスで、九人乗りの座席に二二人も詰め込まれ、景色どころではなかった。

車体には埼玉県のあるデイケアセンター施設の名前がそのまま消されずにあえて残されていた。ドライバーがいうには、車は日本からの中古で、日本車であることを誇示するためにも漢字のロゴが入っている方がむしろ好ましいらしい。以前に幼稚園の名前がそのまま残されているバスも見かけたことがあるが、髭面のいかめしい顔つきの乗客たちとのギャップに思わず笑うしかなかった。

次に乗ったのが、車体中が極彩色に塗装され、ゴテゴテした金属のパーツで飾り立てられたデコトラならぬデコバス。そのあまりの過激さにはやはり笑うしかない。パキスタン人の美意識がどのようなものであるのかは、このデコバスを一瞥すればだいたい想像がつくだろう。

大型バスにはだいたいが女性専用席が設けられている。運転席の近くであることがふつうだ。イスラム教のことをよく女性蔑視だと批判する人もいるが、バスの座席などを見るかぎり、むしろ女性は大事に守られている面もあるかと思う。ちなみに、日本ではいまだに女性首相は誕生していないけど、パキスタンでは過去にベナジール・ブットという女性首相を生んでいる。

ラルカナへの道路はインダス川のすぐ近くを走っている。シンド州はパキスタンのなかでも砂漠地帯を擁するような乾燥気候だが、インダス川をはさんだ東西の大地には縦横無尽に運河や水路が張り巡らされているため、一面が瑞々しい緑の絨毯となっている。そのほとんどが小麦畑だが、綿花畑も目に付く。

二頭立ての水牛に木製の鋤を引かせて畑を耕している農夫の姿や、大きな水瓶を頭の上に乗せて運ぶ女性の振る舞いはどことなくゆったりしており、インダスの氾濫原であるこのあたりの土地がたいへん肥沃であることを暗に示している。しかしその脇を荷車を引いたラクダが通り過ぎていくのを見ると、おそらく運河がなければ砂漠に近い気候だったに違いないと想像する。

ラルカナの安ホテルに投宿すると、宿の人が「これからあなたを警護する警察官を呼びます」という。なんでも外国人の宿泊客にはそうするよう政府からお達しが出ているのだそうだ。

「もう遅いので近所で夕食を取ったらすぐ寝ますから、その必要はありません」と断った。

翌朝、ホテルの入り口に警察官が立っていた。宿の人が「決まりですから」という。仕方ないなと思い食堂に入ると、警察官もついてきた。ひとりで食べるわけにはいかないので、ふたり分を頼む。朝食の定番は、練って薄く伸ばした小麦粉を油で揚げたプーリーとチャナ(ヒヨコ豆のカレー煮)、それに甘いチャイだ。

プーリーの揚げたてはふんわりと円盤状に中が空洞になっていて、それを手で千切りながらチャナを少し包み込み口に入れる。熱々のやつはことのほかうまい。わたしは日本では紅茶に砂糖は入れないが、パキスタンではミルクティーにたっぷり入れる。プーリーとはそのほうがとても相性がいい。

食堂で、シャナワーズという若者と知り合いになった。警察官は英語が話せないので食事を囲んでいてもなんとなく気づまりだったから、まさに渡りに船である。二二歳の大柄な体格の彼はアメリカの医療系NGOで現地スタッフとして働いているという。今取り組んでいるのが結核に関しての村人への啓蒙活動やデータづくりなどだそうだ。

「事務所がすぐ近くだから、ぜひ来てください」

シャナワーズは初めて話をしたという日本人のことが珍しくて、事務所の人たちにも会わせたいのだという。彼はバイクで来ていたので、わたしは後部座席に座る。警察官は後ろからやはりバイクでついてきた。

事務所に着くと、シャナワーズはさっそく自分が作成したという結核啓蒙のビデオ映像を見せてくれた。正直言ってあまり興味を引く内容ではなかったが、日本人らしく「映像の編集がうまいねえ」と褒めておいた。

シャナワーズは褒められたのがよほどうれしかったようで、要らないというのにその映像をＣＤに五枚もコピーして「日本の友人へのお土産にして」と屈託のない笑顔を見せた。そしてどこかへ電話を掛けると、「さあ行こう」と立ち上がった。

「どこへ行くの？」

「ラジオ局だよ。いま電話したら、すぐに来いって」

彼は上機嫌だ。事務所の上司たちも誘って五人で出かけることになった。警察官を含めて四台のバイクが到着したのはビルの一室をスタジオにしているＦＭローカル局だった。

「では、何か日本についての話をお願いします」

ディレクターらしい人がいきなり切り出した。わたしの話を収録して、後日ラジオで流すという。

「日本についての話？」

驚いてシャナワーズのほうを見ると、満面の笑顔でカクカクと首を横に振った。パキスタン人は同意してＯＫというとき、日本人と違って首をカクカクと横に振るのだ。

日本人が写真を撮るためにパキスタンを旅している、というような話を彼が知人のディレクターに電話したら、じゃあラジオで何か日本のことを話してもらいましょうとなったらしい。

おいおい勝手に決めるなよ、と思ったが、みんなニコニコしているので今さら断るわけにもいかない。ラジオ番組なので政治や宗教の話は避けた方がよいと思い、無難な食べものの話題に振ることにする。

日本人も大好きなカレーの話をするが、ここで問題が起きた。わたしが説明する日本式のカレーはカレーではないというのだ。収録を見守っている人たちが次々に、「それはカレーとはいわない」と断言しながら突っ込みを入れるのである。

問題となったのは「具」だ。我が家でつくるカレーには、肉やエビやイカなどの動物性蛋白質の他、ジャガイモやニンジン、玉ねぎなどの野菜がいろいろ入っている。個人的にはオクラやシメジ、大豆を加えるのも好きだ。しかし彼らに言わせれば、そういうものはカレーとは呼ばないらしい。そういわれてみれば、パキスタンで出されるカレーというのは、チキンならチキン、ジャガイモならジャガイモ、豆なら豆、と別々の皿に分けられているのがふつうである。それは素材によって使う香辛料の種類や量が異なるからである。冷蔵庫の残りものを一掃するために何もかも一緒くたにしてつくる日本のカレーは彼らにとってはカレーとは呼べない代物らしい。

さらに、わたしなどはキャベツなども具に加えたりするが、彼らに言わせればキャベツやニンジンを具にするなんて邪道であると非難された。キャベツもニンジンも生で食べてこそおいしい、付け合わせのサラダにするものであると、この点については絶対に譲ろうとしない。

パキスタン人は議論好きである。会話こそが無上の娯楽なのだろう。わたしが日本の食べものの話をするということだったラジオの収録は、いつのまにかカレー討論会になっていた。そのときの収録はその後果たして無事に放送されたのだろうか。

シャナワーズに次に連れていかれたのは、ガバメント・ホスピタル。ＮＧＯの仕事で世話になっている結核の権威のドクターがいるので紹介したいという。いやわたしは別に結核には興味ないのですが……。

病院に着くと、ドクターはわたしの訪問をすごく喜んでくれ、診療中の患者をほったらかしにして病院内を案内してくれた。そして「あれも撮れ」「この人を撮れ」と、医療用機器や結核で入院している患者の写真をたくさん撮らされた。いやわたしは別に結核患者の写真など撮りたくないのですが……。

郊外にあるレンガ製造工場などにも連れていかれたので、宿に戻ったときにはもうくたくたであった。そこには交代勤務でやってきたという別の警察官が待っていたが、疲れたのでもう寝るというと、あっさりと帰っていった。

夜一〇時を過ぎてシャナワーズが迎えに来る。夕食に招待されていたのだ。パキスタンでは食事の時間は日本よりも二時間ぐらい遅いことが多い。昼食は午後二時ごろ、夕食は九時か十時がふつうだ。

彼は男ふたりと女四人の六人兄弟で、両親を入れて八人家族。しかし夕食の席に同席したのは、お父さんとお兄さんのみだった。給仕の手伝いをするために一番下の小学生の妹が居間に顔を出しただけだ。

パキスタンを旅行していると、食事の招待を受ける機会がわりとあるのだが、その席に女性が同席することはまずない。奥さんや母親なども紹介すらされないことのほうが一般的だ。これは他のイスラム教国でも同様だと思う。ただし家族だけのときは男女一緒に食べるという。

「外国人の女性と知り合ったときも、こうして家に食事に呼んだりするのかい?」

わたしが何気なく質問すると、彼はしばらく考え込んだ。これまでそんなことは考えたこともなかったらしい。

「う〜ん、それはありえないかな。もし誘うとしたら、まず両親に話をして許可を取る必要があるし。いろいろと厳しく詮索されると思う。そもそも呼ぼうという発想自体が自分にはないかもしれない」

食事が終わると、わたしたちはまたバイクにまたがった。友人がダクラ医科大学の寮に住んでいるので遊びに行こうという。すでに夜半の〇時をまわっているが、大学の敷地内へは何の問題もなく入ることができた。

さらに驚いたのが大学の図書館。こんな時間なのにほぼ満席なのである。図書館は二四時間オープンしているとのこと。日本の大学生にぜひ見せたい光景だ。

翌朝、ホテルにはまた別の警察官がスタンバイしていた。もちろんわたしはＶＩＰなのではなく、監視対象なのである。シンド州にはヒンドゥー教徒も多く、またアラブ系の外国人もたくさん居住しているため、州政府はテロを警戒して外国人の行動に目を光らせていた。

警察官はバイクで来ていたので、タクシー代わりにバスターミナルまで送迎してもらうことにした。これで彼も任務から解放されてほっとしていることだろう。モエンジョダロまでのバスの便はあまりないようだったので、オートリキシャーをチャーターすることにした。片道三〇分ほどの道のりである。

モエンジョダロはよく知られているように世界四大文明のひとつインダス文明の最大の都市遺跡である。他の古代文明はというと、黄河文明、チグリス・ユーフラテス文明、エジプト文明である。この四大文明の共通点は、いずれも大河のほとりで文明が開化したという点だ。大きな河川は水だけでなく、上流からミネラルなどの養分もたっぷり運んでくる。その養分によって土地が潤い肥沃になる。

では何をもって「文明が発展する」と言うのだろうか。その定義はいろいろあるだろうが、まず国家の基盤となる都市が形成されることが挙げられるだろう。全員が農耕や狩猟採集に従事する社会では、文化は生まれても、それを文明とは呼ばない。

都市文明とは、いわゆる食料を生産する第一次産業従事者だけでなく、生産物を商う人や住民の生活に必要なものを製作する人、祭祀を執り行う人、情報を伝達する人たち、などを取りまとめ、統括して機能させるシステムのことを指すのだと思う。

都市に暮らすたくさんの人口を支えるための最も重要な基盤は食料である。食料を生産しない階級の人口を支えるために、安定的・持続的に彼らが口にする食べものを十分に生産して供給できなければ、都市は成り立たない。

交通の便や情報の伝達が十分に発達していない何千年も前の時代に、最初の文明社会がどれも大きな河川と密接に結びついた場所に誕生したのは、けっして偶然ではないのである。養分をたっぷり含んだ肥沃な土壌があるからこそ、まとまった量の食料を生産して供給することができるのだから。

モエンジョダロの都市文明が存続したのは紀元前二五〇〇年から紀元前一八〇〇年にかけての約七〇〇年間であることがわかっている。インダス川の西岸に沿った約五平方キロの狭い土地に四万人ほどが居住していたと考えられている。

なぜわずか七百年でこの文明は滅んでしまったのか。はっきりした理由はわかっていないが、度重なる洪水が原因ではないかとされている。大河からもたらされる適度な水量は農業生産に適した肥沃な土地を授けてくれるが、自然がひとたび牙をむいて洪水を起こしたり、あるいは逆に旱魃を引き起こすことになると、農作物の生産は大きな打撃を受けてしまう。そうなるとたちまち飢饉となり、食料を自ら生産しない都市住民は生きてゆけなくなる。

インダス川の河口に近いシンド州では川幅が十数キロもあり、ふだんは茶褐色の濁った水が悠久の時を刻むようにゆったりと流れている。ときとして積み荷を満載した大型船が航行するのを見かけることもある。

だから洪水と聞いてもなかなかぴんと来ないものだが、わたしは二〇一〇年の訪問時にたまたまこの川が荒れ狂う姿に遭遇し、実際にとても怖い思いをした。

話の本筋からはそれるが、インダス川という大河が秘めている巨大な自然の力は四〇〇〇年前であろうと現代であろうとそれは変わらないと思うので、そのときの体験を少し詳しく書き記しておきたい。

その年の七月下旬、フンザ方面のトレッキングを無事に終えたわたしは帰路につき、カラコルム・ハイウェイを車で南下していた。ぐずついていた天気が急速に崩れ始め、ギルギットを過ぎたあたりから豪雨となった。いやな予感がした。というのは、断崖を切削して開通させたこのカラコルム・ハイウェイは降雨が続くと土砂崩れが起きやすく、道路が寸断されてしまうことが特に珍しいことではないからだ。

崖の下をのぞくと目がくらむような谷底にインダス川は流れており、氷河からの雪解け水を含んだ灰色の流れがごうごうと音を立てている。このカラコルム・ハイウェイはベシャームの先のタコット橋付近まで下れば、道路の両脇の山容はゆるやかなものに変わるので、なんとかそこまではたどりつきたい。しかし急いでもまだ半日はかかるだろう。わたしは気が気ではなかった。

ダッスーという小さな集落の近くで車は停まった。ドライバーは対向車と何か話をしていたが、後ろを振り返って言った。

「この先の橋が崩落したようです。戻るしかありません」

ダッスーには川幅が狭まったところにコンクリート製の橋が架けられているのだが、洪水によって橋脚が流され、橋全体が落ちてしまったらしい。さらに詳しい情報を得るため、近くの茶店に寄ることにした。するとまもなく、わたしたちが通ってきた方角の橋も崩落したという情報がもたらされた。

この時点でわたしは長期戦になることを覚悟し、その茶店が宿を兼ねているのを知っていたのですぐさま部屋を予約した。カラコルム・ハイウェイはインダス川沿いにつけられた道路で、途中から首都イスラマバード方面へ抜ける道は一ヶ所しかない。

それは来た方角に戻ったチラス近くから派生するバブサール峠を越える道路だが、この豪雨ですでに不通となっているのは間違いなく、そもそも途中の橋が崩落しているのでチラスまで戻ることもできない。わたしはこのダッスーで完全に外界から孤立してしまうことになったのである。

茶店兼ホテルはインダス川を見下ろす断崖に張り付くようにして建てられていたのだが、川の水かさが分刻みで増えていくのがわかった。狭い谷間に黒い濁流が渦巻き、ごうごうと不気味な音を立てていた。生きた心地がしないとはこういう状態をいうのだろう。もし茶店の建物の一部でも水に浸かるような事態になれば、部屋を放棄して道路の反対側の山を駆け上がって避難するしかない。

食堂のテレビのチャンネルはどこもこの大洪水のニュースばかりだった。下流のパンジャーブ州やシンド州ではインダス川があちこちで決壊し、茶色の濁流が平野部に流れ込んで家屋をなぎ倒し、屋根の上で助けを求める人たちの姿がヘリコプターからの映像で映し出されていた。後の国連の発表では、国民の十分の一にあたる一八〇〇万人以上がなんらかの洪水被害を受けたという報告が出されている。

最終的にわたしはこのダッスーに九日間足止めされた挙句、パキスタン陸軍のヘリコプターに救出されることになる。この間、日本でも新聞とテレビでわたしたちが行方不明になっていることが報じられていたことを後で知った。

この年の大洪水はパキスタン観測史上最大のものだったという。しかし有史以前から同様のことは何度も起きていたはずだと思う。モエンジョダロが滅亡したのは洪水のためであったという説をわたしは自分の経験からも支持するものである。

さて、わたしたちはモエンジョダロと呼んでいるが、これは都市文明が興った当時にそのような名前で呼ばれていたわけではない。遺跡からは当時のインダス文字も出土しているのだが、現在でも解読されていないため、人々がこの都市をどのように呼んでいたのかは明らかになっていない。モエンジョダロとは現地の言葉で「死者の丘」という意味である。この遺跡が発掘されたのは今から一〇〇年ほど前の一九二二年。インド考古学局の技師によって、一世紀から三世紀に興ったクシャーナ朝の時代の建造と考えられる仏舎利塔（ストゥーパ）の調査が行われた。

仏舎利塔は本来、釈迦や高僧の遺骨（舎利）を収めて供養するものだったため、仏教が途絶えてからは地元住民の間で、近づいてはならぬ禁忌の場所として「死者の丘」と呼ばれるようになったのだろう。

発掘が進むにつれて、仏舎利塔の下にさらに古い時代の遺構が存在することが明らかになった。これが世界四大文明のひとつに数えられるインダス文明の都市遺跡の発見につながるのである。

この遺跡は東西の二ヶ所に隔てられている。東側には整然とした建物の区画割りや道路が見られることから、住居や商店が並ぶ居住地だったと考えられる。西側には先に述べた仏舎利塔跡の他に、沐浴場（あるいは貯水池）や穀物倉、集会場などで成り立っていることから、都市の政治や行政をつかさどるセンターあるいは祭祀場として機能していたのではないかと推測されている。

この西側の遺構は高さ一五メートルほどの盛り土が城塞のように施され、居住地の地区を見下ろすことができるようになっている。その地の支配者層が少し小高い場所に城塞を築く点は古今東西で共通しており、都市というものの性格がこの点に端的にあらわれているのはたいへん興味深い。モエンジョダロが城塞部と居住区に分けられていたという事実は、あるインスピレーションを与えてくれる。それは現代に続く都市文明というものは、階層社会と無縁ではいられないというひとつの示唆である。

人間が定住して人口が増え、やがて都市が誕生すると、居住や移動、生産活動を何らかの手段でより円滑・快適にまわしていく必要が生じる。そしてその作業を担う役職の設置が求められるようになる。

実務的には行政というシステムがそうであろうし、あるいは人々の心の平穏をコントロールための信仰をつかさどる立場の人間も出てくるだろう。モエンジョダロでは実際、神官と思われる人物の小さな胸像なども出土している。

少し乱暴で極端な言い方をすると、生産や流通を含めた居住民の生業全体を指導・監督する人間が出現することによって、都市というシステムの集合体が初めて形成されるのである。そして都市を形成する動機が文明というものを生み出す。

居住民を指導・監督する人たちは非生産者であるから、彼らが生きていくためには居住民から税（食料）を取り立てる必要がある。余剰な税は穀物倉に蓄積されたはずだ。その蓄積が増えれば増えるほど、都市が養うことができる人口は増加する。そして富のさらなる蓄積は進み、やがては武力を備えた少数の者に集中していくようになるだろう。

そうして生まれた権力の源泉を基盤にして、支配層はより盤石な権力を求めることになる。その結果、一般の住民との間で格差が膨張し拡大していく。わたしは目の前に広がるモエンジョダロの遺構から、現代社会の雛型が芽生えつつあることを想像せずにはいられなかった。

結びに寄せて

このあとがきにあたる最後のページを書いているとき、パキスタンが史上最悪の大洪水に見舞われたというニュースが流れてきた。なんでも国土の三分の一が水没してしまい、三〇〇〇万人以上もの被災者が出たというものだった。

このニュースを耳にしてとっさに脳裏をよぎったのは、第11章でも記したが、二〇一〇年に経験した同様のできごとだった。フンザ北方のゴジャール地域でのトレッキングを終えて、バスで首都のイスラマバードを目指して帰路についていたわたしは、途中から悪天候につかまった。ギルギット、チラースを過ぎてから、風雨はますます激しさを増すばかりだった。

不安な気持ちのままバスを走らせていたが、突然、「橋が流されて道路が不通になった」という情報が入った。そしてまもなく、「来た道の橋も流された」という。つまり進むこともできない、退くこともできない、一本の道路上に閉じ込められてしまったのである。ダッスーという村の近くだった。

インダス川の灰白色の流れはみるみるうちに増水し、龍が暴れるがごとく激しい波しぶきを炸裂させながら轟々という猛り声をあげている。上流からは川岸に積んであったとみられる大きな角材が何百本もぶつかり合いながら流れてきた。茶店に併設された部屋で待機しながら、もし水かさが迫ってきたらこの茶店を脱出して背後の崖を登って逃げるしか方法はないな、と覚悟していた。

結果的に約一週間後にパキスタン陸軍のヘリコプターに救助されることになるのだが、インダス川はふだん穏やかな滔々と流れる姿を見せているだけに、いったん自然が牙をむくと風景は変貌してしまうことを思い知らされたものである。

かつて道路というものがなかった時代、人々は遠くへ旅に出るとき、目印となる川に沿って歩いたことだろう。ある程度方角がわかるため迷うことがなく、飲み水にも困らないからだ。実際、インダス川の急峻な渓谷には、ときおり古代から使われていたであろう細い道が断崖に残されているのを目の当たりにすることもある。また川岸の岩には、いつの時代かに彼らが休息した際に描き残した岩絵が残されていたりする。

昔に生きた旅人は、そのようにして異なる地域に暮らす異民族の文化に触れ、ある者は土着して同化し、ある者は新しい文化の伝播者となって再び旅に出たことだろう。そうして広がり混じり合った知恵や知識は、新たな文化を生み出す原動力となり、人々の歴史が紡ぎだされていくのである。

インダス川に関係する土地を訪れては、わたしは民族や文化や歴史や自然のなかを行ったり来たりしつつ、ときには時空を越えて妄想を膨らませたりしながら旅を続けた。そのようななかで自分にとって新鮮な驚きや感動があった場面を思い出しながら少しずつ書き溜めておいたものが集まって、本書になったわけである。わたしは学者でも何でもないので、ただの山と写真が好きな旅人が見て体験したことを記した紀行文として読んでいただけたらと思う。

観光客が集まるアラビア海に面したクリプトン・ビーチ近くで遭遇したコブラ使いのおじさん

本書には旅先で撮影した写真も数多く収録されている。インダス川を源流から河口に向かって旅をすると、流域に暮らす人々の文化や自然が実に多様で多彩なことを写真からも読み取っていただけるかと思う。

この本を企画・編集し、美しい本に仕上げてくださった彩流社の出口綾子さんとデザイナーの渡辺将史さんには心から感謝している。

そして最後まで読んでくださった読者の方々、ありがとうございました。

なお本書は、国立民族学博物館の機関誌である『季刊民族学』（千里文化財団発行）に発表した連載記事を元にしているが、単行本用に書き直しているうちに最終的にはほぼ書き下ろしとなってしまった。

２０２２年10月

船尾 修

●著者プロフィール
船尾 修（ふなお・おさむ）
1960年神戸市生まれ。写真家・登山家。筑波大学生物学類卒。先鋭的なクライミングにのめりこみ国内外で数々の記録的登攀を成し遂げた後、アフリカを2年間放浪旅行したことがきっかけとなって写真家の道へ。主著に、「アフリカ　豊饒と混沌の大陸（全2巻）」（山と渓谷社）、『循環と共存の森から　狩猟採集民ムブティ・ピグミー』（新評論）、『カミサマホトケサマ国東半島』（冬青社）、『フィリピン残留日本人』（冬青社）、『世界のともだち⑭　南アフリカ共和国』（偕成社）、『日本人が夢見た満州という幻影』（新日本出版社）など多数。また受賞歴として、林忠彦賞、さがみはら写真賞、江成常夫賞など。

大《だい》インダス世界《せかい》への旅《たび》
——チベット、インド、パキスタン、アフガニスタンを貫《つらぬ》く大河流域《たいがりゅういき》を歩《ある》く

2022年11月26日　初版第一刷

著　者　船尾 修 ©2022
発行者　河野和憲
発行所　株式会社 彩流社
〒101-0051　東京都千代田区神田神保町3-10　大行ビル6階
電話　03-3234-5931
FAX　03-3234-5932
http://www.sairyusha.co.jp/

編　集　出口綾子
装　丁　渡辺将史
印刷　モリモト印刷株式会社
製本　株式会社難波製本

Printed in Japan　ISBN978-4-7791-2851-6 C0026
定価はカバーに表示してあります。乱丁・落丁本はお取り替えいたします。